Mystery ***41***

Mystery **41**

那些靈魂教我的事

人眼見靈異，心眼得啟示

一位師者的見鬼之眼，
詭異中帶著療癒的真實事件！

張其錚—著

Mystery 41

那些靈魂教我的事：
一位師者的見鬼之眼，詭異中帶著療癒的真實事件！

作　　者　張其錚
封面設計　林淑慧
主　　編　劉信宏
總 編 輯　林許文二

出　　版　柿子文化事業有限公司
地　　址　11677 臺北市羅斯福路五段 158 號 2 樓
業務專線　（02）89314903#15
讀者專線　（02）89314903#9
傳　　真　（02）29319207
郵撥帳號　19822651 柿子文化事業有限公司
服務信箱　service@persimmonbooks.com.tw

業務行政　鄭淑娟、陳顯中

初版一刷　2022 年 11 月
定　　價　新臺幣 399 元
I S B N　978-626-7198-03-2

柿子文化網 persimmonbooks.com.tw
臉書搜尋 60 秒看新世界
～柿子在秋天火紅 文化在書中成熟～

國家圖書館出版品預行編目 (CIP) 資料

那些靈魂教我的事：一位師者的見鬼之眼，詭異中帶著療癒的真實事件！ / 張其錚著 .
-- 一版 . -- 臺北市 : 柿子文化事業有限公司 , 2022.11
面；　公分 . -- (Mystery ; 41)
ISBN 978-626-7198-03-2(平裝)

1.CST: 通靈術 2.CST: 通俗作品

296.1　　111014783

強力推薦／

〔具名推薦〕

李嗣涔　台灣大學榮譽教授

〔序文推薦〕

黎清源　「鬼故事夜遊團」團長

閱讀本書時，可以充分感受到作者對於靈界的觀察是相當細微的，也可以從中體會到靈界跟人間其實似乎沒有太大的差異，鬼與人都擁有著特異與性格，甚至從一些故事中，還可以感受到鬼似乎也有「人性」的光輝與溫暖。

其實人對於鬼，往往是有著恐懼的，而這份恐懼是來自於未知；但有時換個角度想，其實鬼也曾經是人，你之所以害怕它，那是因為你不認識它。

如果你今天認識它，它可能生前是你的家人或朋友，相信你對於它就不會再感到恐懼，甚至可能會很想看到它，再跟它聊聊，甚至擁抱它。

而這本書確實有將這些鬼的人性層面，描寫得淋漓盡致，用不同的角度讓我們認識了什麼是「鬼」，值得推薦！

前序／我是一個平凡的通靈人……

首先感謝柿子文化公司協助，給予本書付梓成冊之機會，萬分感激。

為了讓讀友盡快「進入狀況」，在此先說明本書編排的邏輯與脈絡，共分為三個單元：

第一單元：通靈人生

這是我個人的成長經歷。從與生俱來的靈異體質開始，然後一路跌跌撞撞，到之後與靈異及命理高人結緣，其間所產生的眾多趣味、恐怖、詭異、無解事蹟，並融入於生活中。讀友可從中發現，我自幼至今，各項的相關遭遇並非全然順利，甚至年少時曾有過日日身陷極度恐懼的陰暗幽谷歲月，痛苦不堪，但之後也獲得「另一世界」協助的感恩事蹟，因而造就出與一般人全然不同的人生際遇。

第二單元：幽界奇遇

以個人通靈經驗連結至他人的真實個案為主，每篇都是精彩真實的故事，並深度說明個人感受，與對生活的諸多啟發與想法。很多經歷的事件至今仍找不到答案，或者還在持續進行，有些甚至已經以遺憾無奈作收；其實體會久了，不就是喜怒哀樂、悲歡離合的人間縮影嗎？且許多場景、故事、情節，都是每位讀友熟悉而不陌生的。換句話說，我遇到的事，你可能也會遇到；或許你早已碰到過，甚至遭遇與我一模一樣！是幸或不幸，只能說點滴在心頭了。

第三單元：明冥之間

最後單元在強調大格局命題，範圍涉及前世今生、命定、天意等，但請不用擔心，這絕對不會是八股說教，或談論宗教經典大道理的內容，相信你仍能從故事中，看到神明天理、冥界輪迴與陽世人間三角關係，也都是發生在你我之間的熟悉場景或環境。看到善惡有報循環呈現，在在告訴我們修德修心的重要性，因為我都親自目睹、經歷，甚至深度參與了，所以我從不懷疑。

會通靈的媒體人！

話說我的人生，其實是命途多舛的，尤其是與生俱來的通靈資質，並沒有在成長中為我加分，反而被旁人當神經病或笑柄看待居多。從小到大不離高潮迭起、驚險萬分這種氛圍，相信你在本書裡每篇故事中，或多或少都可以感受到。真的，身為通靈人，並沒有比較風光，別以為我擁有此般「特異功能」，你就羨慕得要死，其實我常被冥間兄弟姊妹嚇個半死啊！

至於成就，如果別人家可用一分鐘直線抵達美好人生，那我可能是被迫行走在崎嶇不平的山徑，晚人家一個小時，甚至一天、一週、一個月才得以爬到終點，況且還不見得「努力必有成果」，往往都是白費或被糟蹋居多，煮熟鴨子不知飛掉多少隻。

我常感嘆：「同樣努力，為什麼跟人家的結局硬是不同？」後經由高人指點，方知原來這是許多業餘通靈人必經的磨練之路，逃不掉，而且是長期的、煎熬的、痛苦的。好吧，那經過如此般長期磨練，往後究竟會如何呢？

高人忍笑又故作神祕地回答：「然後……你—就—習—慣—了！」

天啊！簡直晴天霹靂，這話比什麼都恐怖啊！然而，活到都快一甲子歲數了，至今回想起來，雖說這話有些玩笑戲謔成分，也確實藏著悲哀，只是我的人生經歷卻是豐富而多彩，而且橫跨陰陽兩界，甚至是神界諭令，這可是大多數人所沒有的際遇。如此一想，心境就比較能坦然釋懷，不再計較了。

打從之前出書，在電視頻道露臉數次、廣播節目獻聲幾回，加上網路無遠弗屆傳播之後，這麼一個業餘通靈人，居然會被人認識，還真有些受寵若驚；儘管自己就是媒體工作者，但親身見識到媒體威力的強大，這還是頭一回！有時坐在捷運或公車上，就算疫情緣故口罩戴緊緊，偶爾還是會被人認出來，劈口直問：「啊！你就是那個會通靈的……神棍？」差點讓我從椅子上滾下去。

還有一回，我應已經當老師的學生之邀，到小學課堂介紹媒體實務。我故作可愛地問：「小朋友，我是你們老師的老師，那你們應該叫我什麼？」

結果有個小朋友大聲回答：「師公！」

又是一陣狂笑，我則是臉上三條「貓抓痕」；但那個娃兒一臉正經，指著我說：「昨天晚上就在網路上有看到，我媽說這個人是師公啦！」

還有個小鬼竟然補我一槍：「誰說的？乩童啦！」

一窩人再次笑聲震天，前仰後合。

但不管神棍、乩童，還是師公，這全都不是我的身分。我只是個單純的電視新聞幕後製作團隊成員，過去是做節目的，同時在大學兼任教職，也是配音員、戲劇編劇、漫畫家，還有個特殊身分——對，就是通靈人，而且還是業餘的。

我要先再三提醒講清楚，像我這款業餘的，並不具開壇作法資格，也不是論運相命的料，更非先知或預言奇才；若不講明白，鐵定引來一群求神問事者蜂擁而至，每天半夜來我家樓下排長龍，等著一早拿號碼牌！拜託拜託，我不是專家高人，請不要來造神，更別把我住的社區當名勝古蹟觀光一番，或當垃圾場亂丟垃圾。

我很平凡，和你一樣都是普通人，只不過我多了個可以通靈的本質，就如同可能你會水電，或者會彈鋼琴、會法律訴訟、會烹調美味珍饈……每個人各有特長，並不稀奇；只是我的特長比較少見而已。

從「真故事」裡去認識人鬼神

我最常被質疑的就是「你說的個案故事到底是真是假？」

我不厭其煩告訴你，這些內容的原始個案皆屬真實，但有部分必須改編或調整。為什麼？主要原因是有些內容牽涉到部分冥界朋友，儘管「他們」同意寫出故事，卻不希望往昔在陽間的負面遭遇被描述得過於直白，引發不快，或者不想讓讀友聯想起某個陳年舊聞；有些則是當事者或家屬仍在世，恐極力阻止再提當年往事；也有部分個案持續發展中，講得過於詳細透徹，怕惹來不必要的困擾或影射嫌疑；另有極少數是「天機」，不宜過度曝光。

因此，不少人事地物，就這樣須作改動，有時幅度過大，甚至引發當事人或鬼懷疑：「咦？這到底是不是在寫我啊？」確實是啊！可是為了不想惹麻煩，特別是針對立場反反覆覆的人與鬼，可別今天同意我寫，明天又拚命阻撓，所以，還是盡量改編調整吧。

你要說本書內容「全是假的」或力挺「全是真的」，並沒有太大意義。與其爭辯真偽，倒不如建議你將所有個案故事，都當成「新創內容」或「改編故事」來讀，心情至少就沒這麼糾結，而且會讀得很愉快，不會太恐怖。

有些讀友愛看又怕，還沒開始看，就咬定這是一本「鬼故事書」，只要看文字，腦海中必浮現畫面，搞到不敢閱讀。

我承認，它確實有靈異成分存在，可是不願過度強烈描寫恐懼緊張、加重感官刺激，只想傳達在面臨亂世與末世當頭，盼望大家對於神界、靈界、冥界這個神祕領域（之後還有魔域這個陌生恐怖的組織），能有更多認識，並呼籲依循正道正德行事，不貪不求，以昭天理，自有神鬼無形保佑，諸事大吉。

至於那群作奸犯科、貪贓枉法之輩，兩腳踏進棺材前，絕大多數必會承受現世報所帶來的無限「快感」（真的，會很快！），相信對這款惡徒行徑恨之入骨者，必大快人心，只是需要一段時間，耐性等待，但別再問我「什麼時候」，我要是知道，早就變成預言大神啦！

言歸正傳。本書內容著重於個人在靈異體質相伴成長至今的過程，以所遭遇的各種個案故事，來引導讀友進入無邊無際的靈異世界。

與眾多大師級人物經典著作不同之處，就是本書取材皆來自生活周遭，平凡且不陌生，然而竟會發生難以理解的個案，這就值得你細細思量，關注留意。

這裡也有部分故事內容、神諭或現象，與過去個人著作所述，其原理或景況可能已有所出入，但這並不是我「老番顛」糊塗亂寫，而是整個天地神冥靈界與魔域互動情況，兼以大氣磁場持續改變所致，或者在訪問高人時，獲得更多最新訊息，所以自然會更新見聞。

我尊重每位專業老師或其他業餘人士的不同說法，只是我也僅能就自己感應結果作一告知，孰是孰非就留給讀者判斷，不固執堅持己見。

最後，謹此提醒讀友，我們所處當下已經是末世裡的亂世，不管戰爭紛擾、道德紊淆、疫病叢生，還是生活出現諸多不順，諸如人際摩擦衝突、偷拐搶騙，都已經呈現常態現象，等於是回不去了。這有很大一個原因，出在群魔亂舞，邪靈當道，操控陽間，且全球皆然！很多我們以一般邏輯推測「怎麼可能」的怪事，現在已經「沒有什麼不可能」，恐怖的是「天天發生」咧！相信自己都可以感受到。

好，那該怎麼辦呢？很簡單，你能做的就是「修」，修什麼呢？修德是也。

在個人著作中，都會不斷重複提醒你，雖然說「人非聖賢，孰能無過」，但**唯有修德，方可減緩自身謬誤及世界秩序崩壞速度，而且得以抵禦大部分邪魔入侵操控，等於是個防護罩。**

儘管建立這個防護罩，並不敢保證絕不會被攻破，然而就像新冠疫情要戴口罩、抵禦大多數病毒入侵的風險一樣，起碼有德之人，明辨是非善惡，知其行止，樂於助人，散播善的種子，減少貪欲，自省改善，就足以讓邪魔歪道難以滲透。尤其當前「八成遇到鬼」的時下環境，陰陽失衡已至八比二的失控局面（此指個人感受，有時看到太極圖，不免憂慮可能要調整比例），既然失控，就更要堅定信念，嚴拒誘惑，師法自然，簡單生活，才有可能扳回一城。雖然不易，仍呼籲讀友們持續思索，書中部分篇章也有實例，可供參考與警惕。

謹以本書獻給每位不離不棄、堅定支持的好友，也感謝眾多讀友從不間斷地熱心協助。除了希望帶給你全新思維，也期盼讓你擁有充實愉快的閱讀時光。

同時感恩老天爺厚愛眷顧，感激冥界朋友們善解體諒，讓這本著作得以安然誕生，這是我的福報，永遠感恩！

目錄

241 PART3 明冥之間

PART 1

通靈人生

我沒有騙你，我是真的看見了！

「我沒有騙你，我是真的看見了！」

對於很多人來說，上面這句話並不稀奇。會講這種話有三種現象：一是真的看見，再者是故意虛假「唬攏」，要不然眼花看到假象，卻繪聲繪影講得跟真的似的。然而對於通靈人，若說出這句話，通常便代表及隱藏著許多悲哀無奈情緒，感嘆旁人所無法理解的世界，導致屢屢被誤解，被貼上胡言亂語的說謊標籤。我就是在這種氛圍下成長的孩子。

照片中的可愛娃兒，是我不到一歲時的蠢樣子；狀似快樂，但顯然跟搭乘雲霄飛車剛開始的緩步前行時很像，渾然不知接下來的「人生雲霄飛車」到底有多刺激和恐怖。

話說我出生時，應該就是帶著通靈天賦來到這世界吧。幼年時期，大人們農忙，看到我可以一個人玩，一個人獨語，一個人唱歌，總覺得這孩子真乖，可以獨自找樂子，只是他們並不知道，在我身邊常有一群「不認識的幼兒朋友」相伴對話及互動，也經常會看到不同年紀的成人、老人來來去去。

我不懂為何我家人和親戚總是「視而不見」，明明就在啊！因此，偶爾冒出「那裡有個老人在抽菸」、「有幾個小朋友在跟我玩」、「有個大姐姐在窗邊」之類的話，或者指著無人空間直問：「他們在做什麼呢？」

對於強調科學至上、崇尚遠離怪力亂神的公教父母，甭說驚愕難語，第一時間當然難以接受。心情好時就會阻止：「乖！不要亂講話！」要是情緒差，可能滾燙巴掌馬上賞過來叫我閉嘴，呵叱亂講話總要有個限度。

也因此，慢慢懂事後，我知道自己一直在壓抑情緒，自我告誡要學會察言觀色，不要討大人的打，但時間一久，等到開始對這個家庭感到疏離與不滿時，我會為自己的所見所聞辯駁，既然絕非謊言，為何不能說真話？大人不是都教小孩不要說謊嗎？

沒想到結果反而更糟，被父母打罵得更兇！父母自以為是的判斷與認定，覺得這孩子就是怎樣怎樣；而我，因為內心世界不被理解，屢屢覺得自己似乎不該來到這地球，逐漸孤獨，應該去當個外星人才對。

別人看不見的異世界

孩提童年，我逐漸開始見識到一般人「看不見的世界」裡，並不是樣樣都美好，當看見或感應到令人不太舒服的形體與映象，對著我恐嚇威脅時，總讓我憂懼害怕而哭泣，心裡頭屢屢波動難安，或緊張到拉肚子，更習慣躲在棉被裡頭，不肯露出頭來，父母還以為我懶惰愛睡覺，實情是恐懼和憂慮；甚至原本另一空間的「好友」也慢慢被我疏離，因為我擔心哪天就被「他們」變個樣子吃了！不過，爸媽教我們從小就要有禮貌，所以即使疏離，也要點頭打招呼，至少「他們」沒排斥我，還能保持一定互動。

回想當時達到恐怖最頂點，是西元一九七〇年代，華視有個朱友龍先生主持的「法網」節目，每週播出一件重大刑案偵破經過，大人愛看得很，可是小孩不敢單獨暗摸摸地回房睡覺，只能縮著身子窩在客廳，看了簡直嚇到活受罪啊！

早期可沒有什麼馬賽克打矇技術，很多依現代標準來看，應該是不宜出現某些令人毛骨悚然的畫面，當年都會自然而然播映出來，加上恐怖音效，觀眾沒覺得這氣氛有啥不對，也沒聽說電視台被當年的新聞局禁播，或罰錢罰到霹靂慘（就算有，我也不懂）。我會怕，不是因為畫面可能出現啥子血淋淋照片，而是螢幕裡所看到的影像，比其他人看到的還要加倍猙獰、恐怖和嚇人！明明畫面只是翻拍一張刑事局提供的埋屍照片，但我卻可以看到更多、更殘酷的影像（最重要的是「竟然還會動」），將我對「另一個世界」已經存有不太正面的刻板印象，瞬間更加劇烈地變化，情緒簡直掉落到谷底，天天就怕被這些鬼魅抓去害死。

這種嚇到怕黑，甚至嚇到夜半不敢起床上廁所、導致頻頻尿床的慘狀，要一個小孩獨自承擔克服，如今想起，那是多麼殘忍的事！然而，當時父親覺得身為男子漢，哪來這麼多理由好「怕」的？不僅斥責無數次，還覺得這獨子「膽小太娘」真沒面子，我因而常被打罵到有些莫名其妙，有段時間看到父親，便有著說不出的恨意，卻是恨得莫名，反正一切就是莫名其妙，至今想起反而有些荒謬好笑；只是我居然沒有被抓進精神病院，成為某些人口中揶揄的「不正常人類」，已屬萬幸。然而，**跟家庭總會有個距離感存在，那是一種說不出口的遺憾**。

在這段成長歲月中，我終於懂了，「另一個世界」的人事物，就跟咱們陽間一般，有好也有壞，有黑當然有白，只是自己理解有限，當年又沒有人可以解惑，就這樣被當成精神異常的小孩，我也不解為何就只有我看得到，別人的眼睛有這麼瞎嗎？後來長大後看到動畫「花田少年史」，那個光頭主人翁花田一路被幽靈嚇到慘兮兮，別人哈哈大笑，我則是悲傷到暗自垂淚，那真是感同身受，痛到心坎兒裡。這種和一般大眾完全不同的人生際遇，不幸的是以負面居多。

小學高年級起，又是另一個悲慘開始。我常被同學霸凌，一方面是對功課完全沒興趣，再者每天都在思索「**為什麼我的世界不被大家認同？**」無論話題、見聞、看法，與同年齡同學根本格格不入，找不出解答。

從現在的角度回憶，這也不能全然怪他們，他們哪知道什麼通不通靈，我當時也同樣不曉得啊！覺得這都是一次次誤解和摩擦之後，導致同學集體欺侮我。還好，在另一面向，同樣也有些一般人看不到的「大人小孩」來安慰我，叫我不要反擊，因為他們沒辦法感受，就原諒他們，因為你再講一百遍，依舊只會被當成胡說八道的瘋子罷了。

這些「大人小孩」不見得都會出現在我眼前，有些是透過聲音傳遞訊息，或者運用內心暗示、聲東擊西指引，讓我理解「他們」在講什麼、想什麼、做什麼、要什麼，也許是來幫忙，也許是盼求助；我也碰過不講理的、苦苦哀求的、威脅利誘的、純粹嚇人的，什麼款式都有，什麼也不奇怪。總之，只要想到「另一個世界」和我們人間差不多，同樣也是「一樣米養百樣人」，這樣你應該就懂了。

等到互動之門漸次敞開後，恐懼成分逐漸縮小，我理解「他們」也有可愛良善的面向，甚至比陽間人類更守信用、誠實無欺。

但並非從此以後就完全不怕了，還是有被嚇到半死的厭世時刻，只是比起童年躲被窩尿床那段悲慘歲月，彷彿走出了陰暗幽谷，開始體會四周充滿亮光的感覺。

或許你會問，除了鬼，你看得到神明嗎？我只能告訴你，我曾經感應過神明到訪或接觸，或許「層級不夠高」，是有親眼目睹過，但多半仍是看不清的，僅靠感應得知訊息居多。所以，依然以看到或感應到冥界亡靈為主。

形形色色的飄飄們

至於我和另一空間的接觸，主要有三種方式，分別是「**目睹**」、「**互動**」與「**預知**」。

說到「目睹」，既然鬼不是你隨時想看就看得到，所以經常被從未見過鬼魂、堅信我「滿口鬼話」的友人輪番挑戰，質問：「嘿！鬼都是長髮穿白袍制服嗎？」、「模樣是人還是其他？」、「你現在可以叫鬼出來給我們瞧瞧嗎？」……一旦我沉默不語時，就會被恥笑：「看吧看吧！連這個都答不出來！騙人！」

實情是：首先，鬼不是全然「穿制服」的，更何況「他」要變成什麼形狀，都是「因鬼而異」，當然很難回答；另外，鬼豈是你用「叫」的就來？最好別太囂張，你不禮敬人家三分，「他們」憑什麼卑躬屈膝、還要配合你的無理要求？

提到外型，還真是各種鬼有不同鬼貌。有位遊靈，我都稱呼為「排球」，每次出場就是一團狀似白球的霧；還有個溺死鬼，只會以輪廓出場，被我取個「胖達」（Panda）綽號，只因此鬼在水裡過世被撈起時，竟然整個遺體腫脹到像只氣球，而「他」也不在乎我如此稱呼，反正大家都熟，我也曾幫過「他」。另外，更有以整體真面目示人的鬼，不管長得像志玲姐姐那般超脫俗美女，還是像港星八兩金那種奇特有型的男演員，形形色色，五花八門。

剛才也說過了，亡靈出場，多數若不是來幫我的，就是要找我幫忙的，極少數極少數是純粹

「路過」，不小心被我發現。話說來幫我或來求助的「他們」，絕大多數都能讓我看見或感應到，這整個過程，就要講到「互動」這個接觸方式了。

和「另一個世界」的互動，我始終處於被動，絕大多數是由對方主導，或者突然出現指定找我，嚇人一大跳。

有些對象可以用心念方式直接對談，順便可以看到對方形貌，甚至同步出現所指涉的特定影像、圖像，這個最棒，不必猜到想破頭，省得囉嗦；有的像是用類似通訊軟體方式，在我腦海裡留下訊息，宛如眼前出現一行行字幕，由自己讀取，這個也很好懂。最累的是「暗示」——有的亡靈提供暗示方法很蠢，毫無邏輯，「他」可能覺得我應該看得懂，問題是，人鬼之間思維邏輯還真是天差地遠，真不懂這些「飄飄們」以前也曾經是人啊，怎麼到「另一個世界」就變了樣子，既拐彎抹角又無厘頭，誰曉得在講啥？

年輕時，曾有某個甫逝未久的亡靈找上我，透過感應，要我代為傳達給他家人訊息，我腦海僅「收到」兩盤發糕圖像，其餘什麼都沒有。家屬也一頭霧水，不明其意。我好幾次試著「連線」，最後腦海中的回應訊息，依然只出現發糕圖像，這可難倒大家了。我猜測，搞不好亡者本身愛吃發糕，所以之後要祭拜這個吧？家屬馬上打臉：「怎麼可能？他生前最恨這玩意兒！因為既不愛吃甜的，又會黏假牙！」那……到底是什麼意思？搞個半天，沒有答案，還誤以為亡者不滿個什麼勁兒在賭氣。

不到兩個月，亡者大兒子在毫無任何徵兆下，突然被任職單位拔擢，連跳兩級升任經理，這才讓家屬恍然大悟，原來兩盤發糕代表「發了」、「高升」，而且還「連升兩級」！我可沒這麼想，但在沒有其他可供參考的線索下，也只能姑且信之，順便抱怨這款亡靈超級不乾脆，要嘛，直說即可，讓我傳遞這些沒頭沒腦的「發糕」訊息，簡直「啥米碗糕」在浪費時間，毫無意義。

通靈人不是辦事人

繼續回到成長歷程。捱過不愉快的國中生涯，畢業後，我從南部抵達北部求學，那是西元一九八〇年代初期的事。不過很可惜，「另一個世界」的「人」嚴守公平公正，我這種放牛班資質白痴求了又求，硬是不跟我打Pass預先偷看題目答案，高中聯考當然吃個大敗仗，名落孫山，師專聯考接續落敗，只剩五專聯考。當時的考題以單選題為主，猜題功力向來超遜的我，本以為準備要淪為「國四英雄」（當年「國四」代表重考之意），沒想到竟意外考了個不錯成績！就這樣進入一所辦學尚稱嚴謹的學校就讀。有意思的是，同學們多半同是「聯考落敗淪落人」，窩在一起取暖還不賴，再加上大家知道我會通靈後，找我解惑或問事的人多了起來；當偶爾得知某些「天機」，我也樂得「被需要」，故作權威耍帥公布，也確實造成過轟動，一時之間好像成了鐵口直斷的校內紅人，不免沾沾自喜、得意洋洋。

我這個笨蛋，雖然知道自己或許可以通靈，卻**完全不知自己是個沒有領旨、未拿令旗的通靈人。一般雞毛蒜皮的命理推斷或幫個小忙，睜眼閉眼、擦個邊球也就算了，但若未獲神明同意，擅自替人辦事解惑或大洩天機，無疑在自找死路！**幸好可能是老天爺憐憫看不下去，或許機緣到了，之後誤打誤撞，打工時遇到「老師父」（請見下一篇），這才驚覺自己犯了多大錯誤。也幸好老人家及時出手相救，化解我身上諸多蠢事積業，順便導正這款危險性格，以及讓我知道，原來我只是個業餘通靈人，有一定的紅線千萬勿跨，才沒讓我捅出更大樓子，否則本人很有可能老早打入一百零一層地獄，這本書根本也不會問世了。

寫到這裡，想必或有讀友會有疑問：既然沒有領旨，天機又不可胡亂洩漏；想幫人解惑這類的忙，卻視情節輕重，絕大多數還要經過神明同意，沒准就不行，那具有這種功力還處處碰壁，到底有什麼意思咧？我覺得身為通靈人，即使只是「連咖都稱不上的」業餘角色，依然還是很有福報的。我相信**老天要我來這世上，必有任務交付；在完成之前，也必然有些趨吉避凶的防護措施**。

說來很玄，我在三歲、八歲時各有一次遭遇溺水的死劫；二十六歲那年則是空難浩劫，皆為親身經歷，但都幸運逃過，只是後來透過管道知曉，這劫數很有可能是人為操縱製造、並事前埋下伏筆等著發生！屢屢想起，不免感嘆再三。至於是誰這麼狠，用了什麼殘忍招數要我趕快去死，那已經不重要了，因為老天爺願意幫忙，冥冥中一股神奇力量預先將我阻擋在危機之外，如果這不是福報，那什麼才是呢？

更幸運的是，除了老天爺眷顧，「另一個世界」的朋友也常配合老天爺的指令，或雙方聯手，在允許範圍內預先讓我掌控狀況，不管是自救或救人，多有圓滿結局，這就是剛才提到三種接觸方式的「預知」。然而，需再聲明，我可不是什麼都能預先知道，也不是什麼都能透露，神明與冥界都會事先提醒，什麼忙可以幫或不能幫，什麼話能講或不可講，以免我這號迷糊蛋等著挨罰。

朋友們又是一陣哀號，猛批我很多事情說這個不行、那個不講，哪來框架這麼多啊！唉，甭說西元一九八〇年代中後期「大家樂」賭博盛行，我根本不知道怎麼「開明牌」；就算之後有了公益彩券，管它什麼大樂透、大福彩、樂透彩、威力彩、三星四星彩、五三九啥的，我一個中獎號碼也無從事先得知，所以友人們老揶揄我乃廢物一個，總之就是「中看不中用」，毫無利用價值。

不過老天爺和「另一個世界」朋友，允許並透過給我的「預知」，還真的救過人，而且不只一次。到底哪兒「中看不中用」？我可不服氣。

搶救爆炸大火中的婆媳

印象最深刻的一回，是到偏鄉社區做田野調查。那天一早在搭長途客運路途上，就一直接收到神明給我的訊息，說是有事要我務必幫忙，不要忘記。前一天晚上準備資料睡得晚，第二天一早醒來神智不清，當下對這樣的奇特訊息反而不太在意。

當年路況差，車子抵達當地已近中午，大概搭車搭到呆了，有些恍神，在社區裡晃了兩圈，拍拍照，問問人，眼皮累到幾乎快睜不開。此時，突然「親眼目睹」不遠處有戶民宅瓦斯外洩氣爆起火，聲音之大，讓我一時錯愕驚醒，卻傻愣在原地，直到鄰居家有個脖子上長肉瘤的中年婦人衝出來向我求助，說爆炸民宅現場裡還有個八十多歲老婆婆，跟五十幾歲的媳婦在家，拜託我趕緊救援，這才回神過來。

那時沒有手機，偏鄉又不是家家皆有市內電話，可以立刻通報消防隊，我也不曉得哪來的勇氣，真的衝進現場，馬上看到有個坐輪椅的老婆婆已經昏倒在客廳，二話不說立刻揹起來，快速瞥向四周，那個媳婦呢？不知道，就不要管了，先救一個再說，於是馬上飛奔而出，直到百公尺外的社區籃球場，才把老婆婆放下。

老婆婆此時睜開眼，慈祥地看著我，頻頻問我是誰，我發現她毫髮無傷，甚為驚喜，但還沒來得及回話，便聽到背後有人在叫罵，轉頭一看，原來是老婆婆的媳婦趕過來，一路罵我私闖民宅、亂揹老人家做什麼？綁架啊？

蛤？私闖民宅？亂揹老人家？還綁架？我先把老婆婆安置在一旁樹下休息，然後兩手扠腰跟她媳婦吵起來，說你們家爆炸聲這麼大，我剛好路過是去搶救耶！沒事吃飽撐著綁架老人家幹嘛？這一回嗆，她媳婦更火大，破口大罵：「呸呸呸亂詛咒人家，我們家好好的，哪來爆炸？分明是你這個不懷好意的傢伙在……」

爭執聲音之大，剛好又是中午吃飯時間，把社區一窩在家吃飯的街坊老少，全都放下碗筷給吸引過來。我這時才恍然大悟，什麼爆炸啊？原來人家家裡根本沒事！這……天啊！那我剛才看到啥了？幻覺？還是被鬼擋牆？被阿飄作弄？

大概我長得一臉土匪相，社區老人家大多一臉狐疑地望著我，並團團包圍，令我不得不趕緊再次解釋，是因為聽到爆炸，然後這家民宅隔壁鄰居有個脖子長肉瘤的婦人衝出來求助，我才……肉瘤？眾人反而愕然望著我，這下換我詫異，不知為何，現場整個氣氛都不太對了。

此時里長站出來，問我是不是看到一個穿花襯衫上衣、黑長褲的婦人家？我說對啊，而且這衣服穿得有些老氣。里長點點頭說：「是有這個人沒錯，可是老早在一兩年前就因為割瘤手術失敗逝世，你真的看到了嗎？」

我篤定地告訴這些街坊，確實看到，絕對沒錯，也無欺瞞。靜默幾秒後，老婆婆的媳婦態度緩和下來，告訴我說，這個婦人因為夫婿之前跑船，遭遇船難沉沒落海，至今下落不明，打撈數次都找不到，讓這婦人一度悲慟萬分，幾乎活不下去，是老婆婆不斷開導這婦人，她自己也幫忙這位鄰居家採買和打掃，甚至騎機車載著她去就醫，陪她聊天，才慢慢打消這婦人想輕生的念頭；不過這個歹命人，最後還是不敵病痛折磨，在醫院手術檯上告別人世。

老婆婆的媳婦話還沒講完，不遠處立即傳出爆炸聲響，正是從老婆婆家那裡傳來，跟稍早之前發生的狀況一模一樣！

眾人不敢相信眼前所見，我則是跟著里長趕緊到他家打電話通報消防隊，也幫忙先救火，等消防隊抵達後，看著老婆婆與她媳婦安然無恙，也沒想太多，便匆忙提早結束行程離開。

兩天後，僅有地方報紙登出這則偏鄉民宅氣爆新聞，依稀記得寫著「瓦斯開關沒開」，這就怪了。不巧，那天又有更重大的地方政府官員涉嫌貪瀆新聞，轟動鄉里，把這則意外事故新聞擠到報紙邊邊。好笑的是，記者既沒到現場，大概只是打電話側面打探一下，就開始自己編起故事來，把我寫成「分秒之差的神奇先知」、「無名英雄」、「救命恩人」；另一家聽都沒聽過的小報，一行「獨行神祕客如神明使者，氣爆前先通知搶救婆媳」標題，更是教人看了有些啼笑皆非。

你若問我，這麼多年來跨域與不同對象的互動經驗，最大遺憾是什麼？我會告訴你，**陽世間人類對於神與人、人與鬼、神與鬼（現在還要加上個魔域）認識不清，大多皆簡約統一歸類為妖魔鬼怪且排斥醜化，導致誤解徒增，同時識別是非善惡的能力太差，黑白不分，結果時局就越來越亂！**

另外，也惋惜許多人固執的「**以自我為中心**」思維，堅持自己篤信的才是真理，自己推斷的邏輯準沒錯，抑或只信科學至上、眼見為憑，導致無法看透全盤真相，難以真正持平思索，自然失真扭曲。

就像經常有朋友前來求助，理由是「之前某某也一樣情形，你也幫了，所以這次你該幫我」。但這些人忘了，不是所有個案都是一致的，而且有些來求助者，自身存在甚多棘手問題（如累世輪迴因果或業障報應），且早有命定，根本無法插手協助，只能一再婉拒，卻又難以開口直接說明背後的諸多原因，於是徒生誤解，被我拒絕後馬上心生怨懟，認為我「大小眼差別待遇」，又無情可恨、傲慢現實，但我也無可奈何，僅能尊重其看法，不多惡言相向，反正解釋了也不會有效果，只能算了。

至於在網路上多如牛毛的酸民攻擊，批評我「妖言惑眾」、「怪力亂神」、「假傳神旨」……那就更令人傻眼，堪稱「大觀」是也。還好我老早練就不動如山的本領，冷眼旁觀就好，管你怎麼酸、怎麼掰，都隨你啦，懶得回應。

另有讀友頗為我抱屈，疼惜我已近耳順之年，依然沒拿到「執照」，不能名正言順「掛牌服務」，以鐵口直斷、為眾人解惑，豈不遺憾？所以，就算我樂觀繼續當個如街貓般的獨行俠，不少人仍覺得「缺了一角」，若能夠獲得領旨、拿到令旗，在此亂世必能發揮更多功用。

想想，我這輩子大概就這樣啦，真的該滿足了，幹嘛要這麼多貪求？回想自幼至今種種通靈人生歷程，固然驚險刺激，但更多高潮迭起，酸甜苦辣樣樣不缺，又幫了不少人，實已足夠；況且隨著年歲增長，身體也慢慢退化，甚至劣化，無法再像年輕時那樣勇猛衝鋒跑第一，還是安然地堅守崗位，等時間到了就退隱淡出，閒適地做自己的事，再坦然接受人生最後要面臨的死亡階段，反正離世後，也不會再有人記得這號「通靈三腳貓」。總之，提早看清人間現實，調適心境，不貪不求，身為歷練豐富的通靈人，絕不會有任何失落。

「我沒有騙你，我是真的看見了！」

是的，我沒騙你，我是真的看見了！我能看見與其他人完全不同的人生樣態，在陰陽兩端與神界裡充分體驗，日日過得充實，分秒沒有白活，已相當值得了。

喔，還有，別羨慕「能通靈」這碼事，既不酷也不炫，往往在一般人看不到的背後，都要承擔重責和恐懼壓力，且常有出生入死的莫大風險。

你覺得這有什麼特別好的地方嗎？我可不全然認同喔。昔日老一輩長者都會告誡我們「**平凡才是福**」，年輕時不會想，只覺得那不過是消極理論，滿腦子八股迂腐思維，如今到了一定年歲，深入思考方知，還真覺得滿有道理，而自感羞愧。

老師父的靈異啟蒙

關於「靈異啟蒙」，很多人都會認為這不就是一種感覺嗎？何需啟蒙？除非像是有人幫忙開天眼之類的，否則靠的就是自己知覺、辨認，進而了解自己的靈異體質。不過，我是真的受到大師級高人啟蒙之後，才逐步大悟，了解到原來我和一般人並不相同，否則傻傻無知過完這一輩子，還要被人家當神經病看待。

「南極仙翁」老師父

過去在部落格和臉書中多次提到的老師父，就是帶領我入門的啟蒙恩師，可惜他未留下任何照片或影像，謹此親自畫了這張漫畫。別以為在醜化他，他真的就長這樣子！小鬥雞眼，很慈祥，又帶著搞笑，而且

我們頭一回見面過程也挺有趣的。

年輕求學階段，工讀向來是自立自強的最佳指標。從唸專科二年級開始，我就步入半工半讀的人生。做過的工作很多，從推銷員、劇場舞台活動、賣脫水蔬菜、配音員，到爬上高空洗大樓帷幕玻璃、當航空公司訂位組工讀生、報社清潔人員兼校對、收送貨員。

最過癮的是去電影裡客串「蒙面刺客」這類小癟三臨演角色，反正劇情千篇一律，就是蒙面刺客必定要啣主子之命去殺主角，最後也必然被主角殺個寸草不留，倒在地上一命嗚呼——其實是趴著閉眼呼呼大睡，不要亂動就好。還有臨演費和便當可領，況且臉遮起來，不會有觀眾認出來，這種差事我最愛了，多超值啊！

這麼多工讀經歷，唯獨當收送貨員最讓我難以忘懷。這其實是一份既無趣又極耗體力的工作，好多同事扛貨扛到脊椎側彎，常要找人推拿或前往國術館找師傅看跌打損傷，屢屢在診療間裡痛徹心扉到嘶吼狂喊，看了、聽了便教人心疼不已。這份工讀之所以難忘，不只是這群可愛又敬業的同事，而是它同時還牽起了一條線，讓我與老師父有了接觸互動機會，自此開展並看到更多不同的人生風景。

話說有個星期二晚上，我和資深司機搭檔，一起去台北素有「鬼擋牆」的地區送貨。別誤會，這可不是什麼鬼魅叢生的鳥地方，而是此地巷弄門牌簡直亂得一團糟，上一戶門牌是十號，下一戶未必是十二號，可能會來個另一條巷弄的某某號之某某，然後又跳成另一條巷弄某某號等等，搞得外地人超傻眼！在那個沒有衛星導航和網路的時代裡，恐怕兜上半天也找不出方向，所以才被戲稱為「鬼擋牆」。

我們超怕送貨到這種地方，光找路就費時，更會耽誤下一站的運送。好不容易找到目的地，那是一棟無電梯的老舊公寓四樓。我扛著重重的貨，一步步爬上樓梯，最後抵達時，已是滿頭大汗，等對方把門打開，差點讓我驚訝和大笑。

為什麼？因為迎面而來的這位收件者，是個老先生，拄著枴杖，長得真像早期長壽菸包裝上的「白頭南極仙翁」啊！要是旁邊多隻白鶴，再加點虛無飄渺的乾冰白煙，意境上就更像了，不過一起跑出來迎接我的，則是一隻胖胖的虎斑貓。

老先生接過一大箱貨，不疾不徐地在貨單上簽字，我也就禮貌打聲招呼說句謝謝，同時被貓咪磨蹭得滿褲子全是貓毛後，轉身便要離去。

「張先生！」老先生叫住我。

我愕然趕緊把頭轉回去，「您……您怎麼知道我姓張啊？這貨單上又沒寫我名字！」

「喔，」這位老先生指著我的臉，「你姓張就寫在你臉上啊！」

「什麼？」我叫了出來，「這樣也能看出我姓張？太神奇了吧！」

老先生笑了笑，「是啊！很神奇，對不對？這個星期五晚上，如果你有興趣，歡迎你來我這裡坐坐，我再告訴你原因。」

我引頸朝老先生的後頭打量，除了簡陋客廳，還有一座小佛壇和打坐區域。由於在西元一九七〇至八〇年代發生許多神棍騙財騙色的混蛋事蹟，我覺得這類玄奇之人或事，通常可能不安什麼好心眼，大概是來騙我掏錢買什麼什麼，或者又要求捐獻什麼什麼，或者……會不會對我下降頭符咒啊？媽啊！那以後我行屍走肉、變成「耗呆」（白痴笨蛋）怎麼辦？但看著老先生的臉龐，卻又非常安詳，慈眉善目，似乎不像那類可惡神棍……

「你看我覺得很奇怪嗎？」老先生問我，我還老實的用力點頭，他反而哈哈大笑起來。

「我了解，我了解，哈哈，真老實……這樣吧，我是不是好人，由你判斷，但至少我保證不會要你掏錢捐獻，或者用不正當的手段愚弄你。」老先生親切地回應，「我邀請人家來，一向不會勉強對方。你來，我很歡迎；你不來，我也沒損失，請自行決定。」

解我一生的天命

回程路上，我跟搭檔的資深司機談起這碼事，他一副嗤之以鼻的態度，叫我最好把罩子放亮。「你喔……涉世未深，單純的大專生，腦袋只會唸書，頭殼壞去，都不曉得這社會黑暗！跟你講喔，對這種廟壇喔，最好當心一點，人家是在以退為進引誘你，不要傻呼呼地就被人家拐錢拐什麼的！你還好不是女的，要不然有些壞心眼的壇主，若見人家女孩子有姿色，還會……」

我這個人就是有「好奇心殺死貓」的獨特性格。不去當然可以，但心裡頭總是犯嘀咕，那位司機同事講的，不是沒道理，我也擔心去了可能出事。不過幾經掙扎，最後，那個星期五晚上，我還是跑去找這位老先生，原因很簡單，我就只想知道為什麼他能準確說出我「姓張」？你看，我這個人多好騙好拐。哈哈。

不去不曉得，這一去不得了，就這樣意外打開我這一世對靈異領域的全新認識。我終於理解，為什麼我成長過程跌跌撞撞、不甚愉快，原來確認與我有個特殊體質的特殊身分相關，那就是「通靈」！只是我沒有領旨，不具備幫人問事解事功力，可是我也帶著任務來到這一世，就是要宣揚「靈世紀」及運作方式。

老先生娓娓道來，一件件往事像轉個不停的跑馬燈，影像從我眼前掠過。慢慢的我懂了：很多我所看到的事物，並非一般人所能見，於是從小到大與人爭辯老是會輸，人家沒錯，我也沒錯，只因為所見所聞及感應不同而導致歧異，也難免被貼上「愛說謊」、「愛狡辯」、「愛唬爛」的不愉快標籤。

老先生這麼一說，我就立刻釋懷，有種豁然開朗、終於有人懂我的感覺。當然啦，老先生也說明「為什麼我姓張」的判別理由，這是有特殊的排算方式，像電視劇劉伯溫掐指一算，指間悠遊於五行八卦，能通之人必能參透。

「哇喔，傑克，這真是太神奇了！」我眼睛瞪好大，感覺就好像後來流行的電視購物口頭禪，當場折服，只差沒下跪磕頭。老先生說，我雖無具備問事解事資格，但多學一點堪輿命理，增進智識與歷練，也非壞事。我覺得甚為合理，便尊稱這位親切老人家為「老師父」，他也沒反對。

不過，本人在此之前懵懂無知，有意無意間仗著自己有天賦，瞎打瞎撞獲知某些天機，又因為不甚理解通靈者該有的分際而洩漏，兼以胡亂幫人看相論命，竟然歪打正著，或者幫了不該幫的人與亡靈，導致累積不少業，也屢遭懲罰卻不自知（終於知道為何年少諸事不順）！老師父甚感惋惜，所以請求老天爺諒解、化解、緩解和指引，**並殷殷告誡我分寸與紅線——助人雖好事，但未必處處皆須幫，若不知分寸可否，最好請示神明，日後務必警覺，以免犯戒受過。**

光就這點，對我人生幫助極大，至今始終銘記在心，感恩老師父多方營救。難得的是，他老人家從未對我大聲咆哮指責，始終委婉客氣陳述，只是立場堅定，從未動搖，更是令人打從心底信服。不過唯一遺憾的，是我這個不受教的傢伙，在此之後面對老師父的熱心教導，卻因外務過多，心不在焉，未能全然獲得真傳，如今回憶起來，除了備感遺憾，更後悔沒認真學習的損失，真是難以估計哪！

不平凡的忘年交

老師父是浙江人，與民國同年，一口字正腔圓的標準國語，往昔由師範體系出身，且洋文挺溜的，曾擔任翻譯員；當年逃難來到台灣後，也擔任教員，還很快學會講閩南語，腔調流利，用詞文雅，語言天賦極高，更不用說他命理專業這塊了。

我問他，既然當老師，不都是強調不信魑魅魍魎、不語怪力亂神，要不然怎麼作育英才？他說，關於命理和靈異，他都不迷信，還很強調科學，只要經過再三驗算、確認整個前因後果，就會了然於心，這些都歸功於他師父的教誨。

老師父的師父？他點點頭，說道當年中國對日抗戰前，他的師父已是一輩高僧級人物，早算出此後中國必遭日本侵略，進而抗戰，雖艱苦獲勝，但前途多舛，動盪不安，政權大幅轉變，分裂更迭，便逕由杭州靈隱寺附近山區修行小廟離去，隱居鄉間耕讀，不過問凡塵俗事。他也是無意間拜機緣所賜，師徒相見格外有緣，這才發現長者功力超凡，於是在從事教育工作之餘，閒暇時苦功勤學，累積出這一身豐富的命理學識。

在這一代年輕人眼中或網路論壇平台，對這種往事敘述，絕對列為「雲深不知處的超唬爛等級」，我也聽得一愣一愣，心想這只有武俠小說「拜見高人、習武學招」的劇情才得出現。老師父畢竟大風大浪見多，任何揶揄嘲諷不放眼裡，眉頭不揚，看得倒很開；見我一臉痴呆，嘴巴張開，並不多說明，僅叫我多多觀察即是。

此後，只要一有空閒，我會去老師父那兒，他無論多忙，都會空下來教我，難免讓在他身旁的某些徒生心頭不太舒服。老師父嚴肅勸誡他們：「人家來者是客，以客為尊，你們平日受我引導，若有慧根，總該自我消化，自學自省，哪來時間吃味憎恨？況且這位客人（就是我），每到此地，見人便鞠躬致意，禮節周到，你們呢？你們憑什麼對客人怠慢無禮？」

徒生們紛紛慚愧低頭，不敢再有閒言閒語。能有這樣禮遇，我當然受寵若驚，也回應老師父不用這樣費心對我，況且我又不是個「名人咖」，更丟臉的是，我數學很爛，以前數學、物理、化學三科模擬考成績加起來還不到一百分！好啦，現在學習算什麼命理之術，搞了半天全都算錯，跟所有老師父的徒生相比，我豈不是在浪費大家時間？老師父笑笑說，與我乃忘年之交，有緣相聚，難能可貴，能學多少就多少，不用太拘泥小節。

好吧！既然他這麼說，我就不客氣了。反正我資質駑鈍，去老師父那邊最大的動力，就是有可愛胖貓可玩，他也清楚，僅僅微笑而不說破。只是隨著越來越熟識，他對我的要求也稍稍嚴謹起來，不過跟其他徒生相比，我簡直就是來鬼混的。

相信不少讀友會說我學習收穫豐富，卻又謙虛客氣。但實情是：我丟臉出糗真的沒在客氣的啦！今天學了這個，明天照樣忘了，真正是白痴笨蛋的最佳寫照，與「一目十行，過目就忘」有著異曲同工之妙！唯一「有感」的，是不曉得老師父發了什麼功，讓我對神明與「另一個世界」的感應能力大增，我怎麼問他原理，他都微笑不肯說。從正面觀點來看，這下子跨界溝通速度與理解能力變強；但從負面觀點角度，通靈看到的「那個」更多了，有時驚悚的程度還是會讓人怕得半死，而且加倍恐懼啊！

他還帶我參加他的不公開社團，裡頭全是命理界高人，偶爾還見出身自中國大陸的旅美奇人高手前來切磋，簡直大開眼界！而且所有成員都尊稱他為老師父，顯然輩分極為崇高，光是看高手們掐指過招，準確度超高，就已經令人驚嘆。成員們多為中老年，即使有年輕一輩，也比我老上個十來歲，我等於是裡頭的「細漢仔」（小朋友），因此每有聚會，我都會識相地主動協助奉茶、打掃、整理帳目，大家也都視我為家人。

學測字，好耶！

我也不曉得老師父為何會對我這麼好，有段時間還懷疑他別有用心，因為友善到連旁人都覺得不可思議。

後來才曉得，原來老師父和我同天生日，很多理念完全相符，且都是愛貓成癡的「貓奴」，看到貓就毫無招架之力，樂於當個鏟屎官！

在當時社會總有一股「貓是邪惡動物」的錯誤氛圍中，老師父看到跟他有同樣愛好的人，自然欣喜，他衣服褲袋還常插著一根逗貓棒。我其實很納悶，光這種「愛貓」理由就可以變成麻吉好朋友？這也太扯了吧！一些老師父的徒生徒孫告訴我，真的，細節不多說，他就是愛貓，大概前輩子欠了一屁股「貓債」。

更神奇的是，老師父只要外出，家貓街貓什麼貓一堆的會很自然地接近他，這不曉得是哪來的磁力還是神力，可以把貓兒一隻隻全吸引過來，堪稱神奇能力之一。

還好我不是老師父的徒弟，如果是，肯定因成績最爛而被逐出廟壇。這裡的大師兄，舉凡各種命相之術、法事、解符解咒、開光擇日、地理、命名等等，簡直已經到了出神入化境界，但老師父對他仍甚為嚴厲，始終未升他擔任更高位階。

從旁推敲原因，很可能是大師兄的品德性格尚需磨練，畢竟隱藏的傲慢與階級歧視，成為他無法被老師父完全認可的致命傷，以致修練得再精，考核依舊被退、再退、三退！老師父一再告誡，他也認真地反省改正，不過本性難移，顯然沒能達到目標，直到老師父逝世前一年（西元一九九二年）才過關。

至於其他幾位徒生，也都是聰穎優異之輩，甚至有台大、交大、台北工專（今北科大）等級的高材生！他們說，和老師父學習，不是只有命理，也理解邏輯、推演、分析、運算之術，還有人格修練陶冶，一毛錢都沒花，但能獲得無價寶藏，且對課業有幫助，相當值得。

面對命理之術如此複雜精深，要學的地方多如牛毛，就令人頭痛不已，有次我哇啦哇啦吐苦水，說學這些玩意兒讓我很頭痛啦！可不可以學點別的？老師父問我想學啥？我想想，看到人家學「測字」好像很好玩，寫個字就能測一堆，多神啊！多藝術啊！多好玩哪！而且我天生對駕馭文字即有所偏好，學這個就好，學這個就好。

他哈哈大笑，頻問我可不要後悔喔，我回答：「怎會後悔呢？這麼簡單，只要會說文解字，唬爛幾句，答案就解開，比那個什麼算來算去的，我寧可學這個！」

「好喔，這是你說的，不許回頭喲！」

老師父看我堅決點頭，他徐徐地拉扯下巴白鬚，「其實啊，學測字才是最難的！因為測字需要包含所有命理之術、玄學、心理學、統計學、理則學、姓名學等等作輔助，還須背四書五經，國學常識要豐富；除此之外，所有生活常識、時局掌握、察言觀色、研究字跡字形，全都必須要有一套。好，既然你要學，就這麼辦吧！」

「我……這……」我這一聽可傻眼了，半天語塞。老師父告誡我「男子漢大丈夫，一言既出駟馬難追」，我也只能怪自己笨蛋耍蠢，這下更不好過了。

不過，我照樣發揮蠢相外露、調皮耍賴的死樣子，老師父該教我的都教，要我背的照樣背，但見我不受教，也只能莫可奈何；其他徒生則是羨慕得要死，偷偷跟我說，哪像他們都要接受嚴厲指導，還要苦練、測驗！

我看過幾回，發現老師父對徒生真的是有威儀跟脾氣的。

這下讓我心知肚明，自我警惕可別大模大樣、不要太造次、不能把他惹到吹鬍子瞪眼才是，假裝用功也要裝得像一些，最好全力配合，畢竟自己的選擇就怨不得人，但每次仍不免偷偷賴皮一番，畢竟唸書打工很累的。

大隱於市的高人

老師父平日就是隨緣收徒生，來來去去，並不強求，但既然要學就要有規矩（只有我例外，這是特權，哈哈哈），只希望將中國古老占卜之術與智慧，綿延不絕傳遞下去。

印象所及，他無論在中西方各種命理、靈學、預測等方法上悠遊自在，就連對塔羅牌或占星理論的理解功力也都極為深厚，卻自謙只是個愛貓的冬烘老朽，但其實是隱藏在市井中、那個「高手中的高高手」。某些大企業老闆登門求教，他都會事先打探，若是那種勢利現實嘴臉、苛刻下屬的頭家，便硬是不見客！若老闆本身殷實勤奮，心善待人，致力公益，持之以恆，且口碑普獲下屬或社會好評，他才有「興趣」。

也曾有黑道老大得罪另一黑幫，自知面臨追殺，暗箭難防，恐死劫難逃，又渴望苟活，所以非常願意放下身段，就算在小弟面前下跪，也盼求見老師父一面。但經掐指一算，老師父發現此人乃奸惡混蛋，所幹壞事罄竹難書，還淫人妻女！早在對方嘍囉登門接洽會面事宜前，他便先飛往海外雲遊多月避避；他回來的前一晚，這老大就在三溫暖裡遭到殺手朝他嘴裡連開三槍，後腦勺迸出幾個窟窿，血肉模糊，一命嗚呼，連前來求教（或許是求救）都免了，當然更不用跪了。

嚴肅外表下，老師父還是有著跟我一樣「很皮」、「隨緣」和「慈悲」的真實水瓶座性格（他跟我同一天生日嘛）。他不接受供養、募款或捐助，都說「夠用就好」，倒是很樂於濟貧；最常幫身心障弱勢和經濟困苦的家庭施棺與安葬，如果往生者家窮得家徒四壁，甚至還自掏腰包幫忙家屬度過難關。更有幫忙帶兩歲娃的好玩紀錄，就看著無法無天的娃兒，一把抓著猛拔他的白鬍鬚為樂，而明明很痛，這老人家竟然還能笑嘻嘻地逗弄，怪哉。或許他孤單漂泊多年，終身未娶，無緣享受天倫之樂，所以看到小孩時都很高興吧。

老師父的主要收入來源是幫人擇日、看地理風水，有趣的是不掛牌、不廣告，完全靠口耳相傳，連費用都隨喜，要是故意裝傻不給，或吝嗇小氣「給心酸的」，他也從不多吭一句，淡然一笑，不吐惡言，但下回要不要幫，就隨他高興了。

老師父告訴我，他自己能有多少福報，老天知道，由老天決定，他不會強求。至於為何不宣傳其神威功力？老師父哈哈大笑回答，功力如何，被他算過的人都曉得準或不準；若是失準，你打上千萬廣告有個屁用，最後還不是照樣打回原形。

嗯，有理。

曾有心地良善的大企業老闆，遭同業與公司內奸聯手陷害，一度走投無路，請老師父指點迷津，爾後竟能逆轉人生，不勝感激，於是帶著百萬元支票前來當謝禮。老師父沒有拒絕，但全捐給西元一九七〇至八〇年代當時礦災罹難礦工的家屬。

據他說，曾有罹難礦工群在他夜半就寢時，集體跑來夢中跪謝，握著他的手硬是不肯放；一早起來，發現自己雙手全是黑炭痕跡，依然平靜一笑，盥濯時就將手洗淨，彷彿沒事發生。

你若問我老師父功力最準的是哪一種命理術式？剛才說過，只要叫得出來的算法，無論中西，不管古今，哪怕巫術、曆法，老師父全都精通（這怎麼練成的？我問了一百遍套不出話，只得到不語和燦爛微笑）；可是他最讓我「驚嚇」的，是他具備「千里眼、萬里鼻」的特異功能，絕對可以讓一眾能人奇士俯首稱臣。

萬里之外的蠔油味

我年輕時，有段時間迷上武俠小說，看人家主角低調留寺，與僧修行，覺得很酷很帥，為此還一時糊塗，志願參加老師父舉辦的不沾葷短期修行。

為何說「糊塗」，是因為禁葷這碼事，當年對我這款無肉不歡的人來說，簡直可居「民國十大酷刑」首位。先說明，我並未排斥素食，而是它容易餓，加上沒有肉的滋味，更何況數十年前素菜不像今天如此多樣美味，滿嘴全是麵筋、蔬菜、豆腥味，吃久了，簡直令人作嘔到坐立難安，血糖降到破錶，心情沮喪到極點。

回顧那次修行，生活照舊，無須剃頭或在深山虛無飄渺間禁語打坐禪修，規則很簡單，就僅須茹素一個月就好，夠簡單了吧？就跟現在叫年輕人「一個月不准用手機」的磨練差不多，看似簡單，其實滿是「酷刑」啊！

之前經歷過幾次兩三天不吃葷試驗磨練，看來還好，一旦正式來，才過沒幾天，我坦承實在無法過著百分之百無肉日子，好不容易捱過半個月，內心那種「想做壞事」破戒吃葷的欲望，不斷從潛意識裡潮湧上來；加上老師父因事臨時前往加拿大十天（我看是故意的），所以這種「大人不在家」的修行，對我這種有辱門風的「失格偽弟子」，可算逮到個好機會，準備偷偷大開葷戒。

心裡頭快樂地想著：修行這回事啊，哎！只要心誠則靈就好，我可沒這麼多規矩，也不想有這麼多無聊規矩。

星期天中午，在家自個兒準備吃的，一邊整理菜葉，越看越煩。嘆完氣，突然心生詭計，準備偷偷弄點葷的加進來，反正根本不會有人來查勤。結果從冰箱裡翻箱倒櫃個半天，才恍然大悟，這陣子忙東忙西，根本沒到菜市場買肉買魚買雞鴨，當然就沒有葷的食材可供調味佐餐。

我像個洩了氣的皮球，蹲坐在冰箱門旁，無意間瞄到一瓶家住海邊同事送的自製蠔油醬，保證葷到極點、腥得叫人銷魂難忘，彷彿看見一線曙光……哎呀！太讚了！無魚蝦也好，至少還有蠔油醬，幫蔬菜調個味道，應該不算犯規吧。在廚房裡，我一邊炒菜，然後大力地給它倒入一大匙蠔油醬，立刻香味四溢，令人心曠神怡、食指大動……此時，突然聽到客廳電話鈴聲響起，只好先熄火，接聽看是誰打來的。

沒想到一拿起電話筒，竟然是老師父從加拿大打來的！我本來嚇了一跳，背脊都發涼了，但後來聽老師父說，他突然睡不著，想找人聊聊，讓我大大鬆了一口氣，還好不是什麼超級大事。

當我心虛地回應老師父說，加拿大都半夜了，不趕快就寢，會影響到第二天的體力喔，他「嗯」的一聲，嘆了一口氣，然後沒再多說話，一陣沉默。

國際電話費很貴耶！還不快點長話短說，差點誤以為電話壞了。我趕緊喂喂喂追問老師父怎麼睡不著？是不是有什麼心事掛念著？

之後他從電話那一端傳來的話語，差點把我嚇到中風！

「對啊！我也奇怪，平常睡得好好，怎麼今兒個睡不安穩呢？」老師父慢慢地說，「因為我聞到一股蠔油味道！」

媽啊！這下子可把我嚇出一身冷汗，連話筒都拿不穩了。老師父功力這麼高超，竟然能從加拿大「聞到」我炒素菜竟然偷加葷的蠔油？莫非他偷偷在我家加裝「有嗅覺功能的監視器」不成？還是根本沒出國，躲在我家櫃子裡？那感覺太可怕、太過於法力無邊了吧！

「你啊！炒菜就炒菜，放那個什麼鬼東西，害得連我在萬里之外都聞到了！很不舒服哪！」老師父口氣一貫委婉，卻似乎不太高興，從電話另外一頭傳來更是恐怖，「該怎麼處理你知道吧？」

我當然知道，這盤菜一口都不能吃，轉給家人代為「殲滅」，只是嚇得語無倫次。原來老師父功力果真高深莫測！從那一刻開始，我只好乖乖地繼續吃素，捱過修行的這一個月，畢竟光嚇都嚇「飽」，恐怖死了！

神人行事的規矩

後來逐步了解，原來有些高人的修行功力，還真是到了登峰造極境界，不但萬里之外鼻子可聞，耳朵能聽，眼睛當然看得到。以往我始終認為那不過是武俠小說才有的唬爛特異功能，後經詢問老師父與某些高人後才知，這並不騙人，自古至今確有其事，只是具備這種功力者，是萬中無一的奇才。

據某些通靈及修行人士表示，他們想要能「看」到千山萬水遠的距離，還得經過一些「程序」及「手續」才行——除了具備功力，還要神明的允准，才等於拿到「通行令牌」，這是基本條件。

接下來，比方說有人請託，想知道茫茫人海中的某人現況，那必須要有姓名、地址、長相、特徵，資料越詳盡越好，不是只鎖定這個對象的肉體本身、像 GPS 定位器一樣就行，那太困難了，畢竟同姓同名者、長得很像者太多，萬一找錯很麻煩。

另外，某些修行者要「看」到特定景象，偶爾也必須透過在地「管區町長」（土地爺）或神明、遊靈、鬼魂同意才行，不是說你要看就看；有時修行者功力太差時，還會遭擋駕，甚至一般家戶門神（現在應該都回天界去了吧？）都嗤之以鼻，不把你放在眼裡，那就遜翻了，也就是一般我們所說「讓江湖人看笑話」。

反之，功力高深者，我不曉得人家哪來這麼強悍的「通行證」或「令牌」，可供來去自如？一般「低階」修行者要「看」，似乎是守護靈出竅去找，然後在眼簾映出如同電影影像般的畫面，但和高人功力相比，宛如十九世紀末黑白默片電影，對上二十一世紀AI人工智慧，外加擴增實境、虛擬實境秀。因此，對於高人們的特異功能，雖聽得我目瞪口呆，不斷敬佩喊讚，但在覺得很酷之餘，也暗暗質疑「真的假的？沒唬我吧？」

也許有人會問，既然高人們可以穿越地理限制，直接同步看到千山萬里外的某某狀況，那麼他們也能穿越時空、到不同年代悠遊自如嗎？特別是這些年來，網路上流傳了一些「來自未來的時空旅人」報導，他們還不是高人喔，而是一般人，利用時空旅行到了我們這個時間點，逐一描述我們這代人類即將面臨到的世界局勢，還有哪年發生什麼大事，以致造成熱議話題。信者眾多，當然質疑者也不少，不過近期確實有些大事，如「時空旅人」所言逐一兌現，讓好些人瞠目結舌，引發熱議。不過，也有些旅人預言完全失準，例如西元二〇二〇年美國總統大選，川普連任失利，輸給拜登，讓一群盡信預言去簽賭的貪財傢伙，傾家蕩產到簡直要光屁股、欲哭無淚的地步了。

不論「時空旅人」或高人，他們穿梭不同時代（包括過去與未來），仍須遵守一定規範，就個人臆測，可能與靈界律法有關，而且不能作營私之用（例如，預先看到樂透彩開獎號碼，然後回過去時間點簽注）、不做不正當行為（像是意圖犯罪、非法窺視監視），以及不能涉及因果關係（比方說命中註定之事，不可違逆天意），否則天下鐵定大亂，也必折損天賦功力，這一點，相信功力高深的修行人士，或「來自未來的時空旅人」，大家都該清楚，應該不會逾矩才對。

老師父曾告訴我，他有位同樣具有此等功力的往生師兄，很早就移民海外，生前幫了不少人的忙，甚至強調科學辦案的歐美警方，也曾經因某件無頭懸案膠著太久，多方透過管道請其協助，拜託他從腦海中「倒帶」回案發當天第一現場情況，進而找到某個破案關鍵。

你可能和我有同樣的疑惑：既然高人具備這種超高天賦，那以後街頭巷尾根本無須裝設什麼監視錄影器，警方辦案也不必鑑識、蒐證、分析，直接請靈媒高人之輩前來協助不就得了？

事實上，剛才說過，**高人或可「來無影去無蹤」地穿梭不同時空，但還是要受神界、靈界、冥界或「時空管理相關單位」限制規範，不是說你想怎樣就怎樣**。有些事情不能公開，你公開了，就是自找麻煩；有些個案不能幫就是不能幫，幫了只會紊亂天理循環，連帶折煞相關人等。

至於這是誰規定的？我不知道，但起碼老天絕對會有所指示，不得恣意而為。順便提醒你，**不**

要用人的邏輯，去度量神的邏輯，神的做事方式由不得人說三道四；儘管有不少事情人神的看法一致，可是若什麼事都要拿人類思維，硬要去套用在神的身上，除了不敬，多半也不會獲得解答。

最後，老師父還跟我分享一個實例，就是他以前居所的鄰家長女，當年因涉世未深，未婚懷孕後被逐出家門，父母狠心切斷關係，不讓她回家；數年後，年邁母親重病彌留，有所後悔，心願就是盼長女能回來，讓她看一眼都好，心才能安，死也瞑目。所有家人遍尋不著，報紙也登了，尋人啟事也貼了，但都毫無頭緒。

老師父當年還是個無名居士，他說經過神明允准後，決定幫忙試試看。鄰居家提供那位長女穿過的外套，讓老師父拜託神明派遣兵將代為找尋，不出半分鐘，「訊息」就傳回來了，表示這名女子就在隔壁縣的某某鎮，服務於某家小旅社當清潔婦，而且當事者也已經「收到訊號」（等於就是心電感應），大概再過四小時，就會帶著小外孫女趕回來。

眾人半信半疑，連人在哪都不曉得，更甭說通知到人，怎麼可能「收到訊號」？四小時後，大家仍不見長女回來，街坊開始有些疑惑；老師父笑笑說，他「看到」母女兩個正在搭往回家的客運班車上，因為小外孫女有點智能障礙，所以路上尿濕換褲子，耽擱了一點時間。

鄰居家一陣驚訝，難以置信後代竟有智能障礙的小孩，不是很高興，鄰家大哥甚至想揮拳狠揍老師父，只是被旁人擋下。老師父嚴正回應，這小孩等於是媽媽的守護靈，此生角色重要得很，旁人切勿說三道四、閒言閒語。

又過了半小時，家門前仍不見母女蹤影，鄰家大哥怒斥老師父「神棍」、「妖魔」，但話才剛出口，就看到不遠處的電線桿後頭，一對母女遙望著家門口，小女孩還探出頭來傻笑，但兩人停滯不敢向前。

一切都真相大白了，眾人嘖嘖稱奇，鄰家大哥則是目瞪口呆，趕緊不斷向老師父賠罪致歉。老師父笑笑沒說什麼，倒是街坊父老、三姑六婆驚訝他如此強悍的特異功力，置身萬重阻隔，竟然還看得到，而且看得清清楚楚、明明白白。

至於鄰家長女是否真是「心電感應」而歸？老師父回憶說，他記得很清楚，那位婦女後來探頭往前，眼見家中街坊鄰居進進出出，心裡有數將有大事發生，便印證了內心不安預感，立刻跪下痛哭失聲，想爬到門外，也不知該不該進入；最後在街坊鄉親父老勸說下，終於進入多年踏不進的家門，與老母親見上一面，很快地，老母親點點頭，安詳地閉眼走了。

老師父辭世

老師父於西元一九九三年駕鶴歸西。過世前一週還叫我去他那兒，告訴我「未來的妻子」就是相戀數年的那一位，而且接下來會因彼此誤會，分手長達一年多時間，不過最後還是會有情人終成眷屬，叫我不用擔心。

他之所以告訴我這個，是因為他來日無多，怕沒講完人就走了，要是托夢給我，又不曉得這個笨蛋能否理解，還是先講比較保險，而且是神明允許的。

然而，我看著老師父身體健朗，笑聲宏亮，跟平時一樣，絲毫感覺不出有任何病症，還反笑他胡思亂想，老了也糊塗了；但數日後，他真的在睡夢中安詳辭世，當大師兄打電話通知我時，我驚愕地緊握著話筒，發愣哽咽長達一分鐘無法言語。

此後，除了已經認識的極少數高人外，我再也沒親身見過具備多方面命理功力，包括「千里眼、萬里鼻」這類特異功能人士，不過相信這方面高手應該還在，只是沒有深入探索接觸，很難推斷到底還有多少人。

倒是老師父辭世後多年，至今我還是對他尊敬與懷念不已；還有聯絡往來的徒生問我，老師父有沒有來夢中探望啊？唉！真的沒有，很遺憾。

如果他能出現在我眼前或者夢中，我倒是要誠摯謝謝他，豐富與彌補了我原本不快樂的人生。而且，他真的很神準，我的妻子果真就是他所說的這一位，在分手一年後復合，共結連理，如今已超過二十五年，感情依舊厚實。妻子惋惜地說，如果能見上老師父一眼，就算是神靈顯現，不知該有多好，只是至今仍未實現。

我想，老師父大概在天上神界當貓去了，應該是當一隻快樂的貓，不問世事，到處雲遊；有沒有見面不重要，至少在心中佔有一席之地，永誌不忘，應已滿足。

前陣子與老師父的某位徒生餐敘，聊起老人家。這位目前已身居國內科技龍頭企業的高階主管，懷念當時長者的教誨，而今運用於經營管理，受益良多實難估算。我自愧枉費老師父對我的禮遇與苦心，至今一事無成哪！

他反而大笑，要我好好思考，應該有所啟發和省思才對。這下反而讓我嚴肅以對，開始用心去想，想了個把鐘頭，答案逐漸浮現。

我認為，老師父帶給我最大的啟發與省思，應該是「**有實力則無懼**」與「**平凡低調**」。回想與他共處的數年時光，從未見他遇有重大狀況時驚慌失措，總是氣定神閒，宛如談笑用兵，將一件件麻煩事，運用他多年累積的超級專業，以及極高「情緒智商」處理妥當；連偶見來者不善的踢館者、命相師、通靈人、靈媒，他都和顏悅色、不徐不疾推理解說，總令對方甘拜下風，俯首稱臣，讓人讚佩。

他一再告誡徒生，心定，何須四處招搖？平淡以對即可，只要有實力，走遍天下就不怕；若是心虛膨風、招搖撞騙者，雖暫時風光，終究難逃被戳破報應之日，何苦來哉？

這應該也就是我後來收斂年輕時狂妄不羈性格，轉變成堅守低調、不踰矩、守本分、認真嚴肅的風格，多半和老人家潛移默化教導有密切關係。

昔日曾有徒生撰文悼念老師父，一句「哲人日已遠，典型在夙昔」，據說讓他頭痛欲裂近兩個禮拜！我猜老師父不愛人家這樣講，不認為自己有多偉大，而且少開口誇張地歌功頌德，可能還更圓滿些。

不過，我還是被友人們臭罵一頓，說我年輕時為什麼不認真跟老師父學，要不然今天就可以巴著我，逢人誇口「我認識超級大師喔！」

換個角度想，慶幸我沒好好地學，否則現在每天可就頭痛啦！好險好險，哈哈哈！

逍遙人間的仙人與耆老

說完了老師父，其實還有續集。不是他有什麼漏網八卦奇聞軼事、特異功能神蹟，而是因他讓我打開通靈世界過程中，還意外認識了不少「朋友」。

這些朋友和老師父一般，都具有不可思議的通天本領，有些是來自「另一個世界」的「人」（或者是「神」吧，我沒把握是否為化身），絕大多數陽間庶民想看都看不見，能目睹者僅極少數，但就算能看到，外表實在不怎麼起眼，按今日說法應該是「沒什麼『型』」。

另外有些則確實是真人而非鬼魅，不過與一般走在街上的耆老沒啥兩樣，在年輕人眼裡，應該算是「糟老頭」之輩。

不過，你一定聽過「高手在民間」。只要不開口，不行動，光打量外表，旁人打死也不相信到底有何特異功能。然而，這些人的出現，著實加倍打開了我的視野，頭上腦門宛如被敲開大洞，不敢說醍醐灌頂，但的確長出不少見識，應該也算是福報吧。

會認識這些人，這一切的一切，都要從台灣的選舉文化開始說起。

台灣選舉辦了這麼多屆，選民對什麼樣的花招大概見多識廣，早不足為奇，但在選舉期間，我通常不愛看網路論戰如何殺到血流成河、電視名嘴怎樣唬爛自己「先知」功力，因為這些都不是重點。我會聚焦與期待某類「仙人」的出現——老師父在世時曾向我介紹，並提醒我不得無禮，他們偶爾會在選戰期間露臉，常常氣定神閒地悠晃市街，最重要的是，必定會預告選戰結果，且精準率達百分之百！

這夠神奇了吧？至今我還是想不透，這到底該稱之為「怪人」，亦或「仙人」？有些是一般尋常百姓肉眼可見，習慣上被認為「怪」，但站在通靈人的立場，我們還是姑且稱之為「仙人」吧！以示敬重。

未卜先知的怪老頭

先說個故事吧。

多年前，某次地方首長選舉，由政治立場完全不同的兩方代表對壘。其中一方被公認奪標實力最強，出馬者形象粗獷、滿口髒話，加上地方勢力龐大，包工程、包砂石，無所不包，煞氣十足，到底有沒有幹盡壞事，看著當地人似乎有口難言、欲言又止，外地人大概也就心知肚明矣。

外界也認為，與他競爭的對手真的差太多——竟然是個教書匠！這種文質彬彬的大學教授，形象清新，但看來軟弱無力，又沒多少從政經驗，實力相差太過懸殊，斯文人哪能與長得跟惡霸流氓同款的超級戰將相抗衡？在那個還不流行做民調的時代，地方上幾乎一面倒，認為勝敗已定。

就在選前兩週，當時的我愛湊熱鬧，喜歡選舉氣氛，放假閒晃時才剛下了客運公車，馬上撞見個罹患白內障的殘疾老者，頭戴斗笠，弓著背，悠然彈著月琴，還揹個小牌子，一拐一拐地在街上晃蕩，牌子上頭竟寫著「恭賀ＸＸＸ當選本屆首長」——並不是先前大家所看好的那位！這在許多民眾認知裡，簡直天差地遠啊！

太勁爆了。熱鬧的菜市場旁，有人好奇地瞧著這個從未見過的老者，詫異中不忘頻頻質問：「老先生，你怎麼掛這種牌子啊？是真的嗎？」

老者笑笑沒說話，揮揮手要大家別擋路。豈料他緩緩前行，很不巧地，正好經過那位他預測「落選人」的競選總部前，幾個工作人員看到，氣憤這老傢伙竟敢來觸楣頭，大家一哄而上，七手八腳又粗裡粗氣地將他推倒，還抬著拎到前面街口丟下，態度極不客氣。

我上前指責這些人，怎麼可以對長輩這樣，豈料也被幾個彪形大漢推甩到一邊去，叫我別多管閒事，否則連我一起打！只好眼睜睜地讓老人家受苦被摔，看得叫人難過。不過教人驚訝的是，只見老人家依然保持笑容，摸摸摔著有點疼的腰，繼續揹起牌子、彈著月琴，穿過路口後，才一眨眼工夫，竟然不見了！

怎麼可能？我趕緊從後頭追過去，卻怎麼找都找不著，一心擔憂著他是否會沿路被某些不理性的選民傷害；但問了好多路人跟商家，大家都說沒看到這號人物經過，讓我不安好幾天，更不能理解「這老人家怎麼跑這麼快？」

開票當天，我特別再度前往當地。投票截止後的傍晚時分，原本不被看好、卻被老者「點名當選」的候選人，競選總部前冷冷清清，連自己黨部的人都皺起眉頭，不發一語；反觀那位氣勢反差特別大的候選人，票雖然才剛要開，鞭炮老早從四樓屋頂垂降到一樓，賀客盈門，看來準備大肆慶祝一番。

隨著票漸漸開出，當地外圍郊區的票，三分之二都是投給那位自以為勝券在握的候選人。他樂得一副囂張霸氣，粗聲地東呼西指吆喝工作人員趕快準備外燴擺桌，不少民眾也上門恭賀，讓他更是笑得合不攏嘴，檳榔香菸點心隨便用，甭客氣。

過不了多久，市中心區的票陸續有結果了。原本遙遙領先的候選人，眼見票數領先差距竟然慢慢縮小，再逐漸互有勝負拉鋸，後來竟然被追過！

他大發雷霆要工作人員快去查一下，問問在各地開票所報票的工讀生，是不是把兩邊票數弄反了？但回報訊息是「正確無誤」，頓時讓他神情有些不太自在，坐立難安，香菸一支支地抽，現場氣氛也凝重、詭異起來。

又過了大約一小時，另一邊原本競選總部冷冷清清、不被看好的候選人，突然在支持民眾簇擁下親身燃起煙火，自行宣布以近七百票差距贏得選舉。消息傳到這一邊，讓這頭的候選人勃然大怒，開始亂砸物品、破口痛罵，讓一堆民眾錯愕不已，趕緊閃避。

我本來想，要不要轉往那位當選者的競選總部去湊熱鬧？但就在這一頭，眼見落選人失控「耍猴戲」正精彩的同時，人潮中竟讓我又看見那位老者！他依然微笑地看著我，然後把揹的牌子卸下來，高高地舉起，再悠然消逝於人群中……

第二天，報紙地方頭版標題，一致以「跌破眼鏡」、「不可思議」這類字眼形容當地首長選舉戰況結果。

一般人或許臆測這老者會不會是「神明化身」、果真是「仙人」？與幾位研究靈學的朋友在聊天過程中略提此事時，他們則認為，如果真是靈異，那麼這名老者可能與那位原本不被看好的當選人，以及原先勝利在望的落選人之間，三者過去曾有因果關係；因為按常理來說，不至於發生事先洩漏結果的情況，如果確實是這樣，可能要查查原因何在，畢竟這種情況並不多見。

我並不想迷信指稱這種未卜先知就是「天意」，但有時就是奇怪，無法解釋這種篤定預測。若用統計學上的技術分析，其實矇到猜對都有一定的機率存在，而且容易被誇大渲染，藉此「頌揚」某些所謂靈異現象非常靈驗，這未免也太廉價好用了些（以這個例子來說，兩人相爭輸贏，比例不就是五十比五十？很好猜吧！往昔很多江湖術士不也是很喜歡用這種機率賭一把？賭贏了，就說自己是「孔明再世」、「劉伯溫降臨」；賭輸了，趕緊躲起來避避風頭，半年一年後沒人記得時，再度重出江湖玩這種老把戲）。

當然，這不排除可能是競選花招之一，或許落後者故意製造勝選印象，來狠洗選民的腦袋，這都很難講。

我納悶現在的選舉期間，若誰敢這樣大剌剌地公開預告，是否有違反選罷法嫌疑？還是以散播「假新聞」名義關個幾天？

我常回憶起當年那位老者，一副精神抖擻地舉著牌子，不怕人罵，更不怕人傷害，但不知其動機為何？或許他真是神明化身、換個面貌示眾；或者前輩子有冤屈、這輩子變成來報復的鬼魅；朋友一臉正經說，搞不好從精神病院跑出來，誰曉得？

不管怎麼說，自從那次選舉之後，每逢各項大選接近，我都會仔細觀察市街狀況，希望真能撞見這類奇特人物，將選舉結果提早告知，只是不管你稱之為「仙人」也好，「怪人」也罷，我都超想看。

無所不知的地縛靈

之後，我還真的在台北街頭找到另一位「不是陽間人」的「仙人」，相當幸運。一般人看不到他，就算具備通靈能力者，也未必百分之百能見，他像隻靈活街貓般神出鬼沒。

這位的外貌同樣「不揚」，全身髒兮兮倒像個乞丐，掛著一臉耗呆憨笑模樣。但此人可不糊塗喔，且「業務範圍」滿廣泛的——舉凡時事、天災人禍、離奇懸案、貪瀆事件、庶民生活，他都無一不說，當然，還是以預言選舉結果為主。

他自稱是個「根性很強的地縛靈」，反正也逃不走，不想走，乾脆就在此地生根，當起「冥大王」，看盡這裡的繁華榮景，並逐一檢視這兒的人性善惡，平日也幫忙勢單力薄的孤魂，去打點排解困難或紛爭。

那為何特別獨鍾預言選舉？他沒多解釋，就以幾句「老子愛看選舉，喜歡看人笑、看人哭」輕鬆帶過。

姑且還是稱他「仙人」吧。他呢，每逢大小選舉，在投票前第四十五天，只在那天的傍晚到晚間，會很悠哉地在脖子上掛個板子，於特定範圍內的大街小巷晃蕩，板子上用毛筆寫開票結果，簡單幾個字，就是誰誰誰當選而已，倒也明快。

我找了他這麼多次，除了少數因為大雨滂沱和重感冒放棄外，幾乎每回時間一到，我必定會在特定街頭各處尋尋覓覓，他也很給面子的不讓我苦找，很快就和我「不期而遇」，順便「秀給我看」，讓我心裡有個底（當然不能講出去）。

我很納悶他怎麼如此厲害，竟然每次預測全都百分之百準確！他呢，這時候只會衝著我憨笑，什麼話都不說，真的很裝傻。

這個「仙人」還挺有國際觀的，除了國內選舉，他對某些歐美大國的總統大選也關心得很，在眾「仙」之中算是怪胎級了。我問他，可曾有預測不出來的時候？他搖搖頭，不過他強調往昔曾有一兩回例外，算是特殊狀況；像有次某國大選，兩組人馬競爭激烈，不分軒輊，選前他從頭到尾只掛出一張白紙，上頭什麼都沒寫。

「為什麼空白？」我有些驚訝，「莫非你覺得預測失準，所以乾脆不說？」

「誰說的？」他顯得氣定神閒，「問你，『逆天』聽過沒？」

我用力點點頭。明明旁邊沒有人可以看到他的形體、聽到他的聲音，他還是故弄玄虛，像個調皮孩子湊到我耳朵旁，小聲告訴我說，那代表選舉結果「不是老天所要的」。

「蛤？」我聽了瞪大眼睛，「還有『不是老天所要的』這招？唬爛騙肖嘛！」

「唉喲！誰騙肖啊？全世界到處都有人在騙，是你沒智沒識，少見多怪！」他噘起嘴巴，「話說『逆天』，就像賭博有人詐賭、『賭歹博』一樣。」

「你……你是說……」我還沒接著講下去，他就點點頭，示意我別再出聲。

原來這世界上，諸多國家選舉史上，還真有人違逆老天原本的布局，使出耍詐老千手段取勝，而且臉不紅氣不喘，更自詡民主必勝！他補充說，通常這種政權贏了之後怕被推翻，開始搞民粹獨裁居多，先把百姓腦袋洗到呆再說。你看看中南美洲、非洲某些戰亂特多的國家，這種鳥事是不是如家常便飯？

「可……可是，就算『逆天』又怎樣？還不是贏的人最大！輸的人跟落水狗一樣狼狽，不公平嘛！」我不以為然地回應，「這年頭亂世現實得很，還寧可骯髒的贏咧！乾淨的輸有個屁用？當偷拐、搶騙、奸邪當家的世道之下，禮義廉恥到底值幾個錢呀？」

他認真反駁說：「那可不！」

最可惡的是，假使你根本沒有這種官運官命，硬要用詐術、不擇手段，一時之間或許勝利，得以榮華富貴，黃袍加身，還可能僥倖逃過陽間律法的查案與制裁；但時間一到，即使陽間法律來不及跟你要回去，神界老天爺還是會來跟你硬討回去！至於要不要在當事人死前順便揭發，則視個案而定，到時候很有可能人格破產，還詳載於史冊，遺臭萬年。

你想想，要是還沒死，不是註定亡命天涯、被關牢裡，就是被病痛折騰個死去活來，或者被捅個幾刀、挨上幾槍，把你搞到殘，加上被萬民唾棄，這樣有比較風光嗎？

他指出全球各地某些國家的知名選舉，那些出「奧步」或動手腳勝選的傢伙，一時之間不會被揭發，不過目前既然已是「現世報」時代，那就等著瞧。

「我還是不懂，既然有的選舉結果『不是老天要的』，那老天爺在開票前遏止奧步，或直接懲罰不就結了？幹嘛搞得驚天動地、雞毛鴨血的？」我問。

「仙人」回答，**不管東西方神明，上蒼皆慈悲為懷，勸人為善，除非可能引發災禍過於重大、牽動過廣，否則仍然會不到最後關頭不輕易出手，且多半以暗示回頭為宜，不會事先阻擋，端視當事者能否參透為原則**；但既然後頭犯了錯，就得乖乖受懲戒，這道理雖不難懂，我還是覺得奇怪。如果說是老天故意不阻止，讓事情發生，是為了要讓陽間人類自嘗苦果後懂得警戒自省，這理由我才比較能接受。

不過他又說，全球目前有極少數政客是藉由魔域的奸邪歪道力量取勝，或許老天爺一時之間暫時沒辦法與魔域徹底纏鬥，但這種人要是死了，按正常程序，亡靈是要被帶回冥界陰間，絕對不會好過；可是若被魔域從中劫走也未必更好，恐怕後頭在魔域要挨的苦頭力道會更強大，除非你好奇想試試，但可別後悔。

談論至此，「仙人」嘆了口氣，幽幽地對我說，這種「空白」機率可能會逐漸升高，代表某些選舉結果已經與神靈所設定結果漸行漸遠，而且全世界民主國家所舉辦的選舉，都有可能遇到這種問題。還有很大的一部分原因，是魔域勢力逐漸擴大，導致一般民眾人心不是思變「要變更好」，而是「理盲順從」或「懼於威嚇」居多；參選者也可能被魔域蠱惑，朝向非正途的策略而行，「逆天」發生機率必然增加。

因此，他考慮再三，以後不再預先告知選舉結果，畢竟只要「逆天」增多，就算公布結果也無太大意義，況且如果「**人無照天理，天無照甲子**」，亂世就會更亂，人民蒼生必然更苦。如果大家定力不夠，智慧與理性皆被蒙蔽，如此每每選錯人，共業當道一執行，便怨不得天地與神明。

他補充強調，蒼生共業是一回事，藉由選舉奪取大位、牟利營私的當事人或關係者，又是另一回事。只要人謀不臧，行事不正，徇私舞弊，貪瀆無德，再怎麼把貪瀆錢財或利益「乾坤大挪移」，意圖造福自身與子孫，一窩子人都會倒大楣，而且禍延多代！現在隱匿看不出來，而且時間也很長，但以後都要乖乖吐回來的！

說著說著，這款「仙人」還真瀟灑，不道別，轉身就走。

我看著他的身影慢慢消失，只覺得玄奇而難以言喻，下次是否還能見到他？我沒把握，只是希望他別對人間如此失望，這個世上還是有許多積極正面之處。

測無不中三耆老

另外，我認識與地縛靈功力有著異曲同工之妙的奇特人物，當屬「堪輿三耆老」。在我的部落格與臉書中經常會提到這三位老人家，他們過去都是命相堪輿界的高人，且與「仙人」一樣，都具備神準預測選舉結果的高超功力。

諸多武俠電影或小說劇情，描述眾多武林高人都厭倦殺戮爭鬥，退隱走入市井，寧可化身庶民，平靜度日，不再過問江湖事；這三耆老情況和武林界不同，他們過去並非以命理或堪輿為專業，而是分別在教育、營建與公務體系努力工作了一輩子，只是從年輕時即有興趣鑽研命理堪輿學術，與眾多志同道合者於閒暇時切磋、觀摩及請教，甚至參與不公開社團事務，沒興趣「懸旗（令旗）濟世」，行事低調，想單純當個老百姓就好。只是隨著時光飛逝，成員逐漸凋零，最後僅剩四人，其中一人旅居北美，行動不便，在台三耆老也就更加緊密結合，況且都已年過九十，來日無多，才愈發珍惜彼此。

我之所以認識三耆老，其實是透過老師父的關係。老師父也是這個不公開社團的成員，算是顧問級的，遺憾多年前先走一步，留下許多感嘆惋惜。成員一致推崇老師父功力深厚，預測盤算百分之百準確，且樂於提攜後輩，脾氣超好，因此對我這款「細漢小跟班」也連帶禮遇尊重，社團每回祕密聚會皆破例讓我參與。

其實我在裡頭年紀最小，也沒功力，什麼都不懂，什麼也學不會，更沒什麼禮數，卻還能獲得大家包容，不曉得是從哪修來的福氣？

三耆老最喜歡的年度大事，一個是結伴赴北美，探望那個第四位行動不便的成員兄弟，以前體力不錯時，還會順便開著露營車，幾個大男人到湖畔釣魚、野營，自得其樂；第二個是遇有大型選舉場合，二十多年來，三人會在選前三個月，擇日聚於台北捷運古亭站附近巷弄公寓的四樓小型會所，彼此打趣自辦「聯考」或稱「學測」，先行預測結果並收藏起來，等開票日晚間大勢底定再拆封對比，且彼此切磋算術，相互提攜，只是依舊不對外公開。

每回這三耆老自辦「聯考」時，都由我負責準備大小楷、文房四寶，還磨好紅墨，三人各據一桌一椅，像學生考試防弊般隔開，再用大張符紙寫上所有當選名單；各人答案不會讓其他兩人看見，我更是避嫌離得老遠，不敢偷瞥或窺視。

三人苦思排算出來的答案，各自摺好裝入信封套彌封，再交由我鎖入保險箱，歷時差不多一整個下午完成。

到開票當晚之前，除了我之外，沒有人知道怎麼打開保險箱，但我也沒辦法事先偷偷打開來看，因為公寓會所的大門鑰匙，在三人當中的一位身上。不過，就算我擁有這棟會所的大門鑰匙，我也不會事先跑來偷看結果，畢竟這是一種誠信和自律，我可不想破壞這種道德規矩，更不願惹禍上身。

每次國內重大選舉開票當晚的「選情之夜」，三人必定重返公寓會所，邊看電視邊聊天，順便沏茶、嗑瓜子、吃些小點心，等我到來打開保險箱。當晚我通常是在電視台新聞部擔任選舉特別報導節目的編務工作，所以抵達時間大約是晚間九點左右，票也差不多開完揭曉；他們靜待我到來打開保險箱，拆開三封答案，彼此對照——每次三人答案皆一致，從無例外，且答案準確，絲毫不差，每每令我震撼傻眼。

猶記曾有幾次揭曉，瞥見三人所寫部分內容，有些不解。例如，某個當選者名字上頭點了「註記符號」，旁邊又多寫另一人姓名，我好奇詢問這怎麼回事，莫非「同燈同分鬧雙胞」？照理說，如此直問很不禮貌，但三人聽聞後僅淡然一笑，暗示我，「**命裡有時終須有，無時則勿強求**，隨緣！隨緣！」我大概猜出一半以上的意思，卻無法全然說個明白；等到此人當選某個職位，就職後一段時間因病逝世，或被延攬入閣，必須啟動補選或推動相關程序，而最後是由三人紙上所寫另一人名字遞補，這才恍然大悟，卻也覺得準確到不寒而慄。

另一回開封，則是已經寫上當選人名字，但三人卻各自都打了個紅色大叉叉，這可讓我驚駭莫名，又開始追問怎麼回事？耆老們淡然一笑，勸我別急，看戲就好。我不曉得什麼意思，但依常理判斷，要是打個大叉叉，顯然「事態嚴重」！果不其然，某個被三位耆老打叉的當選人，就職後因涉賄法辦，趕緊腳底抹油潛逃出境，最後客死異鄉。

剛才提到「仙人」的「空白」說，我曾問過三位耆老，有沒有碰過出不正當手段的「奧步」勝選，但還是可以當完任期的當選人？耆老們跟「仙人」說法差異不大，認為那差不多就是「逆天」的意思，但不會像「仙人」所詮釋「非老天所要的結局」而繳出白卷；他們三人所推算範圍，只看「當選者能不能完成任期」而已；就算知道「逆天」，此人不管有什麼辦法可以擔綱這個職位到任期結束，還是會寫上去；至於此人若用不正手段，導致往後有何業障報應，倒不在他們三人討論範圍之內。

三位耆老功力應該不在老師父之下，但他們始終尊崇老師父的為人操守，都說當年老師父教了很多很多，等於就是他們的師父。這麼多年來，他們針對選情結果而聚會、排算、觀摩、切磋，無非就是「活到老學到老」，互敬稱兄長，自謙為弟，讓我看到老一輩的禮儀風範；而且彼此雖然年事已高，每天仍然廣泛閱讀報章、中外書籍，不斷研究分析，往往一壺茶、一桌椅、一把花生米，可以為了推敲邏輯思考廢寢忘食，一旦解出謎底，像個小孩樂而忘憂，流露老人家純真可愛但執著的面向。

這種閉門會議持續了二十多年，久了難免引起左鄰右舍的好奇觀望，甚至探詢。三位老人家儘管處事低調，最後還是逃不過八卦雜誌的靈敏嗅覺及密集追蹤，一再意圖登門採訪，但都被嚴詞拒絕，不得其門而入。耆老們知道，一旦被人發現有此功力，甭說訪談內容有可能涉及違反選罷法，讓來自政界、商界、警界的壓力紛擾速至，光是邪門歪道、開賭盤的傢伙上門逼迫吐露，或者販夫走卒、庶民百姓不斷追問，就夠煩死人了！何況預先對外暴露結局，更可能帶出「另一個世界」的災禍，造孽無窮無盡，後果難料，當然閉口不提。

然而，這些媒體同業還不死心，後來不知從何管道得知我與耆老們的關係，曾把腦筋動到我身上，希望藉由我在媒體界工作之便，幫忙「引見」，只是耆老們堅持不見也不談，加上我本身也夠強悍，寧可得罪同業，也不能讓大師級高手曝光，最後當然和這些同業不歡而散，讓他們悻悻難平，感到萬分遺憾，但我也沒後悔。

繼而想想，我覺得讓三耆老預測功力曝光，好像也不是什麼壞事。儘管一直以來不對外公開，但所做之事也非作奸犯科，讓世人略知應該無妨，所以前後花上六年時間和三位老人家溝通，最後終於獲得首肯，謹將他們部分故事簡略寫入本篇中，等於是「全球大獨家」了。

他們願意讓我提及，不只是因為信賴，主要是由於他們從西元二〇二〇年，也就是鼠年（庚子年）的新曆年（為何不選農曆則不得而知）開始，便封筆不再預測排算選舉結果，關鍵在於他們年事已高，陽壽大限將至，需要先規劃（我也不知要什麼規劃，不就兩腳一蹬、一了百了）。

另一理由在於從庚子年開始，整個大氣環境、天地、神明，又有了新的盤整格局，更加複雜紊亂，對任何事物的排算及推敲雖難不倒他們，但極為精細，所需體力與腦力負荷必然更加沉重，所以幾經考量，還是放下為宜，往後悠閒聚會、聊天、閱讀、爬山、釣魚，或與子女孫輩共享天倫之樂就好，此生足矣，不須勉強。

當然啦，三人還是會不斷討論切磋堪輿命理，和私下預測時局變化，實踐「活到老學到老」的奧義，這也是一種興趣、心悶時的排遣方式。

全世界性鎖國預言

順便告訴你一個非常奇特的預測事蹟。

西元二〇二〇年總統大選，當時是宋楚瑜、韓國瑜、蔡英文三人之爭，上一段已經說了，三耆老決定不再預測，所以選前我去訪問討教、順便想套出相關選情時，三人只是淡然一笑，指別管誰當選，因為戲還長得很，叫我看戲就好，倒是想邀我打個賭。

「賭？賭什麼？你們三位前輩不都是修行人嗎？怎麼會賭咧？」我很納悶。

三人顯然裝聾作啞，但一本正經地告訴我，西元二〇二〇年總統大選過後的半年內，全世界有非常多國家，特別是歐美民主國家，會因為某種特殊理由（他們當時不告訴我原因，只說「不是戰爭」），將跟北韓一樣開始鎖國、整個封鎖起來！信不信？

我一聽就哈哈大笑，這……這簡直唬爛嘛！一堆國家鎖國？還全世界都如此？那除非外星人對地球開戰了，否則再大條的什麼天災人禍，彼此幫忙都來不及，總不至於封鎖、人民不能相互飛來飛去吧？不可能啦！不可能！

「好啊，那你要不要賭賭看？」其中一位耆老微笑地摸摸鬍鬚。

他們和我都已經非常熟識，也老是見了面就開玩笑。我本來以為這其中必定有詐，但看他們三人依然一本正經，我又壓根兒不信，於是一句「好啊！誰怕誰？」這場賭局就揭開序幕了。

如果我輸了，要掃他們會所的廁所半年，如果他們輸了，則隨我處置。好，於是我這個超狠毒的傢伙立下一個最「驚悚勁爆」的規矩：「我若贏了，你們三位茹素前輩可就要吃葷喔！我請客，而且會訂台北市最貴的牛排館『招待』各位，你們一定要吃光光！」

換他們三人大笑，直說：「有意思，有意思，你真的超狠！不過啊，謝謝你的好意，你不會贏的，不用破費，留著給你自己養老。」

不會贏？才怪！他們嚇不倒我的。回家路上，我還隱隱覺得痛快，真想看三個茹素高人吃到葷會是個什麼光景？要是他們屆時敢推辭又不爽快乾脆，還敢把昂貴的頂級牛排吐出來，我就……

結果，西元二〇二〇年元月下旬起，那新型冠狀病毒導致的肺炎疫情，竟搞得全世界大恐慌，許多國家為了防堵，從該年二月開始，便陸續封城、鎖國、管制出入境，有些還不准民眾外出個把月，嚴重衝擊經濟，特別是航空、觀光旅遊、餐飲等業者，簡直哀鴻遍野。

高人說的「大選後半年內」，竟然還不到三個月就發生，簡直令人傻眼！當然，願賭服輸，我也只能垂頭喪氣，乖乖先去生活用品店買了一堆掃廁所的工具，再前往三人聚會的會所「自首投案」，準備履行承諾。

三位老人家微笑地請我進來，叫我自己「看著辦」，可是我扛著工具到廁所一看，竟發現比我家的還乾淨百倍，根本不用掃嘛！我納悶地回過頭看著他們，他們只是淡然一笑，叫我不必掃啦，要掃也不反對，只是跟我開開玩笑，沒真的要賭，他們是小小測試我能否信守承諾，同時也再次驗證他們排算預測的功力。

至此，我真是佩服到五體投地，這些耆老果真高人，無誤！

這些高手的出現，不只讓我對預測選情大開眼界，也見識到新奇古怪的另類世界。不過很抱歉，就算和這些「仙人」、高人熟識，也有學習機會，我依然資質駑鈍，無法精確算出各種事物，還是冷眼旁觀這個亂世，別知道太多，遠離紛紛擾擾，可能還讓我更快樂些吧！

三位耆老中，其中一位已於西元二〇二一年五月三日，於睡夢中無痛安然離世，功德圓滿。逝世前一週曾喚我前往其住所，安詳地邊品茗邊交代後事應協助事宜，然而耆老看來元氣十足，根本看不出任何病容。

由於過去老師父逝前神情也是如此從容不迫，當時我還以為開玩笑，萬萬未料成真，所以此次不敢怠慢，數日後確定消息無誤，才強忍不捨心情，幫忙家屬辦理治喪事宜。

另兩位長者天性崇尚自由，不願被拘束，皆為獨居，未與子孫同住，於告別儀式完畢後，當下果斷決定，共同遷往偏鄉隱居，彼此照應，安享餘年。至西元二〇二二年五月止，這兩位老人家已行蹤成謎，家屬也無法確實聯繫，共同的會所也早轉託他人處理，更甭說手機或電郵通訊了。我猜他們知道未來這篇一旦發表，必然有許多讀友想進一步探詢，又不想造成我的困擾，所以乾脆「超前部署」，來個「人間蒸發」，隱沒閒適在山巔海角的鄉里之間過活，想來倒也悠然。

你問我想不想念他們？我很想念。不過，這輩子看過不少高人，都是如此「來無影去無蹤」，似乎已經成為一種慣性；我承認，有些不太高興這種「搞神祕」的行事作風，但也只能尊重他們的選擇。

但願他們生活愜意、無憂無慮，也希望能回來看看我這個「細漢小跟班」，卻不希望在夢中相見，因為這可能代表著……嗯，你知道的。

高人的陽間考場

凡人有天界神明與冥界考核，那麼置身陽世間的靈異高人，他們具備各種與神鬼溝通、趨吉避凶的特異功能，依據上蒼指令，各有任務，各司其職，他們需要被考核嗎？如果要，那麼誰來考核？大家對這話題似乎滿有興趣的。

至少有上百位讀友提及自身看法，思維各異。認為「不須考核」者，覺得這類高人身負神的諭令，必然等於是神明的代理人或分身，理應不該被考核，否則等於神明在考核自己，好像「球員兼裁判」，邏輯似乎說不通；而持「必須考核」觀點者，則著眼於他們全都是陽世凡間的人類，也有父母，更有七情六欲、生老病死，既然如此，大家都一樣，何來階級更高？

還有一派說法指出：因為是末世，也是亂世，又被魔域侵害得如此嚴重，所以天界準備「打掉重練」，整個歸零重來，根本早已經不派靈異高人來到凡間，所以啊，現在如果有什麼「高人」來著，全都是欺世駭俗的傢伙！

關於這點，姑且聽之，我尊重其說法，不過並不認同。我仍相信，就算是「末世」，天界也不會「漠視」，依舊會持續派遣這類高人或指定對象，繼續在人類世界中為大家服務解厄到最後一刻才撤離。

言歸正傳。精於通靈、命理、堪輿、驅魔、預言……各類不同功力的特異人士，就我了解，大致分為兩種「來源」：

一是按照正常投胎管道來到人間，經由後天的成長過程，遇逢特殊因緣及養成，使致擁有一般凡人無從獲得的功力；另一種則是神明化下的靈，身負任務，到陽間執行使命。

無論是哪一種，我個人研判**全都必須經過考核，而且考核是隨時進行**。至於某些通靈專家說，這類高人「通常死後才結算功過與聽令發落」，我也尊重其看法，只覺得這應該是屬於舊世紀的做法，現在新世紀變化太快，做法上必須與時俱進，既然考核隨時進行，結算功過與發落時間，可能也不會差距太遠。

依我的愚見觀點，新的世紀，高人除了助人解厄、指引、安撫，他們的一舉一動，時時刻刻同樣被注視與考核，而且一旦失誤——比方說誤入歧途、難擋誘惑、行事不正、背離天理，則其身上具備的功力，隨時就有可能被天界收回，並由於其行事未依「SOP 流程」進行，導致加諸於其身各種災難、痛苦或楣運，等於是一種懲罰；至於罰多久、罰多重、罰多少程度，不是你想像的就算數，這全由老天決定。

如果你問我，當個高人好不好？你想想看，這亂世當頭，人心浮動，若有人宛如定海神針，可以穩定人心，並指引迷惘人們一條光明大道，順便協助解厄驅魔，闔家平安、財源廣進，身為高人無論到哪，絕對會被信眾簇擁，更厲害者還會被造神膜拜，吃香喝辣享福不盡，地位大受尊崇，「粉絲」數不盡，到哪兒去都比電影明星還拉風，怎會不好？

但是，你別忘了，高人再怎麼厲害，依然還是人，不會因為身懷「絕世武功」，就不會像電影裡白蓮教主刀槍不入，怎麼打都不會死，什麼病都不會得；或者像笑口常開的彌勒佛，凡事樂觀看待；也不可能情緒智商高到完全不嗔不癡，靜如止水。你最好知道，高人們同樣也會有情緒、病痛、喜怒哀樂，甚至面臨各種人間誘惑，更可能起心動念，跟你我這種凡夫俗子完全相同！

更何況他們所承受的壓力，恐怕不是我們所能想像，畢竟他們受上天考核，稍有不慎，身敗名裂不說，高深功力隨時像吊銷執照一樣，一瞬間即化為烏有，還可能病痛纏身；或者因解決來自魔域滋擾反遭報復，更甭說凡間大小煩事照樣要處理（我認識的一位高人，光是解決其神壇被附近居民抗議要求搬遷，不知何去何從，就苦惱了大半輩子）。

這樣說起來，高人其實也沒多「高」，就跟人群當中的你一樣，具備某些專業。不管是會計專業、修車專業、資訊專業、電工專業、文學專業、史地專業、語言專業……各人有各人的技能；高人隨時被考核，我們每個人的專業也是如此——你若是個駕駛，可能因為重大交通違規被吊銷執照；你若是個飛航機師，可能因為考核不過或體能問題，面臨無法執業飛天的風險；你若是個水電工，屢屢修不好，以後就沒人找你了。你把我們一般人遇到的職場風險，套在高人身上，這樣說來，其實也沒什麼不同，只是失誤或失格時的「開罰單位」不一樣而已。

精通於靈異的高人，若違逆天道，會有什麼懲罰？我倒是看了不少。以下案例，當然會略作改編，只是部分情節不作過細描述，也沒有影射任何對象，所以請勿東想西猜。

一心淪陷，高人變乞丐

過去某位領有神旨的甲老師，是後天養成的奇才，論輩分與功力，堪稱數一數二的靈界代言人。平時甲老師表面不苟言笑，但甚具慈悲心，經常救助貧病弱勢，默默濟助公益，行事低調，生活儉樸。

而隨著好事被媒體發揚，他成名了，成為地方上人人稱頌的大好人，走到哪兒都受人尊崇禮遇，等於是這方面領域的意見領袖；有求於他的人不斷「進貢」，一時之間湧入大筆財富，並擁有高尚地位。然而，就在這個當下，他開始迷失自己，如同政治上我們常說「權力的滋味」太美妙，上了癮就戒不掉，一旦這些財富地位化為烏有，簡直比戒斷毒癮更加煎熬。他明白這是誘惑，內心更曉得要小心，可是隨著更高的地位、更好的名聲、更美的生活、更多的錢財，宛如排山倒海「傾倒」在他眼前時，他的心性慢慢動搖，遭到迷惑，陷入了動念走歪的拉鋸戰與逐漸腐化。

正在此時，甲老師信徒中有對夫婦，他們的女兒美若天仙，氣質出眾，才貌雙全，據說還是留美碩士，且一心禮佛，對宗教與哲學甚感興趣，因此由父母帶來，懇請甲老師多多開示引導。

原本甲老師雖心動，還能秉持師生禮儀把持分寸，但隨著這個小姐積極向學，常有與老師獨處並近距離討論的機會，漸漸地，甲老師開始無法忍耐，動起邪念，於是佯稱「為了引導靈體進入更高深的境界」，告知其父母，希望將他們的女兒留宿一晚，以利通宵「灌頂」；這對父母不疑有他，回應老師，既然要傳授更高深「學術」，便欣然同意，女兒也雀躍不已。

等到兩人夜半同處一室，甲老師再也無法克制內心欲念，起動色心準備圖謀不軌時，卻赫見眼前不是美女，而是三尊神像！

原來這對父母和女兒全是神明化下的使者，神明嚴肅告知甲老師，他身負天理任務，但僅區區測試，竟無法通過考驗！有銀兩給予，是要他擴大濟弱，卻被他拿來中飽私囊，或遲遲不送出救助；有美女相伴，是測其心性，但無法把持，色欲衝腦，天界早有掌握，派出考官逐一檢核，果然露出邪淫之色，於是收回所有神諭指令，甲老師的通靈與解事功力也在瞬間被沒收消逝，「降等」與一般人無異，並外加身上一處殘疾，以昭炯誡。

這可是件大事啊！甲老師恍然大悟，突然清醒，任憑對著三尊神像不停膜拜求饒，仍不能阻擋懲戒降臨。

次日清晨，他發現自己手腳麻痺，無法動彈，斷續哀號後，經登門信徒發現，趕緊送醫急救，終於搶回一命。他後來對外的說法是「輕微中風」，需要調養，外界關懷不斷，但他深知所有慰問物資與金錢絕不能收，否則懲戒將愈形加重，因此除了全部退回，也將該送出救助的款項託人速辦，自此突然銷聲匿跡，信眾及名人遍尋不著，甚感納悶，還引來八卦狗仔雜誌興趣，繪聲繪影搞出一堆傳言，曾造成不小話題，但究竟是真是假，仍有眾多疑點至今未證實。

我最後看到他的身影，是在某地車站候車室裡。他四肢萎縮，眼球發白，坐在角落草蓆低頭行乞。雖然過去曾有互動，稱不上朋友，我仍上前致意，他驚訝地抬頭望著我，凝視約半分鐘，竟還能認出我的模樣，之後又低頭暗自垂淚，揮手示意，要我快快離開，不希望我再多看到他淪落至此的落魄模樣。

像這類受神界考驗未過個案真的很多，大多殊途同歸，也就不再贅述。你看，就算是通靈或命理功力出類拔萃的高人，他們除了要承受凡間俗事紛擾，更要隨時接受上天考驗，辛苦啊！所以，當有朋友問我：「你怎麼不去當個高人、解救蒼生萬民？」我大笑回應，高人之名豈能由我自己封？我既沒慧根，更無品無德，寧可當隻快樂的街貓，日子無憂無慮就好，幹嘛給自己找麻煩？這些名與利背後，包袱太大也太重了，以我此等角色及份量，根本沒資格，也承擔不起。

同時，你不要誤會了，不是所有被懲罰的高人都會變成殘疾，許多這方面高手，天生即有如此特徵，卻未必是遭懲罰所致，而是有其他因素，或只是表象卻非實際狀況（你要說是「障眼法」我也沒意見），這些都必須視個案而定。

我相信你必定聽過有視障高人，某日突然眼前豁然一亮，終於恢復光明，或者是毫無知覺的肢體，突然有了痛癢感受。這中間過程太複雜，不懂不能亂講，也不是我三言兩語可講清楚的。

靈魂被擄的道長

除了天界神明考核，高人還有另一種風險，就是來自**魔域**。魔域深知這類高人的功力，知曉許多天界神明的機密，所以會鎖定、極力拉攏，甚至吸收，最好再加以改造，改披「魔袍」反過來危害人間，攻佔原屬於神界與靈界的地盤。如果你還是覺得我在編造怪力亂神鬼故事，我也只能笑笑，莫可奈何。

說到這兒，想起了乙道長，他「可能」就是被魔域鎖定收編的典型例證。之所以我說「可能」，是因為接下來所敘述故事的結局部分，是由其他高人轉述，所以說法上較為保留。

這個道長向來「臭屁」，平日就看不起那些比他功力低下的道士、乩童、仙姑、效勞生，覺得自己功力上達天聽，更能恣意遁地入陰間，與鬼怪邪魔周旋。所以每回在幫人解除妖魔邪靈滋擾前，一律聲明開價不低，包做到好，也絕不讓對方殺價，否則另請高明。

乙道長就是甚有自信，身上具有一股強大氣場，這是好事，卻也是壞事。因為性格過度突顯那股傲人氣勢，後果就是伴隨著各種看不到的敗相逐漸上身。

一般這類高人替有需求者消災解厄，本來就該收取費用，以免共同擔業，只是費用的多寡往往成為各界爭議焦點。通常費用不是高人說了算數，而是經過神明指示，並同意而行之，這也牽涉到高人功力、性格，還有「售後服務」；當然，原因還有很多，但我畢竟不是以此為生，僅略懂一二。

你如果認為這種助人方式較為特殊，純屬功德，不應收費，我也尊重你的想法，只是觀察多年，深諳高人之助人所擔負風險難以估算，覺得適度收費仍有其必要。

有一回，某政商名流家族墓塚遭人下長釘、施符咒，引發連串子孫傷亡，與家道厄運不斷，所以急急請求乙道長化解。據說，下釘下符那方所請高手行家相當厲害，所迎「坐鎮」危害的邪靈邪神，威力更非比尋常，乙道長等於碰到了難纏敵人，準備來場「大車拚」。

但他呢，老神在在，打量對方邪魔，嗤之以鼻，認為功力根本是個小兒科，甚好對付，因此懶得一開始就動手，而是改用「談判」；敗就敗在乙道長竟毫無警覺防備，冷不防遭邪魔那方猛下重手，導致法力驟然大傷。

雖然乙道長趕緊回神，立即凝聚心神全力對抗，可惜直接身負重傷，結果法力能量突減，全遭對方破解，更慘的是，他的靈魂也被瞬間擄走！

輕敵敗事，這下真的慘了。儘管乙道長另有「友軍」發現，火速馳援，奪回他嚴重負傷的靈魂，七拼八湊終於回到肉身，但此後乙道長等於「廢了」，不但無法接受問事、解事，做事也開始顛三倒四，有些不符合常理，神智逐漸不清，最後鬱悶在家借酒澆愁，很快便走到了生命盡頭。

最讓他同行好友感到惋惜的，就是懷疑魔域早已鎖定他，並派「魔神魔將」緊盯在旁，死後很快便將他的靈魂劫走。之所以這麼認為，理由是有位同為他好友的高人曾四處找尋他的靈魂，驚愕發現乙道長並未在冥界或天界現身，名單仍是「空白」，並未報到，但又不可能成為孤魂野鬼（比較容易查到），所以推斷恐怕已遭魔域帶離，目前下落不得而知。

這位高人憂心，以乙道長在世時的高強功力，靈魂若被劫走，應該是被帶回魔域改造，日後有極大可能，會藉由投胎或以人形重返陽間，屆時會發生什麼事，造成什麼破壞，力道會有多強，還真的無人敢預料。

咖邊人的「高超功力」

最後給各位介紹一個高……嗯，其實不是高人，而是個騙子，姑且稱為騙子丙好了。你可能疑惑這篇不就是在談論高人的考場，怎麼聊起騙子來啦？

其實，在此描述此人，用意是要提醒各位，所謂高人，必須經千錘百煉與無情考驗，方能獲各界肯定，而非人云亦云、刻意造神而成，你必須持續觀察判斷，以防受騙。而他呢，堪可稱之「奇葩」，因為不過只是略懂法術的「咖邊人」（意思是「連「咖」都不算的「咖」」），因為瞎打瞎撞，後來竟誤成了「高人」，更扯的是，竟廣受鄉里民眾熱情擁戴，後來由於趁機詐騙奸拐，逃不出天界神明法眼，最後下場慘兮兮。

話說騙子丙，多年前不過就是專混鄉里宮廟的冒牌乩童，連宮廟都不想承認他。此人品行不怎樣，愛賭愛酒更愛女色，說話膨風，行事輕浮，純屬小奸小惡之徒，說他是個騙子也沒啥不對，也有人私下罵他「雜碎」，反正向來不受街坊重視。

有個夏日午後，天氣悶熱，上空對流旺盛，突然來了場狂風驟雨，而這場短暫的強降雨，不但搞到鎮上巷弄溝水暴漲，而且一記落雷，竟然把鎮裡的信仰中心——百年樹廟的那棵百年老榕——給劈成兩半！

傍晚雨勢漸歇，露出晚霞光芒，天空泛黃泛紅，鄉里父老望著被劈成兩半的老榕樹議論紛紛，情緒複雜，耆老憂心這是大凶之兆，恐有重禍降臨；年輕人則唉聲嘆氣，因為要收拾這狼狽殘局需花工夫。

此時，騙子丙趁機大演特演，突然表現出渾身發抖模樣，然後低頭猛搖加喘氣，手舞足蹈，眼睛不忘翻白，口中唸唸有詞，眾人見狀大驚，以為有神降臨乩身，連忙下跪，雙手合十，盼能接獲神諭旨令。騙子丙有模有樣地變音高呼，說神明降旨，怒言快快收拾廟埕，不得拖延，因為再過兩月，鎮上即將大淹水，大家必須做好防災準備……那樣子，就像周星馳在蘇乞兒電影裡扮演丐幫幫主一般，胡言亂語竟還能博得眾人皆信。

哪知騙子丙瞎矇還真的矇對了！其實他也知道每年八、九月這個地勢低窪的小鎮本來就容易逢雨淹水，他不過就是賭這把，看今年會不會更嚴重而已。好了，兩月後某個初秋，上午烈日依舊，午後突來烏雲罩頂，暴雨宛如從天傾倒，沒完沒了連下個三天三夜，果真搞到鎮外河旁潰堤，上游大量河水像千軍萬馬倒灌進城，鎮裡近半街市給淹到慘兮兮。

街坊想起騙子丙的「高超功力」，硬是神奇靈驗，原本不被重視的「咖邊人」，這回眾人連忙迎他求神再降旨，祈盼能安定鄉里，遠離災禍。

既然身為騙子，這傢伙當然要趁火打劫，於是要求街坊抬高其地位，並多加捐獻，以利辦理法會，順便搭建牌樓，以及遶境遊行，聲稱如此方可除瘟疫、解災殃、增福慧、添財運。眾人不疑有他，除了尊稱他「師公師」，捐獻款項更是令人瞠目結舌的高。

騙子丙有模有樣地成立特別委員會，說是要管理這些金錢用途，但帳目從不公開，只是支吾其詞拿老天當擋箭牌，指稱神有諭令不可對外開放，不過放心，有老天作證，絕對公款公用，信用可靠，不必多疑。

實際上，各界的捐輸善款九成九以上全落進騙子丙的口袋裡，還到外地豪賭輸個乾乾淨淨，別說辦法會、辦遶境，一個子兒都不見眉目。等到地方仕紳發現日程漸近，竟然一切都沒動作，便開始覺得事有蹊蹺，在廟埕廣場公開質問時，騙子丙還一臉嘻笑，安撫各方說馬上就有，大家等著看就是，只是所有人面面相覷，半信半疑。

就在此時，天空突然又升起陣陣烏雲團塊，原本豔陽高照，一下子被遮得無影無蹤。這堆烏雲對流相當迅速，好似天有異象即將發生。騙子丙見狀，把握情境，趁機大聲對天哭喊：

「天公伯啊！祢看，天底下這群愚蠢之徒，竟然懷疑我，讓我蒙冤，請天公伯作主，還我清白！我在此詛咒自己，若有半點貪婪，不為鄉里，就將我天打雷劈，讓我死得剛好吧！」

在眾目睽睽下，天空中幾聲悶響，居然出現一道長長閃光，不偏不倚就真的打下一道雷，更剛好打中騙子丙，比電影裡的科技特效還逼真。頓時，眾人看到傻眼。

被雷打到是什麼模樣，我從未見過，據說騙子丙被雷劈後，像根黑炭柱子般被抬上救護車，反正也不必什麼急救，就是「無任何生命徵象」，此人就這樣一命嗚呼，更成為鄉里奇譚。

我問過某個高人，他很嚴肅地回答我，特別是像他們這種具有特殊靈異功力者，不管功力高低深淺，都很忌諱亂開支票、胡說八道自我詛咒，而只為了博取眾人信任；老天看在眼裡，都曉得這不是正道，只是多計上一筆叉叉，徒增業報而已。

真正的高人，不打誑語，不恣意而為，中規中矩，知行知止，凡事合度而不逾矩。

當然啦，高人是有脾氣的，也有一般凡人該有的性格性情，不宜將之塑造成為「神格化」。這位高人就說，卸下功力，卸下光環，其實你我都一樣，沒有什麼不同；如果有信眾把一個僧人或高人加以捧高，變成不得了的上上王者、人上之人，甚至造神造帝，都不見得是好事，反而有可能傷害這個人。

最好的方法，就是以禮相待，地位平等即可。就像你生病給醫生看，師傅到你家修理水電；或者你是會計師幫人查帳，你是軍警維護百姓安全……**每個人都有其專業，互利互通互助，彼此生而平等，真的沒必要造神。**

為何明明是人，何需造神？我想，很多情況都是一般人在無力改變環境之下，所衍生出的精神寄託，且經常只要有點「神蹟」出現，就立刻把對方捧上了天，接著一傳十再傳百，搞到眾人盲目崇拜，力量不可小覷。

就跟好些演藝人員的粉絲差不多，不管崇拜對象有多好多壞，反正全都是好的，還會幫忙粉飾缺失，甚至起身勇於反駁不利傳言。

我自己在媒體業看多了這種粉絲瘋狂追星崇拜風潮，見怪不怪，還曾見有粉絲「驚見」心愛巨星「竟然」跑到洗手間，便狂聲哭喊：「怎麼可能？怎麼可能？我心愛的XXX這麼完美，是不會去上廁所的！」差點讓我笑到連自己手上的攝影機都快扛不住。

總之，陽間眾多紛擾，不斷考驗高人們的功力和定性，還有七情六欲、什麼樣亂七八糟、狗屁倒灶狀況，正磨練這群功力特殊者的應對方式。有些是上天出的考題，有些則是凡人在有意無意間，被神明「徵召」成為考題的一部分；不管怎麼說，高人們的生活乍看令人感到神祕、驚奇，或許也有不少人嚮往，希望哪天練得絕世武功，救濟天下，順便博得美名。只是這過程沒這麼簡單，就算哪天真的成了高人，還要接受不定時嚴格考核，一旦沒通過，可能「補考」，甚至「死當」，而且必須耐得住人間各種誘惑，不動心性，運作得宜，德行端正，這實在太艱難了。

話說至此，你還羨慕當個高人嗎？我是不會去想的。倒是有人問，說不定哪天老天爺就是要指定我濟世助人，賦予高人功力並接受管束，那到底接不接受？說真的，我不曉得未來日子會是如何，若有，那當然二話不說領旨，乖乖聽話。只是以我這種愛搞笑的「不正常人類」，可能第一關就被老天刷掉，根本也等不到那一天。

測字的奧祕

早年曾向老師父學過數年的測字，這是命理學界中，算是特別難的一門學問，因為它不像八字、易經，還有個具體可行的運算理論及資料可供執事者充分利用。

測字之深奧，在於天干地支、五行八卦最好都懂，且具深厚國學常識底子為宜，如此準度更高，而且什麼字都必須能測，甚至錯字、簡體字、沒寫完的缺筆畫字也行，以及不同人寫相同字問相同事，也都能辨出箇中差異，並精準判斷，這就非常不容易了。

另外，還要看出寫的字義、字形、字跡、字音，還有時辰、筆畫等等變數，所測得的結果也不見得都相同，前提是當事者最好能提供詳細的背景說明，讓測字者可作參考，在綜合所有籠統的訊息、靈光乍現的那一瞬間，能得以拆字、補字、疊字、解字，找得到其中的蛛絲馬跡，將其順利「破案」。

對，這種靈光乍現的驅動關鍵，我們稱之「靈感」。不過抱歉，這實在難以用文字形容裡頭的奧妙；它就是突然迸出，就像觸電一般，馬上「電醒」內在思考，然後腦海中產出許多答案，再去蕪存菁，拼湊出最可能結果。

這是需要長期的經驗累積，也要有靈活思考的本能。多年來，我們幾位熱衷切磋測字的同好們，常不定時聚會，相互觀摩討論命理，在煮茶嗑食的悠閒時光中，總會有些新收穫和體會。某些高人還會順道傳授好些深奧國學常識，不論說文解字，還是歷史典故，總會讓人聽了興味盎然，頗有時間苦短之感。

我喜歡測字，不只是因為它能拿來算命，更是一門很棒的國粹學問。光從中國字裡頭，就能窺見許多命理奧祕，怎不迷人？

然而，命理這種流傳千年的智慧學理，由於各朝各代中，總因有些江湖術士藉此扭曲詐騙，把高尚學問加以污名化，或將精準預言誇大，結果淪為怪力亂神、胡說八道的代名詞，可惜至極。

不少支持科學理論流派朋友，也始終對測字一說嗤之以鼻，認為這不過就是穿鑿附會、察言觀色所得來騙錢爛招。對於這些說法意見，我都予以尊重，畢竟的確有些三腳貓江湖術士，利用這種學理技術偷拐搶騙，令人不齒。然而，各行各業皆有敗類匪徒，總不能一竿子打翻一條船吧。

測字的學理只能用「玄妙」來形容它的深刻。想想看，不同的人，在不同的時間、不同的環境裡，用不同字或同樣的字，問相同或不同的事，卻可能有著完全不一樣的答案，還要精準，可見得其中有多麼複雜。

我個人認為，**答案差異必須取決於測字執事者本身，以及所具備之命理功力、靈感、解析，還有使用方法**。有時候，我們測字同好們在解讀人家問事的某個字時，總會有差異答案出現，但都能說出一套道理。到底誰說的才準？這就必須經過時間驗證，但總會是幾個高人勝出機會大，令人嘖嘖稱奇。他們謙虛地說，他們沒什麼本領，只是比大家早一點得到解字靈感而已，沒啥了不起。

話說這門學問，我年輕時幫人排算太多，直至年歲漸長、老師父警示後，理解到這樣做對自己並不好，因此藉由反省檢討，現今除極特殊場合、且先請示神明外，平常並不幫人作測字服務。一來是自己太忙，怕應付不完；二來則是學海無涯，中年後自覺心虛，都需要不斷精進、精進、再精進，讓學理能修得更臻完備才行。最後，則是目前整個大氣環境磁場都亂了，很多變數參透費時，且精準度亦會受影響。

往昔曾經被人拿出來談論的測字經驗，是西元一九九〇年「井口真理子命案」，以及幫一位航空公司前任副總經理論命推排的特殊狀況，兩者皆全數預測準確。前者引來日本某電視網邀請上節目解字，被我婉拒，因為擔心太過招搖，恐有不良後果，加上用日語解釋中文測字，以我這款低能兒的翻譯程度，或者請口譯人員，都很難傳達出精髓意境，只得作罷；後者因事情來龍去脈相當複雜，一言難盡，但這位航空公司前任副總，對當年我這個小毛頭的功力覺得極不可思議，難免半信半疑，後來在我力勸之下照建議去做，果真躲過一場浩劫。只是事成後沒幾年，人退休了，之後也失去聯繫。

倒是過去幫同學測字的經驗相當有意思，可以跟各位分享。只是應當事人要求，時間、地點與實際狀況略作改編，與事實確有出入，敬請見諒，就當成聽故事吧。

「醒」求官，「孕」求子

這位同學是我專科時代、同校同屆但不同科的好朋友，是我旁聽外科課程時認識的，她是該班課代，當時在課業上幫了我不少忙，甚為感激。畢業後，她很快就嫁人，而且嫁的是大她好多歲的資深軍官，讓認識她的同學們都錯愕不已。不過，她說她喜歡嫁給年紀大她很多的男人，因為從小喪父，對沒有能夠得到父愛深感遺憾。我的看法是：管人家要跟什麼樣的人結婚，就算「戀父情結」，自己高興就好了，旁人莫多嘴。

數年後，她和夫婿搬新家時，還邀請我跟幾位她班上的同學一起在新居聚會。用餐過後，她突然冒出這麼一句話：「其錚，聽說你很會測字是不是？可不可以幫我看看？」

我一聽，自慚很不好意思，好像自己學藝不精又到處宣揚，不過還是點點頭，但聲明我並非很會測字，只是稍有研究而已，稱不上專精。

在大家一陣起鬨下，先幫了幾位同學小測幾字，馬上引來一陣驚呼，因為預測結果完全正確，這可讓我這位搬新家的同學興致更高了。

她的夫婿年紀挺大的，軍人一板一眼，不太擅長表達，只能支支吾吾地握起簽字筆，謹慎寫下「醒」字，靦腆地說：「我呢，也老大不小了，當個單位主官很多年了，到底還能不能再升到『將』字輩……我雖然不能強求，但很希望知道……呃，有沒有這個運？」

我同學在一旁插嘴笑道：「他呀，想當將軍想到瘋啦！他都說自己官運不濟，又不懂竅門，該升就是沒升上去，我一直叫他要醒一醒，所以他才會寫『醒』這個字！」

看了她夫婿寫的「醒」字，我笑笑說，升官這件事有這麼重要嗎？他倆馬上點頭。我同學還故作權威地說，看這個「醒」字，左邊一個「酉」，右邊一個「星」，升上「星星」（將軍）應該有希望吧？

醒

我還是笑一笑，然後點點頭，不過告訴她，我可不是這樣看出來的。

「這個『醒』呢，」我解釋道，「我看是『星』在旁，伴著『酉』，這個『酉』呢，對應十二地支裡的時點，生肖代表『雞』，與妳老公的生肖相符。可是一天到晚心裡想著『星』，也就是『惺』。『惺』代表『悟』、『靜』之意，隱喻的意思就是請先生要釋懷，敞開心胸，別胡思亂想，一動不如一靜，在本命年也就是雞年時，自然有升遷機會出現。可是我要強調，機會來了若沒把握，等於是零。而且我看過很多人遇到本命年時，在關鍵時刻，不是大好就是大壞，反正趨近『零』跟『一百』分的極端，所以到時候更要步步為營。」

如此解說，她先生鬆了一口氣，因為測字當時是馬年，也就是說，再過三年，等到雞年，便有機會可以更上層樓。

「不過，」我還是強調，「你就算真能升到將官級，也不具有太大實際權力，充其量就是幕僚級角色。因為若升上去，『酉』上加個『將』，成了『醬』。『醬』者，不是軟如泥，就是略成液狀。在烹調來說，就是佐料調味之用，不算頭牌，僅是襯托的配角；就軍中官場而言，屬幕僚輔佐為主，實質權力不大。」

「沒關係！沒關係！」他可笑得開懷，「有機會就好！有機會就好！」

接著，就輪到我這位同學。

在眾多好友面前提出她的問題，似乎也有些尷尬，但她還是勇敢寫下「孕」字，要我測測有沒有生育的命？如果有，是不是會生男的？

「其錚，你看，」她得意地說，「我挑這個『孕』字嘛，就是上頭一個『乃』，下面一個『子』，換句話說，我有機會生孩子，而且還生個兒子，對嗎？」

我看了一會兒，告訴她，生孩子是有望，但不太像是會生兒子。她聽了顯然不相信，硬要我解釋清楚，怎麼會是生女兒？

「按照學理來說，妳當然可以這樣解字沒錯，就是『乃』與『子』的合成，」我說，「妳的『孕』字在書寫時潦草了些，加上妳家木頭桌子不太平整，桌面凹了個小洞，寫到下方的『子』，橫向第一筆跡就塌陷、歪啦，這個『子』就凹下去，變成像英文小寫書寫體的『y』，筆畫最後還提勾翹往另一邊去，又下擺，寫得挺瀟灑。啊！先說妳寫的『子』，在迴旋交叉點上，紙破了個小孔，而且筆墨還多漏了些，不過妳還真無聊，在這孔上抹了抹，孔上的點就變大變粗了；我認為這小孔，和這個筆墨，代表妳確實『身體力行』，有孕之日，已在不遠之時。」

這話說得有些「敏感」，我不假思索、脫口而出，突然覺得尷尬，她聽了則有些臉紅耳赤，但滿興奮可以生孩子的。一陣靜默之後，繼而還是試探性地問我：「那……為什麼不是生兒子？」

我再度看看筆跡，「那個『孕』字下方的『子』，剛剛說了，像英文書寫體小寫的『y』，對應到國字，就像『Y頭』的『Y』；而且更妙的是，妳的筆畫最後還提起來、到另一邊卻勾回來，代表揚（陽）起又縮回，這可不像意味男性的性徵喔，既然勾回來，因此女兒可能性較高。只是這一筆劃仍有揚起，代表女兒陽剛味重，應具有女中豪傑相貌。」

「生幾個？生幾個？」同學們圍過來關心地問。

「生幾個？就一個啊！」我解釋，「既然『乃』與『子』，『子』中的『了』變成『丫』，就是『丫頭』，再加一橫，不就『一個女兒』？而且這一橫最後還縮回來，等於收手，加上『了』有『了結』之意。另外，『了』字寫得如此歪七扭八，象徵太劬勞坎坷了，命中註定之外若強求，即使太過努力也是徒勞無功。綜觀各種線索研判，所以一個就夠，再多也沒有，等下輩子吧！」

她嘴巴嘟得老高，搖頭嚷著要重新寫一次，我告訴她大可不必，因為這個「孕」字裡頭，還可以看到不少事情。

「生女兒很好啊！這個『孕』字，拆成上下兩半，就變成妳剛才說的『乃』跟『子』。『乃』為『盈』字之頭，而『子』為『學』字之尾，『盈』中央有『又』，代表連結之意；這隱藏的意義兩頭一合，便成為『盈學』，應是飽讀詩書，滿腹經綸，這小孩必然聰穎，有獲取功名之相；還有，加上剛剛所說的女中豪傑，沒人敢欺負她，有這樣的女兒怎會不好？」

她聽完還是難以釋懷，因為她一直認為會生兒子，嚷著要再寫一字，但因其他同學「排隊」排得有點久，只好作罷。

時光飛逝。多年後有回開春時期，我在辦公室接到她電話，很訝異怎麼會曉得我在哪工作，她還是不改爽朗笑聲，說某天打開電視機，剛好看到我的名字出現在節目後方的工作人員名單中，眼睛一亮，於是打電話到我工作單位查證，確定是我沒錯，因此電話在各分機裡東轉西轉，最後終於被我接到。

還來不及問候她和她的先生，她便帶著很驚奇的語氣告訴我說，還記得多年前幫她和她先生預測的事嗎？我回答都記得。她說，她先生果然在雞年獲得升至「將」字輩的好消息。當然，這過程需要時間等待，但最後還是升上去了，可笑得合不攏嘴，直嚷著要請我大吃一頓，不過當時我人在國外工作，無法聯繫，慢慢地就忘了這回事。

她接著說，更重要的是「生孩子」這件事。她為了要「破」我的預言，測完字後不久，還特別拜託醫生用「精蟲分離術」還是什麼方法，硬是希望一舉得男。當醫生恭喜她懷孕時，她始終相信自己是懷男胎，因為之後肚子裡的寶寶「似乎感覺」很會踢、很好動。護士也以「多年經驗」判斷，應該是個男寶寶，讓她心情特好，得意忘形，也準備要拆我招牌。

可是直到某天晚上作夢，夢到有個胖女娃抱著她，直對她「媽媽」、「媽媽」地叫，讓她心裡不太舒服。之後產檢，當醫生宣布她懷的是女寶寶時，讓她大哭了半天，想起我說「只生一個」的預言，擔心沒辦法幫先生家裡留香火，當時還真想把孩子拿掉啊！

我回應說，男寶寶、女寶寶，不都是「寶」嗎？幹嘛扼殺一個小生命？她說對啊，當時很蠢，還好她先生也說不在乎家裡有沒有男丁，只要家庭幸福就好，把她想拿掉孩子的念頭徹底打消。

說也奇怪，她女兒出生後相當聰穎，幼年時就是個體育健將，陽光且陽剛，親戚都以為這款頭好壯壯的體格，應該是遺傳到軍人爸爸，以後絕對是當運動國手的料。豈知慢慢長大後，唸書反而更在行，跌破眾人眼鏡，但運動項目表現還是同等優異；高中和大學階段都是以第一志願高分考入名校，目前已是實習醫師，果真「盈學」，且個性喜愛打抱不平，追求公理正義，跟我當年所測性格十分相近。

不過，她還是覺得很想打破「只生一個」的「魔咒」，相當「鐵齒」，但無奈怎麼努力，包括求神問卜、求醫問術，最後仍然「只有一個」，讓她相當遺憾。

她說，這中間不曉得吃了多少苦頭，就只為了幫女兒添個弟弟，但仍是無功而返，讓她備感遺憾。我勸她應該循自然法則中「命裡有時終須有」的道理，就算強求得來的事物，最後仍須付出代價，還不見得能夠一輩子擁有。

掛上電話之後，我並不因為「預測準確」而心頭舒暢，反而覺得測字有著無窮難解的特殊奧妙，連自己都感覺不可思議。

櫥櫃裡的項鍊

某日有個學生在我下課後，哭哭啼啼地跑來找我，說昨日在打工的公司宴會場合裡，不慎遺失雙親贈與的珍貴項鍊。那是她十八歲生日時的生日禮物，意義非凡，價值不菲，十分急切想尋回，於是留下「匡」字請求一測。

本來我非常不願意接受這種方式的請求，因為**請人測字，並不是「你來我就要幫測，你不需要時就丟一邊」，這樣很犯忌諱**；只是看這個大孩子已慌如熱鍋上的螞蟻，涕淚橫流，態度真誠懇切，在請示神明獲得同意後，只好破例，且三兩秒心中立刻便有了答案，不過需要給這個迷糊學生一點教訓，所以先言明：「找回是有希望的，但妳若不積極尋找，不但希望不大，甚至會找不到！」然後肯定地告訴她：「就在某個櫃子裡。」

「可是……可是……老師，什麼櫃子啊？那個宴會場合我都找遍了，就是沒有！」她顯然不太理解。

我只回答她，不會掉在地上，其他不多透露。

從字形字貌來看，與「土」無關，當然不會掉在地上！而她寫「匡」時，原子筆留下的最後一橫筆畫，多了一點油墨，等於「匡」裡的「王」看似「玉」，即寶貴的遺失物（那條項鍊）；而外頭既然包著「匸」而非「口」，四邊有一邊缺口，可見應在無門的櫥櫃裡，不會被封包或隱藏，且容易看到。

另外，再用命理觀之，該時辰問「尋物」，當屬吉時，很快就能找到，只是不能讓她高興得太早，依然要她賣力找，並暗示她趕快鎖定櫃子這類地方，否則一旦被人撿走，絕對更麻煩。

第二天晚上，我下班回家打開臉書，果真看到她傳來在櫥櫃找到項鍊的好消息。但我沒有多大喜悅，相反的，因為她寫了一句「感謝老師的測字解惑幫忙」，這下好了，成堆成群要求測字的大孩子全來啦！整夜暴增的信件，簡直灌破了咱家電郵容量，逼得我一概嚴詞拒絕，好不容易才平靜下來。

為避免困擾，以及發生魯莽、不禮貌行為，我還是向所有親戚、學生、同事、友人、讀者喊話，今後不再被動接受測字要求，除非情況緊急特殊，且須先請示老天爺才行，若准了，才測；若不准，那就一翻兩瞪眼，別再纏了，再纏一百次也沒用，不如去廟裡求籤，或是找什麼「通靈少女」、「通靈師姑」比較快。

祖母的假牙

有朋友問：測字是否只能測「大事」？應該不會擴及到那些雞毛蒜皮的「小鳥事」吧？當然不

是。測字是什麼字都能測，能算者也是什麼都能算，管你大小事（但有例外），這裡正好有一件非常有趣的「小鳥事」，而且還是發生在外籍人士身上，只是時間稍稍久遠些。

若我沒記錯，日文的「大晦日」應指「除夕」，這個大日子對向來過國曆新年的日本家庭來說，就算之前掃除告一段落，大概還是忙得很。

有一次，住在新北永和的名廚友人，現做一大盒新鮮日式紅豆麻糬，拿到台北來送我，偏偏我不太吃甜食，也擔心惜食的妻子吃多了會更像胖貓，腦海中只想到乾脆轉送給日本家庭分享好了，可是在這種時間點上，似乎不太方便打擾人家。

才剛想著，就這麼巧，住在天母的日籍友人高橋小姐就在此時打電話來，嚇了我一跳。

「新年快樂！」祝賀新年後，我疑惑地問，「你們家今天不是還要忙著過年嗎？怎麼有空打電話給我啊？」

「啊，是這樣的，」高橋一口正統的「關西腔中文」，「其錚，你能不能幫我一個小的忙？」日本人向來不太會麻煩、困擾別人，但除夕這種大日子，居然會來找我幫忙，顯然不是「小的忙」，一定是「大的忙」了。

「呃，是這樣的，要請你來幫忙找假牙！」她一字一字慢慢地說。

「假牙？」我一臉錯愕，「我？找我？為什麼找我？我不戴假牙的啊！」

「不是你的假牙啦！」高橋還是輕聲細語、慢條斯理，「是我的祖母。」

「喔，是祖母的假牙。」她祖母我見過，是個九十多歲、很可愛的老人家，非常硬朗健談，也很慈祥，跟我一樣都愛貓，是個標標準準的「老貓奴」。在那當下，我疑惑地問道：「到底怎麼回事啊？」

「是這樣的，」高橋怕我聽不懂她的國語，還是慢慢地說，「今天早上，她起床煮紅豆，煮到一半要試看看味道，突然發現假牙不見了。」

「會不會擱在哪兒了？比方說客廳的桌上、盥洗室的檯子上……」我問。

「不，都已經找過了，全家人都幫忙找，可是呢，就是沒有。」高橋沮喪地說，「現在祖母心情很不好，這天要是沒有假牙，沒辦法好好地吃飯，她會很傷心的過年，不快樂，不吉利。」

要我找假牙嗎？看來好像是吧，但我既又不是「名偵探柯南」，更不是嗅覺靈敏的獵犬，不懂這高橋小姐葫蘆裡賣啥藥。

「我祖母說，以前她記得你會測字，對吧？」高橋說，「她問你，可不可測一個漢字，然後把假牙找出來？」

我都說過了幾百遍，已不太幫人家測字，不過人家長輩都特別來點名指定，況且若除夕不幫這個忙，似乎有些說不過去——儘管只是為了一副小小的假牙而已。想想，還是請示神明好了，居然馬上聽到回音，而且是一陣爽朗笑聲，顯然沒有反對。

「好啦！」我裝得有些勉強同意，「那麼……」

我話還沒講完，高橋在電話那頭小聲告訴祖母「OK」，她祖母一旁哇啦哇啦地說，她毛筆跟硯台都準備好了。

「不用這麼慎重啦！」我笑出來，「只要用原子筆寫個漢字，拍下照片，然後用 LINE 傳給我，就可以幫忙測了。」

「這樣喔，」電話裡聽到高橋的祖母口齒不清地說話，高橋趕緊翻譯，「那她要寫什麼漢字才好呢？」

「我怎麼曉得？妳就讓她隨便想一個就可以，一個字就好。」我回答。

掛完電話不久，照片很快傳來，卻是兩個字。她祖母寫了一個「公」、一個「視」；高橋另有註解說，電視剛好開著，螢幕左上角有個中文標誌，祖母看了，便直覺地寫下這兩個字。

公視

我看了三秒鐘，馬上回電給高橋，說假牙很快就會找到，不要擔心。

「真的？這麼厲害？」高橋語氣似乎有些不信，「光寫一兩個字就知道假牙在哪！那麼，在哪裡呢？」

我回答，「就在妳家裡某個櫃子上頭，稍微高一點，但絕對是祖母可以搆到的高度，只要抬起頭或踮起腳，要不然手往上撈或搆，一定找得到。」

高橋要我別掛電話，開始領著全家人尋找她家所有位置「稍微比較高」的櫃子。不出半分鐘，我聽到電話那一端傳來歡呼聲，還有祖母爽朗大笑，我想，果然找到了，一定沒錯。

「啊！啊！啊！」高橋抓起電話大叫，「你好神奇喔！很厲害呢！祖母想起來了，她說一早在廚房，抬頭打開櫃子要拿裡頭的砂糖，正好覺得假牙磨口，不太舒服，所以就弄下來，不知怎麼搞的，就隨手放在上面櫃子裡……啊！你怎麼會知道假牙在廚房流理台的櫃子裡？」

「嘿嘿嘿……」我要故弄玄虛一番，「這是我們中國人老祖宗的智慧，你們日本人是很難理解的！快去排隊拿號碼牌等著詢問。」

「啊，不要弄關子（是「賣關子」啦）好不好，」高橋有些急切，「告訴我啦！你怎麼知道的？我很想知道。」

「好吧！」我開始解釋，「很簡單。你祖母寫『公』字時，上頭寶蓋『八』如同屋簷，正好代表妳家平房格局，假牙就在家裡，可沒飛走。而下邊的『ㄙ』，就是中國人學注音符號ㄅㄆㄇㄈ的那個ㄙ，音如公司的『司』，這是我腦海中第一個想到的字。『司』是什麼？就是掌管、處理；既然可以掌控，手摸得到的範圍，沒流落在外，那就不用擔心遺失了，我很確定。至於『視』字的第一個筆畫，也就是那個點，點得有點高，然後看完筆畫後，又讓我看到另外兩個字。」

「喔？真的？」高橋顯然很感興趣。

「是啊，除去那個點，另外這兩個字越看越像是『不』跟『見』，所以才會『不見了』。」

「真的耶，我現在正在看祖母寫的字，很像！」魔羯座的高橋，一認真起來就身陷其中，連祖母在旁哇啦哇啦講話都不理會了。

「所以啊，」我氣定神閒地繼續解釋，「既然『不見』，那個『點』又這麼高，顯然位在高處，需要抬頭或踮腳看，才能看得到，就如此簡單而已。」

「咦……」聽到高橋不可思議的驚嘆聲音表情，相信她必然心服口服。

大晦日除夕，找回了假牙，高橋全家都很高興，她祖母更邀我們夫妻晚上跟他們一起過日本式的團圓夜，順便觀賞NHK「紅白歌唱大賽」；但因為我家在台北市東區，跑到天母實在太遠了，況且太晚回家，絕對會慘遭參加跨年晚會、跟欣賞一〇一大樓煙火的恐怖散場人潮「淹沒」，根本難以返回，還是算啦，心領了。

「乃」不「及」第

剛才說到不管「大事」或「小鳥事」皆可測字，但多數執事者仍有忌諱之處，不是各種狀況都能接受。像我曾遇過的測字大師們，就一律拒測「考運」及「結婚」兩運。理由很簡單：如果找我測某人是否能通過某種考試，要是事先告知「金榜提名」，那考生還準備啥？不需努力、翹腳等放榜不就結了？再者，若測得某甲與某乙未來可結為連理，被人從中破壞的機率不是沒有，那還不如憑自己感覺和努力去追求幸福，會更實在些。

即使一再告知眾家親朋好友，不要什麼大小事、考運、戀愛啥的全都丟過來要我測字，我這裡不是命相館，更不是你「御用星象官」，但就有個不識相的傢伙，硬拗我幫他女兒測考運，是否會上第一志願？而且照三餐吵我，連三更半夜都要煩，惹到我相當不爽，近乎火大。

我也曾請示神明，獲得「沒禮貌就該給教訓」回音，於是心中就有底了。

拗不過他要請我吃飯，其實也知道他想幹嘛。席間，他寫個「乃」字硬是要測，我看了一眼，只冷冷地說：「絕對上不了！」說完就準備離席，畢竟這頓飯實在不好吃，也不想吃。

我平時很溫和，但把我脾氣挑起來，就會變得很強硬，不肯妥協。

他也不高興，直說女兒都前三名，非第一志願絕對不唸，實力之強怎可能考不上？我憤怒且不客氣回應：「既然實力強，幹嘛還算呢？」弄得他啞口無言，彼此不歡而散。

果不其然，他女兒運氣實在很背，臨場失常，差了那麼一點點，還真沒考上！不久之後，他垮著一張臉，厚顏登門來訪，就是很想知道我怎麼事先知道這個結局？看他滿臉苦瓜樣，心情也夠沮喪了，我心一軟，嘆口氣，還是直說吧。

唉！很簡單啦。你看，「乃」為「及」之前形，惜差臨門一腳而未能「『及』地（第）」，既然非第一志願不唸，那麼當然考不上。再者，「乃」字似「方」，但不成其形，且上頭那個點「無頭」而難有方向、方法，顯見就算平日實力雄厚，但考試時遭逢意外狀況，手腳慌亂而失準，僅能大嘆時運不濟，可惜可惜。

他聽了當然懊惱，也坦承女兒考試得失心過重，一緊張就慌，但又遷怒我怎麼都不早告訴他，這樣他好跟女兒溝通，看怎麼預作防範處理比較好，竟然還罵我「太不夠朋友」。

唉！我知道天下父母心，那個愛女心切的急迫情緒，可是啊，這答案說跟不說，反正下場都差不多，加上我先前又不受尊重，既然如此，乾脆懶得理會，讓你罵個夠好了。

雜談這麼多，無非就是要告訴你，中國文字就像故宮古寶一般，都有老祖宗魂魄存在。乍看之下不動無聲，沒有任何特殊之處，但仔細理解分析後，反能從中窺見許多大道理，為生命激發更多傳奇與智慧。無奈人微言輕，登高一呼如同狗吠火車，只好沉默。

至於信不信，則存乎於個人認知，我還是覺得測字這門命理學術，絕對可受公評，應可信賴，只是它過於高深莫測、虛無飄渺，難免被曲解主觀成分過高，不過在理解之後，必然會覺得字裡行間蘊藏著無法形容的宏偉寶庫，精深偉大，等待你我持續挖掘、體會和精進，時日一久，保證會有樂趣及收穫。

喔，抱歉，最後還是容我囉嗦再次提醒，本人仍待精進，持續低調，潛心修練測字功力，所以請勿逼我測字。至於什麼時候可以正式掛牌為人解惑、鐵口直斷？告訴你，這輩子老天爺應該不會准我以此為業，因此不用期待，安心過你的日子就好。拜託拜託！

PART 2

幽界奇遇

豪華老宅遇鬼記

很多讀友對於通靈人總抱持錯誤想法，以為既然能「通」，應該什麼鬼都不怕才對呀，要不然怎麼個「通」咧？其實，真的是大錯特錯！至少我，我坦承膽子沒這麼大，不但被嚇過，而且嚇得簡直魂飛魄散，也不怕你笑，因為我沒說謊。

很多時候，我並不喜歡和靈異扯上關係，原因是一來會引發身體不適，例如腹瀉、暈眩、嘔吐、癱軟，像我從事新聞製播，如果老是遇到這種症狀，豈不是嚴重影響到工作？那還得忍著、撐著，非常痛苦啊！再者，有些亡靈、遊靈、鬼怪這類無形，光看就不舒服，甚至形象噁爛恐怖到可以把人嚇呆，三魂七魄至少給嚇飛一大半，總要過上好一段時日，等所有魂魄都歸位「黏回來」，才會恢復正常。

認真的朋友可能又要問，萬一有個「一兩魂」或「三四魄」沒歸位，那怎麼辦？我是沒碰過這種情形。不過想想，要是被嚇成這種慘狀，你所看到的我，大概跟白痴就沒啥兩樣了。

然而，我坦承曾經有被嚇到差點精神異常的經驗，這是我求學時代的往事……

拿萊卡相機的老人

多年前唸大學時，唸的是傳播科系，攝影當然是重量級課程，作業內容又多又重。秋冬季的上學期，選了一門外系選修科目，有次老師指定我們拍些具有歷史紀念價值的主題景物，為了求好，我就和同學相約，找個星期天，跑到某個極具歷史風味的文化古都，專挑一些頗負盛名的古厝古建物取景。

可是無論怎麼拍，總覺得沒辦法像雜誌上名家所呈現的取景構圖；那時候沒有數位相機，沒有網路，更不可能有即拍即看的智慧型手機，全都需要在拍完後，在學校攝影暗房中沖洗底片，要不然就需託坊間店家沖印照片。很多時候作品都還沒出來，腦海裡就已經有不祥預感：「一定很爛，簡直羞於見人！」

正在胡思亂想，滿臉愁容，臉揪得跟包子一般苦惱時，正好遇到一位同樣前來古蹟取景的人士搭訕，是個銀髮族。我光看他手中拿的舊款萊卡相機就看到傻眼，天啊！那已經是天價級的老古董耶！想必此人來頭不小。

這位老人家看到我們這款「半吊子功力」的學生，或許心生憐憫，也可能倚老賣老。他搖頭說，「為什麼你們學生要迷信、非得拍知名古蹟或古建物不可呢？這些建物很多名家名師都拍過了，發表過的傑作多到溢出來，你們或許該嘗試找找不同素材，挖掘出屬於自己的風格啊！」

聽起來滿有道理，也挺有說服力。可是人生地不熟，要去哪兒找「不一樣的素材」？

這位長輩熱心指引我們，說前方某某路轉叉叉路有條斜巷子，沿著這條巷子直走抄近路，大約五分鐘步行腳程，會抵達一條大馬路，那是圈圈路，向右一看，就可以看到一棟很大的廢墟。但也不能算廢墟，就是長期沒人管理的兩層樓舊豪宅，可是有庭院，有噴水池，還有巴洛克風味建築，聽說在日據時代就很有規模，而且是日本某個有名軍醫的看診處與住所。

台灣光復後，房產輾轉被一個大戶人家接手，但後來怎麼沒落的，有一說指後代為產權牽扯不清，相互制衡，另一說是家裡出了事，什麼事並不清楚。總之，荒廢非常久，雜草叢生，連門口的鐵欄杆都腐朽生鏽了。不過說真的，還挺有古意風情，很漂亮，值得一訪。

「喔，對了。」這個熱心的長輩提醒我們，「你們會看到那個門口上面釘有『外人勿入』的木板牌子，那個不用理它，幾百年也不會有人來管。你們就打開鐵欄杆，直接進去就好。我之前拍過不知多少回了，效果不錯。」

身旁的外系同學一聽，滿臉鄙視，覺得如同在拍破銅爛鐵，於是打了個大哈欠，毫無興趣，跟我眼睛一亮的神情完全相反。同學說，他還是很迷信，堅持要拍知名古蹟跟古宅，如果我想去，就自己去吧，反正晚上七點多回台北的火車票都買好了，彼此車上見。

好吧！我就是這種「好奇心殺死貓」的性格，說走就走，跟同學暫時道別，也謝過老人家指引介紹，馬上獨自抓起背包出發。

唉！年輕時就是蠢，凡事就愛不計後果先衝一波。要是早點知道，現在打死我也不敢去這種人煙罕至的廢墟，以免自找麻煩。

年輕時我腳程快，又很會認路，馬上就發現這個豪華宅邸，也大膽掰開鐵欄杆大門很快地溜進去。我之所以不怕，是心想，大白天陽光普照，就算有鬼，大概也沒啥能量，怕啥？豁出去、拍個爽快吧！

上不去的二樓

這個宅邸還真是夠大也夠豪華，光是前面圓形庭院與噴水池，這款造景就足以展現出貴氣與份量。我喜歡陽光斜照水池所呈現出的晶瑩剔透，加上波光水影襯托，宛如一場光影交錯的精彩融合。在這個庭院，至少「謀殺」了我三捲底片，超級過癮啊！遺憾的是，雜草太多太高，有的區域和設施缺損，不過也正好見證大戶人家的興衰史，倒是很有感覺，更有味道。

再往裡頭走，就是兩層樓的巴洛克建築。就在這當下，我突然被一股不明力量阻擋，那感覺像是從裡頭使勁吹出冷風，彷彿要把我「定住」在外頭。

本來覺得有點不太對，繼而發現這棟樓的一樓後門早被破壞，風從後門直衝貫穿到前頭，想想也就不足為奇了。當時的我仗恃自己膽子大，又當過兵，根本沒在怕什麼靈異，也不擔心之後會出什麼事，就是一股「憨膽」氣魄，如今想起，真的就是小白痴一個，無誤。

進入房屋大廳，我更不怕了。怎麼說呢？因為裡頭一堆被人塗鴉跟破壞的痕跡，顯示這裡哪是「人煙罕至」？根本就是「觀光勝地」嘛！倒是比較奇特之處，是一樓往二樓的樓梯間掛了一幅少女油畫像，卻保持完好無人動過，這就很奇怪了。我驚訝且凝視著畫像少女許久，覺得她越看越漂亮，不禁脫口而出：「好漂亮的女孩子啊！」

才剛說完，馬上似乎聽到一股不知從哪發出的幽長女聲：「謝……謝……」

你會覺得恐怖嗎？我不會。我當時也不認為全然在講「謝謝」，畢竟初冬的風勢很強，呼呼咻咻地從耳旁吹過，很容易誤認成某人的氣音聲，或許是錯覺。

我還特別拍了這幅少女油畫特寫，很有法國印象派畫家雷諾瓦的畫風。不過，按下快門時，手感覺好像卡住了，怎麼按都按不下去，食指使勁用力，費了幾番工夫才聽到「喀嚓」聲，當時不認為邪門，事後想起卻不寒而慄。

一樓不外乎是客廳、書房、飯廳、廚房、落地鐘擺時鐘這類印象，不用多介紹，你應該知道往昔擺設和裝潢到底是什麼樣子，特別是木製地板、櫥櫃，是日本人鍾情的歐式風情，如果不是裡頭東西被搬得差不多還兼被破壞損毀，這應該可媲美歷史博物館等級的展場了。

我對窗台上高高垂下的布簾很有興趣，但該死的是，被不知哪個缺德鬼亂割亂刮，白色紗簾變得一條一條、活像送葬用的白幡啊！要不然透過照進的陽光，加上潔淨的白色窗簾，只要風微微地吹動，真的會出現寧靜高尚、且古意盎然的典雅情境。

儘管長期乏人管理，加上遭到破壞，裡頭已然面目全非，但至少骨架輪廓還算完整，沒被火燒或白蟻蛀個精光，稍稍利用角度或高度，避開某些破壞痕跡，仍然可以拍出不少好照片。

在一樓，我花了長達半小時仔細地取景與拍攝，心裡仍暗暗咒罵著那群缺德傢伙，人家好好的房子，幹嘛進來大肆破壞。

從一樓到二樓，木製樓梯是旋轉造型，旋轉的弧度看不出接點在哪，一氣呵成，我認為是往昔木匠出神入化的工藝技術，令人敬佩。在樓梯這地方，我拍了十幾張，心想要是有桐油還是什麼臘的加以擦拭，把亮光效果製造出來，我相信拍出的照片絕對超級精彩，古味十足。

抵達二樓後，我被另一股奇怪力量阻在樓梯口，彷彿無法再向前；我仔細觀察二樓環境，發現並沒有特殊風口，或窗框玻璃遭破壞灌進強風。既然如此，哪有不能前進的道理？於是我硬是沿著二樓長廊，想要把每個房間看個仔細，此時兩腿卻突然瞬間嚴重抽筋，痛得我簡直要呼天搶地。心想，我從來沒這種抽筋現象過，竟然在這節骨眼上發生？

我不信邪，硬是往前，疼痛程度卻更加劇。搞到痛得滿頭大汗後，只好趕緊狼狽地用爬的，從二樓爬下來。奇怪的是，腳碰到一樓地板時，抽筋現象立刻完全消失。

了解我的朋友都曉得，我就是死性格，你越阻撓，我就越頑強到底！於是稍事休息，跟攀登聖母峰要攻頂的心情差不多，第二回再度往樓上直闖，結果雙腳才剛踏到二樓，再度出現強烈抽筋，而且強度更加劇烈。

不妙，這次抽筋抽到兩腿都要脫離軀殼了，痛到快要暈過去。

無奈之下，只好又像戰敗狗爬般，咬牙掙扎地回到一樓，當然，此後完全恢復正常。

這可真邪門啊！我站好踢踢兩腿沒事，繼而想想，還是別上樓比較保險。此時抬頭一看……媽啊！油畫中的少女竟然在跟我微笑！

天哪！我沒唬爛，不是幻覺，是真的！是真的！

她臉上原本就沒有「猶抱琵琶半遮面」那種隱蘊曖昧情緒（就是沒有表情），但此時我可不想她「千呼萬喚使出來」（我連詩詞順序都說亂了）！天曉得，這時候居然對著我露出淺淺的微笑，我真的被「嚇醒」了，趕緊抱著攝影背包快步逃離這棟豪宅……喔，不，媽呀！這簡直是個「鬼地方」啊！

回到花園，此時第三度抽筋，雖然不像前兩次那般劇烈，但隱隱的疼痛仍感到不適。我跌坐在水池旁，面對著這座建築物，是很漂亮，只是覺得此地已經不宜久留，該溜之大吉。

然而，最恐怖的情境就此開始。

梳頭的美麗少女

就在這時候，我看到二樓窗子破掉的長窗台上，有個穿白衣的美麗少女坐著，神情自若地梳著自己的長髮，還哼著歌（什麼歌名我忘了，應該是老歌）……哇啊……她就是油畫中的少女！

我兩眼瞪得好大，心想，這種廢墟怎麼還會有少女在梳頭？接下來，她好像看到了我，於是把頭轉向我這邊，又是淺淺微笑……（剛才看都很漂亮，現在看簡直恐怖到極點！）

少女對著我笑吟吟，把梳子擱在窗台上，然後用兩隻手托著下巴，接著是——把自己的頭顱「拿」下來，放在大腿上！再用梳子悠閒地梳，悠閒地梳，悠閒地梳，還不忘對著我笑……

我發誓，真的沒騙你！午後陽光依然強烈，本來不相信白天哪會碰到什麼鬼的，但在這一刻，終於打破我向來「鐵齒不移」的頑固性格，嚇呆了！

最慘的是，我眼睛始終「盯著」那個少女，眼珠子完全無法移動，好像被人家鎖定控制般，最後被迫看到她美麗的臉龐開始變得可怕、猙獰、腐爛，逐漸化為一具骷髏後，最後消失在窗台上。

***

我記得很清楚，我是一路癱軟無力、卻死硬爬出那個「鬼地方」。狼狽就不用多說，一心只想趕快逃命要緊。然而，等到我終於爬出鐵門時，居然已經是晚間八點以後的事了。

怎麼可能？是真的！從花園到大門鐵欄杆不過十幾公尺，在那當下，我儘管是「爬」，卻好像是在海上用「游」的，極其吃力，而且所看到的大門口，距離當下位置，卻像是在海上看岸上一般遙遠，怎麼「游」也無法抵達，有如前進一步後退兩步的艱難處境，你就知道那種極度驚懼、極受壓迫的心情是怎麼回事。

我趕緊找個地方，先讓自己情緒穩定下來，之後勉強撐著身軀，改搭客運夜車，一路渾身發抖地回到台北。

同學第二天上課時，問我怎麼沒趕上火車？我語無倫次地回答是我看錯時間，他則是又驚訝又納悶，認為我這種行事謹慎、從不遲到的人，竟然也會「看錯時間」？雖沒多說什麼，只是看我有些「怪怪的」，不太對，我也絕口不提昨日出了什麼狀況。

最重要的是，拍過的底片要沖洗。回家後，我因為持續在驚嚇中，頭暈又發高燒，身體嚴重不適，只好拜託家人把底片送到照相館沖印。照相館不久之後打電話到我家，告訴我說，這些底片僅有部分洗出照片來，大部分是黑的，全曝掉了！

後來檢視所有帶回的洗好照片，這才驚覺，有顯現影像的照片都是在花園、噴水池，其他古蹟古厝所拍的戶外景物全都完好。至於一進這座豪宅廢墟後的室內照片，則以全黑作收，嚇得我不敢相信，一臉愕然。

妹妹看到我，還不解地問我到底怎麼回事？因為我的臉非常慘白呢！

不幸的是，在出現影像的照片中，意外地也把那個少女拍了進去。那是以建築物為背景、前方花園噴水池為主體的照片；在後頭窗台上，就看到了「她」宛如一團白霧卻有人體五官輪廓地坐在那兒，依稀露出笑容。

那時候老師父還健在，可是人到海外雲遊中，在沒有手機、網路的年代，一時難以馬上聯繫，沒辦法立即處理。能夠想到的，就是把那張恐怖照片帶到宮廟去，請廟裡的人幫忙化解。即使如此，我後來還是病了半個多月，每晚惡夢連連，精神狀況時好時壞，還帶著恍惚，也不曉得怎麼恢復正常，很難形容那種感覺，比較貼近的說法，就是「整個人像被炸彈炸到散開，再慢慢把魂魄拼湊回來」。

等到老師父回國，看到我這副比吸毒還難看的慘白模樣，僅僅搖頭微笑說：「辛苦了，可是別擔心，你自然會好起來的。」果然，此後很快痊癒，我還二楞子傻傻以為老師父施了什麼法，原來是「自癒」；但我不太相信自身有此「靈異抗體」，卻也找不出什麼原因和答案來。

斷愛的父母

那個美麗少女究竟是誰？這個謎團始終在我心中存疑，無法釋懷。直到數年後，我畢業進電視台工作，為了採訪某項地方文化議題，有緣結識這地方的鄉里耆老，不經意地聊到，這才意外得知關於這棟豪宅廢墟更多的背景細節。

老人家回憶說，那棟巴洛克式建築於日據時代早已存在，是日本某個知名軍醫在台住所，並兼作地方衛生室，直至二戰結束，這些在台日人返國後，房子好像一度被徵為公家用途，之後則不知怎麼回事，輾轉變成民宅，而且是被一個相當有名望的家族所買下承接。

耆老認識那家的人嗎？他點點頭，同時回憶說，那個主人家有個掌上明珠，獨生女，天生麗質，可能也因為受寵，相當有個性，常成為眾人矚目焦點。情竇初開時，與高中同校男孩相戀，而後被老來得女的父親所知，強烈認為門不當戶不對，雙方家族身分地位天差地遠，萬一日後成為既定事實，成何體統！於是橫加攔阻，甚至強制囚禁自己的女兒。但是，個性倔硬的女兒無法接受，以不吃不喝抗議到底，即使母親從中斡旋，依然毫無效果。

我心想，這不就像八點檔鄉土連續劇嗎？心想，好多「哏」都差不多。

有天，她從二樓房間窗台眼看著心愛的意中人，傍晚在門口外徘徊眺望許久，內心正欣喜時，那男孩卻意外被自己的爸爸發現並強行驅逐，甚至無理毆打。她又氣又急，不曉得該怎麼宣洩這股遭到壓抑的龐大怒火，以致理智失控，最後以上吊表達無言的吶喊抗議。

暗夜過後，兩老晨間呼叫無回應，破門後發現這般驚悚景象，幾乎不敢置信，止不住哀慟，呼天搶地，還緊急通知醫師前來急救，無奈女兒已氣絕多時，魂歸西天。

之後，父母思念與悲傷情緒持續瀰漫，於是家族有親戚想方設法，拿著女孩生前獨照，重金委託當地中學美術老師，為這家的愛女繪製油畫畫像，掛在客廳樓梯間牆面，希望讓兩老天天看天天懷念，精神上好有個寄託。豈知好意反倒越弄越糟！為何？因觸景生情，母親每看一次就痛哭一回，父親則心有嚴重愧疚，積鬱難解，本想拿掉畫像，但越看越像自己愛女，又不忍取下。

就在家中始終無法快樂的情況下，不到兩年時間，這對父母便相繼離世。

耆老繼續回憶說，他們親戚是有人前來幫忙打理，有段時間也有人住進來，可是都沒過多久，裡頭便再度恢復寂靜狀態，慢慢地人煙罕至，地面長出雜草、或有破損，最終成了廢墟……

***

現今這棟建築還在嗎？又過了一年再訪當地，我克服恐懼，硬著頭皮試著去找，卻怎麼找都找不到了。我所認為的原址已被剷平，開始蓋起高樓，有些詫異。早年社會對保存文資並沒有具體概念，很多景物毀在怪手之下，連成為歷史景觀都沒機會（更甭說是列為「歷史鬼屋」了）。

不過倒有個意外收穫，就是相隔一年，竟然再度碰到那位耆老。他很高興，直說之前接受我訪問後，他就回家翻箱倒櫃，找了好久，終於翻出一張老照片，期待哪天我再來訪時，要跟我分享。

這下才知道，耆老是退休校長，在當地也算有頭有臉人物；他要分享的照片，則是數十年前該縣市文藝復興座談的大合照。

那張大合照不過就是全體與會者齊聚一堂、留個紀念而已，都是該縣市學校校長代表，以及文藝社團、攝影協會、美術家、雕刻家這類藝文工作者，座談主要是談論如何以藝術提振與端正社會風氣，朝向積極奮發的氛圍前進。

在往昔反攻大陸的年代，耆老說，這種「藝文大拜拜」每年起碼一次，或許現代年輕人看來覺得無趣荒謬，但在當時，大家都很認真把它當回事，也很積極推動。

耆老指著左方前排最邊邊的一位戴帽子、同樣也是上了年紀的老人，說他就是那位喪失愛女的主人家，也是該縣市攝影協會前理事長。

原來如此。我本來只是看一眼，繼而仔細端詳，越看越熟悉，一時想不起在哪兒看過。耆老邀我先別想，陪他泡壺老人茶再說；直到「茶過三巡」，我眼睛認真直瞪著那張照片，此時，滿嘴香醇的濃茶差點噴出來。因為，我終於想起來他是誰了！

對，他就是在當年在我和同學正苦惱不知如何拍照當下，那位拿著萊卡古董相機前來搭訕的銀髮老人家……

媽啊！嚇死人了！之前大學時期發生這件事時，我回家病了好久，這回又因為這件事，再度勾起恐怖回憶，搞到心神不寧、頭皮發麻，痛苦捱上好幾個月後，內心掛礙才逐漸消退。再經多年，等我把這篇故事放在部落格，並由臉書連結時，眾多網友提出甚多問題；我把問題整理過一遍，請教幾位同樣會通靈的朋友，答案或可提供參考，若與甚多老師高人看法不同，盼能海涵並請指教。

***

首先，亡靈為何這麼多年，留在原住處不走？

我比較相信亡靈當年在死亡時，因家中突發慌亂情況，錯過該辦法會儀式的時期，或者有請人處理，但「力道不足」，「她」並沒有獲得真正指引而離去，導致在原地無處可走而打轉，活動範圍受限，逐漸生根變成「地縛靈」；當然也另有說法，指「地縛靈」形成原因，是由於亡者「執念太重」，就算死也不甘願離開，這也不無道理。

當時與亡靈「直球對決」沒想太多，我其實應該要按捺住慌亂恐懼之心，誠心徵詢「她」是否有需要協助之處。

我這樣子的說法，其實是有理由的——因為既然「她」的父親會來主動跟我搭訕，大力「推薦」到「他」家去拍照，我相信其本意應該是希望有人來救援，把女兒度往該去的處所，別困在這裡，也算是滿懷愧疚的父親為愛女所能做的唯一之事。

如果這是合理推測，那麼這位父親應該也是住在這座豪宅或附近，只是當時我沒在宅內遇到。或許有人覺得，如果女兒被困在宅內，爸爸還能到五分鐘腳程外的地方「攬客」，應該不是住在豪宅內；這個說法應該也沒錯，那位讓我看照片的耆老曾告訴我，這位前理事長在痛失愛女後，積鬱難解且心疾纏身，往生前最後幾個月，記得是一直住在附近醫院，很不容易才好轉，豈知出院前一天病情突然急轉直下，最後於院內撒手人寰。

剛才說到「執念」，這個仍在原地的少女亡靈，有沒有可能深受什麼樣的理由吸引而不願離開？

這也不能排除。你要說是「還在等相戀的男孩」、「對父母作最深沉的抗議」、「等著下一個戀人出現」……都有可能。我思考這個少女性格倔強，是那種敢愛敢恨的脾氣，應該與戀人關聯性比較大，只是那個被她爸爸毆打迫離的戀人男孩，倘若他當年就知道有個女孩為了他而死，大概會難過一輩子吧。

比較務實的朋友應該會想到，廢墟古宅夷為平地後蓋新大樓，難道亡靈不會報復、持續在原地捉弄擾亂入住的「新朋友」嗎？是有可能。所以，有些高人再三提醒，**拆除古宅前，必定要經過各種儀式、法事，確實將亡靈順利接引離開，清空處理完畢，方可進行後續作業，也較為保險**；但可不是隨便擺張桌子，買幾包零食拜拜如此隨便，像這類只是「拜心安」、「拜信用」，虛應故事會有效嗎？

有次應邀去參加都更大樓動土儀式，就覺得「腳怪怪的」，以為有地震，低頭一望，天啊！全都是墳墓（這是一般人看不到的「風景」）在「躁動」（不滿）。請教工程主辦人，他壓低音量悄悄說，之前這裡是墓塚堆沒錯，整地時皆已移走，工程儀式有擺設香案祭品，大家從領班到工人全來拜拜，拜完立刻上工，請問還有什麼問題？我一聽心知肚明，這樣做法沒多大用處，只好謝過之後速速離去。

這怎麼回事？唉，簡單說，就是草率啦！墓塚遷葬哪有隨便「拜完上工」的？只是看這家工程公司頗有名氣，處理「這類」事務應該經驗豐富才對，怎會如此輕忽草率？

之後，這棟新大樓興築過程中，屢屢發生工安事故，但無死亡意外已屬萬幸，只是傳出工人有些「奇異經歷」，卻閉口不談；大樓蓋好前與後，建商及房仲早就部署策略大力推銷，奇怪的是，如此甚具潛力、行家看好的全新開發地段，一開始人潮踴躍，接著竟然迅速冷卻……直到今天，我特意經過當地，那棟大樓外觀仍舊新穎，只是招租或售屋看板廣告貼一堆，冷冷清清，走過時還有些「陰涼」，應該是隱藏著不尋常狀況。

我是覺得問題不難解決，只是在觀念上應該要有所釐清——**有些事不是迷信，而是「需要處理」；至少要接引亡靈前往該去的地方，清理周遭環境避免邪魔侵入，方能讓陽間安寧，冥界也能滿意。**

為了出版這本書，不久前我又回到那座古宅原址改建而成的大樓前，這次心已放下，不太有恐懼感，且新大樓住戶極多，看來朝氣活潑，沒有陰鬱之氣。

另外，也感應不到裡頭的少女亡靈，應該是有人協助處理，使其老早前往冥界或天神靈界，內心不禁有些寬慰。

***

有個朋友聽完我說的故事，憤怒地說：「這小女孩什麼都不懂，不就是寵壞啦？不順其意就要去死，什麼輕生自殺，還是去自殘啥的，就只知道用這種方法，讓父母傷心欲絕，多不孝！這個不孝女該下地獄，永世不得翻身……」

我沒有回話，內心倒有感觸。往昔傳統觀念裡，父母絕對權威，不是全然毫無道理，卻也製造出甚多親子悲劇，兩造如何取得平衡，始終是「不能說的禁忌」。數十年前，哪個年輕人敢勇於挑戰，就是「叛經離道」、「大逆不道」、「邪魔歪道」，一堆攻擊痛斥全來了；有趣的是，到了二十一世紀剛好相反，長輩誰敢阻撓年輕人怎樣怎樣，網路酸民必然排山倒海「出征」，甚至叫「老的為什麼不去死一死」這種刺耳話都出來，叫人瞠目結舌。

你若問我的意見，我自己在大學教學多年，觀察這麼久，我的想法很簡單，就是**子女對父母要尊敬有德、誠心溝通、學習承擔、勇於負責；父母則教導規矩、傾聽尊重、經驗傳承、引導讓步**。說來簡單，實質上不太容易，難度極高，但還是要做啊！如果兩邊都不去做，或只有單方努力，通常最後白費枉然，問題依然無解。

這個故事固然在講個悲劇，但歷經多年反思，加上自己年歲漸長，以及與學生們互動，深感「溝通」尤其重要。

我初次執教鞭時，沒人指導，也會用長輩對我們的權威氛圍那套去對待大孩子，儘管有效，卻看得出「表面服而心不服」，妻子也勸我「別這麼強硬，規矩雖有堅持，但也需有彈性」，只是當時年輕氣盛，仍篤信「勤教嚴管」。

直到近年來，學生們期盼「老師，笑一個好嗎？」時，這才恍然大悟，長期把大家心情綳到太緊，絕非良事，開始試著「以原則、彈性代替絕對規則」，當然遇過耍詐鬼混的學生，把我氣得火冒三丈，然而大多數學生卻支持老師對學生的尊重，推崇自律與自理精神，整體效果確有顯著提升。我也理解時代不同，該有不一樣的教育方式，絕非一成不變。

但我也思索，如果身在往昔，我變成那位豪宅主人，面對愛女就是喜歡窮小子，這該怎麼應對呢？說不定仍然無法擺脫「門當戶對」的思維桎梏，最後把女兒逼死了，那該怎麼辦？想想就覺得自己好可怕，久久無法平靜。

微笑空服員茱蒂

多年前某夜凌晨一點鐘，當時單身的我，在異國機場正準備搭乘跨洲夜航班機。和白天搭機人聲鼎沸不同，我看半夜搭機的旅客們幾乎垮著一張臉、張著兩隻超大眼袋外加貓熊黑眼圈登機，好像沒電似的神智不清。

我是頭一回搭乘這家航空公司班機。今夜搭機人數特別多，目測人數，三、四百個跑不掉，黑壓壓滿滿地一片，又不是旺季，居然還這麼多人，難怪要派「好大一隻」巨無霸客機，才夠把旅客給塞好塞滿。

只是疲憊無神的旅客們，宛如殭屍排隊，茫然魚貫穿過空橋進入機艙，只差額頭沒貼符咒，讓人覺得莞爾有趣。

在空橋與機艙門口交接處，通常都會有幾位空服員，笑容可掬地列隊迎接旅客登機。遠遠地，我便看到行列最旁邊，有位華籍女空服員長得非常漂亮，明眸皓齒，笑起來特別甜美，落落大方，身材又棒，讓我不注意都很難。可是稍微瞄了一旁排隊旅客，大家反倒面無表情、視而不見，便疑惑這些旅客是怎樣？到了半夜全都遲鈍起來啦？看到「絕色大美女」竟然毫無反應，實在不懂搭機樂趣耶！

親切的美女空服員

班機從脫離空橋、滑行、起飛到高空、高度穩定改平，一切都如常，沒有特殊之處。這位笑容燦爛的漂亮空服員非常勤快，不斷在我這區客艙走道來回巡視，我的目光也總會被吸引過去，因為較之其他空服員一臉面無表情，或者硬擠出來的機械式微笑，她給旅客的感覺實在夠突出。

一旁陌生的商務客不斷嘀嘀咕咕，肥胖身軀翻來覆去像炒菜鍋煎魚，大肚腩還會抖動，直嚷搭夜航班機好累好累，還拍我胳膀問：「老弟，你不累啊？」

我搖搖頭，笑著回答：「你難道沒發現這班飛機上有個超級美女空服員嗎？賞心悅目啊！」

商務客一臉茫然，「我一上飛機，只瞥到這群『資深少女老太婆』，有啥好看的？以我這種雪亮銳利的眼光，要是美女，怎麼可能沒發現？還是你審美角度有問題？」

聽到這種答案有些不太悅耳。唉！好吧！別自討沒趣。

在機艙燈光還沒全暗前，我抓起機上雜誌開始猛讀……嘿！又看到這位美女空服員，在走道上不斷巡視客艙狀況，還不忘逗弄小孩開心，更對著我提醒：「先生，麻煩請您注意，今晚沿途氣流不太穩定，記得繫好安全帶！」

說罷，她朱唇中露出潔白牙齒，笑容真是超甜美，好令人心曠神怡！我看到她胸前名牌上掛的名字，心想，如果要填寫旅客意見表，我一定寫這位空服員服務態度很親切、和善，讓人感覺溫暖，公司至少該幫她加薪兼紅利獎金。

玻璃窗的反射影像

班機起飛大約半個多小時後，開始執行派送宵夜簡餐和飲料服務。然而，爆滿的客艙裡，旅客們幾乎疲憊不堪，似乎沒啥興趣。這個時候，我想看看那位美女空服員在不在，發現她並沒有登場，或許是去支援其他客艙吧？

當一切吃的喝的全搞定，客艙燈光也逐漸暗下，只有幾個商務客和夜貓子打開頭頂上的閱讀燈，不斷地翻閱報紙、雜誌和寫東西。窗外一片漆黑，正覺得有些寂寞時，嘿！再度看到這位美女來了，讓我眼睛為之一亮。

這位空服員真是盡責啊！溫柔眼神認真掃視每個座位，細心地幫酣睡旅客的毛毯拉好，看看安全帶是否繫妥；在沿途氣流不甚穩定的情況下，她一手扶著上方行李櫃，檢查有沒有關好，一邊則是不斷詢問還醒著的旅客，有沒有任何需要服務的地方，但似乎沒有獲得任何旅客回應，就覺得這年頭的人是怎樣？冷漠到過份了吧！再者，我看其他空服員好像都躲起來了，怎麼就只剩她一個如此熱心？太感人啦！不給她來點獎勵怎麼行？

她走過我身邊時，我特別舉起大拇指，她也再度回報一個燦爛笑容。

一時間，我聞到她身上散發出來的一股香味，那不是討人厭的刺鼻香水味兒，因為我對那種人工香氣很敏感，會想嘔吐。但她所散發出來的味道，好像是新鮮花束所產生自然香氣，更讓我對她好感度迅速飆升到快破錶。

不過，在她走動同時，我眺望漆黑窗外，窗子玻璃反射到眼簾所見的機艙周遭環境，卻看不到這位空服員！是我眼花了嗎？還是機艙燈光本來就昏暗、容易產生錯覺？我趕緊轉頭一看，那位空服員還在客艙裡走動啊，顯然是我自己在嚇自己。

飛機航程進入第三個小時，那位美女還在來來回回巡艙。我搭過這麼多年飛機、這麼多家航空公司，從未見過如此認真盡責到爆錶的空服員，真的，太讓人感動了！其他空服員從送完第一頓餐點後，全都跑得不見蹤影，就剩她一個，我懷疑她莫非是個「菜鳥」，被其他資深學姐欺負？

這回我沒跟她對話，只是納悶看著漆黑窗外、玻璃反射回來機艙的景象，雖說客艙昏暗，但仍有燈光照明，只是我依然沒看到這位美女的身影。我相信我沒看錯，但回過頭確認，她確實還在走道上作逐排座位巡查，奇怪的是，窗子竟然映不出她的影像，怪咧！

我發誓，我既沒喝酒，也沒睡眠不足，不禁皺起眉頭感覺奇特……算啦算啦，還是繼續看我的報紙，順便發想些創作靈感。

座艙長老大的淚光

等到「終於」有其他空服員從我身邊走道通過時，我突然想起什麼，然後請那位「臉色垮垮的」空服員幫我拿張旅客意見表來，我要寫意見。

拿來後，我很快地在意見表上寫了一大堆，就是反映某某空服員，還把名字寫得特別大，逐一列舉其服務態度超好事蹟，且待人親切，令人印象難忘，請貴公司好好表揚她……

填好意見表，卻沒人來收。等了好久，直到第二頓飯快要上餐前，那位「臉色垮垮的」空服員「總算」出現，請她把我寫好的意見表收回去，她還狀似不太高興地官樣回應：「請問有什麼事覺得不滿意？」

我本來心想寫到這邊也就算了，但看到其他空服員態度這麼「落漆」，真想再要第二張，把你們全寫進去臭罵一頓！不過我沒答腔，只是冷冷看著，再把意見表交給她，低頭繼續寫東西。

不一會兒，有位年紀稍大的……是座艙事務長嗎？她從前方頭等艙快步走來，我以為後艙發生什麼事，哪知她就停在我座位旁，神情有些緊張，讓我有些不太自在。

「請……請問，」我猜這位應該是華籍主管，中年外貌。她國語雖然還算標準，但有點結巴地問我：「您剛才……剛才……是有看到這位組員嗎？」

我聽到如此莫名其妙的問題，覺得有些好笑，「是啊！你們還挺有效率的嘛，旅客寫了意見表馬上就看，還不錯！」

但接下來的問題，讓我覺得不太對勁了。

「那麼，您剛才看到她幾次？」她眼睛瞪得好大望著我。

「幾次？喔！好幾次耶！至少巡了四、五回啦，你們其他人在幹嘛？只讓她一個人出來服務嗎？或者看人家是菜鳥就……」

之後，她沒回答我的問題，卻只跟我確認那位美女空服員的長相、外貌和身高，讓我一頭霧水。

此時，我突然警覺起來，眼睛也瞪得很大，「難道……她不是你們的空勤組員？」

我當時為什麼會這麼猜？是因為那段時間美國發生一、兩起精神病患冒充空服員的烏龍事件，很奇怪，就是有辦法突破重重關卡，上機後躲進廁所，換裝穿得跟空服員一樣的制服出來，對著旅客噓寒問暖，只是最後仍被押送回精神病院去。

還有，昔日在台灣某條支線鐵路上，也有個想當列車長想到瘋的男子，自己訂做制服，每天在火車上拿個小剪子幫旅客「剪票」，遇到旅客要補票，還帥氣地說：「不用，今天免費！」成為民眾茶餘飯後的花絮趣談。

這位姑且讓我稱之「疑似座艙長老大」的空勤組員搖搖頭，「不，她是我們的組員沒錯。」但接著卻看她眼眶泛著淚光，反而嚇了我一大跳。

我急忙問她怎麼回事，都沒有獲得正面應答，彼此尷尬對看了五、六秒鐘。

「對不起，」最後她打破沉默，向我道歉，「不好意思打擾您了。」

我這個人就是這麼討厭，遇到想知道的事，就會一路死追猛打到底，不找出解答，心裡就會惦記著，超不舒服，非得追根究柢不可。

於是我遞上名片，「抱歉，有些冒昧，但沒有別的意思，這是我的名片，如果能夠，可否請你有空時聯絡或寫電子郵件，再告訴我這是怎麼回事，好不好？」

或許怕吵到旁邊旅客，她想了想，趕緊點點頭，深深向我鞠個躬，沒再多說什麼，然後又快步回到前艙去。

從這一刻開始，直到下飛機為止，我再也沒看到那位美女空服員出現，只是納悶透頂，胡思亂想到睡不著了，滿腦子擔心她是不是做錯什麼事，被那位「疑似座艙長老大」的資深空勤組員叫去修理一頓？

不不不，她服務這麼棒，怎麼可能？原本想按座位上的「叫人鈴」問問原因，但後來想想，為這種小事情問來問去，會打擾到其他旅客，還可能引來人家空服員的困擾，以為我是個「癡漢」要追求漂亮美眉，繼而想想，沒啥必要引起誤會，乾脆等飛抵目的地再說吧。

茱蒂的真相

內心折騰整夜後，飛機很平穩地降落目的地，正好是晨曦普照的燦爛時刻。本想在離開機艙前，乾脆直接找那位「疑似座艙長老大」問個明白，但這班飛機爆滿旅客和手提行李，把我從後頭一路往前推推推，推到機場大廈之後，很快讓我忘了要問什麼。

一回到住所，累都累癱了，澡也沒洗先睡個好覺。等傍晚醒來後，打開電腦，耶！居然在電子郵件信箱中收到那位「疑似座艙長老大」的來函，速度夠快了，效率挺不錯。只是，信函中卻沒有提到任何解釋，只是希望如果我有空，或許可約個時間出來，再說明詳情。

約我？這還是頭一回遇到這種奇特經驗。

我又開始胡思亂想，以為自己還挺有魅力，居然受到上了年紀的異性青睞……不過，職業敏感度告訴我，為著一件沒頭沒腦的事，人家願意親口告訴我來龍去脈，顯然不太尋常，於是我很快地回應對方時間地點，獲得確認後，幾天後的某個下午，我就跟這位女士約在市區機場附近的一家咖啡館見面。

經過詳細說明，讓我一臉錯愕。那位讓我印象極佳的漂亮華籍空服員，洋名叫茱蒂，早在一年前就已意外身亡！

茱蒂生前常與這位女士一同值勤，以姊妹相稱，無論工作或私誼互動，都特別愉快，默契及交情也非常好。她說，我不是第一個看到茱蒂在機艙值勤的人，就在不久前，早有位尼泊爾籍高僧搭乘班機時，還親自跟茱蒂「對話」，之後告訴她有這麼件事，讓她情緒幾乎崩潰地在機艙廚房裡痛哭，心想這位「傻妹妹」怎麼依然無法忘情於空服工作，還願意繼續陪著她一起執勤，所以內心更加思念。如今，又有第二位旅客看到，這回她比較能釋懷了，只是不曉得茱蒂何時能再出現，真想跟她當面講講話，更想知道她現在有沒有需要「姊姊」幫忙的地方。

真相如此，我也鬆了口氣。忽然想起茱蒂身上有一股鮮花氣味，她說，經過我這麼樣形容，她就更加肯定，我所看到的是茱蒂沒錯。因為當時封棺下葬前，遺體確實是被鮮花所圍……說著說著，她拿出手帕開始拭淚，哽咽難言，讓我確信她們交情的確深厚，令人動容。

近半年後，我再度有機會搭乘這家航空公司班機飛往日本，很有緣地又遇到這位女士值勤，她好高興。這回，沒看見茱蒂，倒是她用手微微一指，略作介紹，方知坐在我後邊靠窗位置的，竟然是茱蒂的未婚夫！

未免也太巧合了吧？經過上前攀談，才曉得這位和善有禮的先生，原也是同一家公司的空服員，和茱蒂是前後期關係，在執勤中相識、相戀，兩人訂了婚，無奈最終卻不能結為連理，想想人世間有這麼多遺憾事，實在很讓人心痛。

這位先生說，自從未婚妻往生後，他壓抑許久，自承打擊過大，沒辦法完全走出陰霾，最後只好辭去工作，告別傷心地，沉澱一陣子後，現在跟朋友合夥開貿易公司。

我很直接又白目且失禮地問他，有沒有想過另尋伴侶？他嚴肅回答我，這輩子只疼愛這個未婚妻，不會再動念去找其他人，就算條件再好，或者長得跟未婚妻相似、個性差不多，他也不會動心，因為在自己心中，沒有任何人能代替她的地位。

這麼堅定不移啊！真的嗎？他點點頭，並且回憶過去印象最深的往事。

當年在某班飛機上，曾見茱蒂快步主動、迅速協助一位把排泄物拉在褲子上的病患旅客，除了幫忙家屬從旁更衣，立刻清理座椅與周邊，並設法將影響旁人的不悅程度降到最低，動作快且顧及病患尊嚴，沒有絲毫皺眉或生氣，依然保持親切態度。甚至有幾個坐在前後排的旅客竟無感覺有何不對，也沒有聞到什麼臭味，這讓他大為佩服，也備感驕傲，畢竟要他這款大男生清理穢物，簡直頭皮發麻、難以下手，但茱蒂非常果決，沒有絲毫遲疑，不嫌髒臭，獲得周遭旅客的肯定讚揚。

他說，茱蒂會主動對人關懷、照顧，或許跟她從護理學校畢業的背景有關吧。她原本一心想當個護士，立志做南丁格爾、白衣天使，從沒想過要在天上飛，卻不知怎麼搞的，老天就是要安排她每天飛來飛去。這其實也不錯啦，她曾好幾次幫忙身體不適旅客急尋是否有醫師在機上，更運用專業知識讓對方安心，用心呵護，降低不適感。

至於兩人的交往過程，他沒多說，卻看得出來甜蜜而愉快。我本來沒敢問茱蒂怎麼死的，但他卻先說了，就只是清晨一場單純的車禍——她拖著行李箱準備前往搭交通車赴公司報到，哪知就在住家附近路口過斑馬線時，被闖紅燈的酒駕莽夫，開著休旅車高速直接撞上，彈得老遠，就跟打保齡球一般，人像飛天似地甩拋出去，頭部撞擊路燈燈桿，當場血流如注，昏迷且不省人事。駕駛沒下車，反而加速逃逸，之後被晨運路人發現，連忙報警送醫急救，在醫院加護病房折騰了四天，最後仍難敵死神召喚，遺憾且痛苦地離開人世。

「唉！那時候要是肇事者不逃離現場，第一時間趕快打電話送茱蒂急救，或許一條命就不會這樣冤枉報銷。」他皺起眉頭搖頭嘆氣。

肇事的人咧？抓是抓到了，也去殯儀館下跪懺悔，可是滿臉沒誠意，除了法律制裁，還能拿人家怎樣？最大的問題是該怎麼賠償，但賠多少錢對他與她兩家人而言，其實都不重要，重要的是躺在冰櫃裡的那個可憐人，永遠也不會甦醒了。

他回想起茱蒂躺在醫院加護病房的那四天，簡直宛如煎熬四十年啊！他接到消息時，晴天霹靂，腦海一片空白，接下來發生的事，更是如同一幕幕走馬燈——同事協助調班，讓他全力守在未婚妻旁，不斷輕喚名字，不斷打氣……然而，就在茱蒂斷氣前一刻，他看到她眼淚從眼角慢慢滑落，驚覺即將要做最壞打算，卻是心如刀割。茱蒂自己也曉得用盡全力，卻仍然無法返回人間，只能用如此悲哀方式，和深愛她的人道別……

就這樣，當伴隨茱蒂病床旁的各種醫療儀器，響起一聲詭異恐怖的長音警示時，即正式宣判天人永隔，她不可能再回來了。

說著說著，這位先生儘管語氣平靜，但兩眼泛紅，接著不由自主地滑下男兒淚，凝望著窗外，好久好久沒再說話。最後他回頭看著我，哽咽而輕聲地說，對不起，他失態了，請我原諒，可是他真的很想念茱蒂，真的很想念。

我這個局外人只是點點頭，拍他肩膀，肯定他的真情付出，但保持沉默，不多說一句，僅需聆聽就好。

等到飛機都快飛過鹿兒島，他終於從低頭沉思轉而抬起頭來，問了我一句話：「你遇到茱蒂時，她還好嗎？」

我馬上點點頭，「很好！很有元氣，非常認真盡責地巡視機艙，要不然我也不會寫意見函，要航空公司表揚她！」

他露出欣慰微笑，「這樣？是嗎？那就好，她做什麼事都這麼認真，是個工作狂，既然能這麼有活力，我也就該放心了。」

不知為何，當下好像又聞到一股鮮花香氣！

我連忙四處張望，雖沒看見這位茱蒂美女出現，但連她未婚夫也聞到了，他不顧頭上的「繫緊安全帶」指示燈亮起，趕緊站起來前後左右看過一遍，彷彿感覺茱蒂又穿著制服，就在我們面前，對著我們笑容滿面。

很可惜，直到降落前，茱蒂始終沒有出現，他有些悵然地坐在位子上，神情落寞地看著窗外。

我跟他鄰座的旅客換位子，改坐在他旁邊，試著想幫忙他，不過我也沒辦法看到茱蒂的靈在這班飛機上，只能說，聞到的香味應該就是她無誤，只是我這種通靈人，無奈學藝不精，看不到她就是看不到，只能頻頻向這位先生誠摯致歉。

但他還是態度友善地謝謝我幫忙，叫我別放在心上。不過他堅信，茱蒂就在他身邊沒走，儘管彼此分隔兩個世界，接收頻率不同，難有交集，總會有「通上話」的一天。要是等到能對話那一刻，他必定會大聲告訴她，好想念她，也好愛她，但抱歉讓她等這麼久，希望她諒解，更誓言永遠不再分離。

如果真是她來到了機艙，在聽完未婚夫如此真情告白後，應該會既欣慰又感動吧！不過萬分遺憾，我當時無法見證這感人一刻，可是他說，能夠聞到花香已經心滿意足，並充滿著動力和期待，會繼續等下去。至於茱蒂的靈魂為何能四處遊走？何時能真正離去？只有老天才知道。

這件事一晃過了快三十年，我和這位先生及那位空勤組員女士老早就失去聯繫，倒是很想知道他們現況，順帶祝福。

不過，從這件事開始回想，記得小時候跟著大人看電影，我始終非常討厭看「梁山伯與祝英台」、「羅密歐與茱麗葉」這類遇到悲劇時的情節。我總認為，兩個戀人能在一起就是難得的緣分，老天爺幹嘛要拆散、折磨？太殘忍了嘛！不合常理。

因此，只要是「王子與公主從此過著幸福快樂的生活」這類唬爛童話時，才會覺得正常、圓滿，還會拍手叫好，你看我腦子想得多簡單。

隨著成長、腦容量逐漸加大後，這才發現，人生真是個殘忍的旅程，無法事事盡如人意，那種快樂的童話故事真的只適合放在童年，反倒是愛情大悲劇，劇情往往可能在最平順安穩時刻，一瞬間關鍵逆轉，造成無窮無盡的強大破壞災難，更該當成鮮活的人生教材，最好提早「打預防針」，雖然不希望遇到，但人生之事誰能夠說個準？總要有個防備，倘若萬一不幸真的遇到，才不會驚慌失措、六神無主。

絕大多數戀人，最後多能終成眷屬，可喜可賀，而遇上悲劇的人們，特別是遭遇生離死別的戀人，那是再悲慘不過的憾事，畢竟如同失去家人般痛楚。也唯有身歷其境者，才能體會那種無限的悲慟，更需要寄予無限關懷和慰問。每每想起那位空服員茱蒂的未婚夫，身為大男人，卻無法控制他那掛在兩腮、甚至掉落到下巴的行行淚痕，就覺得萬分不忍。

不曉得茱蒂是否還在空中「執勤」？這麼多年過去，也該安心「退休」，在「另一個世界」裡找到該去的路才對。如果能夠，就順帶保佑她的未婚夫吧！希望在失去她之後的剩餘時光裡，讓這個好男人過得更平靜、安適，不必再有顧慮掛念，這也是我的誠摯祈禱。

小鎮餐廳情緣

多年前某天午後，我因為臨時多出一天假期，趁著大家在上班，卻不知該怎麼安排去哪玩，只好搭公車到處亂晃亂闖找創作靈感，不料搭錯車到了某鎮，在初夏炎熱午後的豔陽下，肚子咕嚕咕嚕叫地枯坐於站牌旁，血糖低到即將破錶，繼續等待不曉得何時才來的客運班車，還沒吃午飯就先自討苦吃。

不久後，遠遠有部藍色小發財貨車緩緩駛來，從拼裝看板廣告，以及擴音器喇叭裡不斷放送宣傳XX路XX歐式自助餐廳全新開幕，得知午晚時段西式豪華餐點八折優待，一百五就可以「呷通海」（什麼都任你吃的意思）；而下午茶也有十幾道精緻菜色，同樣吃到飽，更只要一百塊錢，不用收服務費喲（這是好久以前的價格，不能與今日「好幾個千」的天價相比，但當時無論怎麼看，都覺得超級划算，令人難以「收涎」）！

看著宣傳車上的華麗照片，我好奇在這種窮鄉僻壤，怎麼會有如此便宜卻高檔的歐式自助餐廳？後來跟司機打聲招呼，他馬上跳下車來緊握我的手，熱情邀約去品嚐他們餐廳的下午茶。

攀談過程中才曉得，這位司機先生原來就是餐廳老闆，很年輕，理個小平頭，朝氣十足，不過三十出頭。開餐廳是因為不想窩在人家台北海鮮名店、財大氣粗的老闆底下被虐，及過勞、當受氣包，仗著自身廚藝口碑極受好評，毅然帶著老婆女兒回故鄉，跟人家租了大型鐵皮屋開餐館，自己當起老闆，盼能在鄉間一炮而紅。

打量了一會兒，我內心暗暗搖頭，覺得這老闆理想是很高，但似乎搞不太清楚，在這種窮鄉僻壤開歐式自助餐廳？沒搞錯吧？真的有些冒險耶！但看在他一臉勤奮、誠懇實在，再加上本人以貪吃聞名的份兒上（後面這個理由比較有說服力），反正肚子餓得不知該到哪兒解決一餐，等車又等到快「彌留」，乾脆搭他便車，到餐廳去瞧瞧新鮮。

一位客人的吃到飽餐廳

天啊！餐廳美輪美奐，還有座小花園，幾個北歐小矮人雕像矗立在草皮上，模樣可愛，尤其隱藏於純樸農業小鎮的鄉間路，宛如人間仙境，像來到「小瑞士」，眼睛為之一亮。

他的太太跑出來迎接我，親切引導我進入就座。我這時才發現——我竟然是今天第一個客人！而且一進去後，看到優美裝潢和悠閒用餐氣氛，頓時好感動！

可是再仔細一看，儘管十多道下午茶菜色如此精緻多樣，座位區卻是空蕩蕩一片，不曉得怎麼搞的，我眼眶開始泛紅，下意識被這對夫妻的熱誠所感動，卻又心疼他們生意怎麼如此慘淡。

我開始拿起雪白潔淨的餐盤夾菜，發現這下午茶菜色，每一道都很棒，無論是熱食、冷盤、甜點、冰品、水果、飲料，都相當具有水準，連冰鎮燙蝦、炒海瓜子這種平常海味，都新鮮到沒話說，老闆不愧曾經是擔任海鮮名店的主廚。至於烤牛肉、德國豬腳、雞膠凍、燒鵝這些歐美肉類料理，我認為味道勝過眾多名店，絕不誇張，而且當天還多了日式涼麵和印度咖哩。

我獨自默默用餐、聽著優雅輕音樂，還偷聽到他們夫妻對話。原來老闆才剛開車回來，汗還來不及擦，又要穿起圍裙，領著兩個年輕助理，衝進廚房去炒幾道熱食，以免「客人不夠吃」，怠慢了很失禮。

啥？客人？客人不就只有我一個人嗎？還要炒菜？還怕我不夠吃？

用餐過程中，我主動找老闆及老闆娘聊天，從他倆的笑容中，其實藏不住絲絲哀愁。光為了開這家店，兩人已經負債數十萬，連太太嫁妝都賠了進去。本來想說在自己故鄉開店，鄉親比較會捧場，誰曉得這些年來整體大環境景氣爛到極點，鄉下地方的居民本來就很節省，消費力不高，如今經濟活動蕭條到可怕，雪上加霜，許多人窮到要搶學校營養午餐了（真的不誇張，我在偏鄉親眼看過兩次，令人悲傷無語），哪來「閒錢」悠哉吃西餐啊？

幾個月前開店至今，除了剛開始幾天自己親友來捧捧場，生意還算不錯，之後就快像個「蚊子館」一樣安靜到可怕。加上油電價飆、貴到破錶的原物料、沉重僱人負擔等等一堆問題，經營漸感吃力，但為了吸引客人，堅信會有逆轉的一天，於是在這種鄉下，價錢硬是苦撐不敢漲。

然而，就算午晚時段西式自助餐一客只賣一百五，下午茶更殺低到一百塊錢（這是西元兩千年之前的打折價格），但畢竟是鄉下，每天客人上門數不過就是十幾個人左右；價錢實在、口碑再好，也抵不上缺乏人氣的殘酷事實。老闆只好每天辛勤採買、下廚之餘還得開著小發財貨車沿路宣傳，拜託鄉親們捧個場，要不是欠缺人手，他還想到車站發傳單咧。

看著看著，我難過得淚水都快掉下來。固然，這個老闆開店經驗不足，沒考慮到鄉下地方的消費結構及能力，是有些「自找麻煩」，可是想起他們夫妻倆努力支撐，卻仍陷入痛苦泥沼中掙扎，又覺得極不忍心。

待到午後漸近傍晚，好料「塞好塞滿」整個肚子，連打的嗝都依舊味美，是該打道回府時。老闆的女兒從小學放學回家，大概才八、九歲吧，非常懂事乖巧，一回來不是先寫功課，而是幫忙把餐廳椅子整理好，順便掃掃地、澆澆花，協助爸爸媽媽抱回採買的食材，也替廚房哥哥（助理）揀菜挑菜，準備晚餐所需。我心想，如果有個女兒能像她這樣棒，那這輩子就無憾了。

離去時，其實是帶著難過不捨，以及有些罪惡感（因為吃了人家這麼多好東西，才一百塊），再次緊握住老闆夫婦的手，請他們加油，更請他們保重，畢竟人手單薄，還要忙裡忙外，身子要是挺不住，怎能撐得下去呢？

老闆夫婦彎腰九十度跟我道謝，感激我的關心，連他們女兒也主動走過來一起鞠躬，靦腆露出可愛的小虎牙微笑，觸動我的心，深深覺得若不幫點忙，我自己這關會過不去。

不曉得什麼原因，我特別留了一張名片給他們，這家人的女兒很慎重地接過這張紙片，看了又看，不過把我名字唸錯，把「錚」唸成「靜」，我趕緊機會教育一番，帶領著她唸清楚，倒是讓她父母覺得失禮、有些尷尬，我則是不在意。

老闆想打折，顧客還不肯

嚐鮮後的第二個月進入盛夏，氣溫更高，人更煩躁。我當時因參加電影劇本競賽得了優等賞，獲得一筆上萬元稿費獎金，心情不錯，但腦海直掛記著那家餐廳，想幫幫那對夫妻，猛然想起在它附近，有一家往昔我學生時代曾去課輔的育幼院，成了一條連結線，心想，乾脆找個時間回去探望修女院長，順便請院童們到那家餐廳吃個便餐好了。

院長接到我的來電時，驚喜不已，直嘮叨說我好久沒過去了，再聊到那家餐廳，才知道原來她也認識老闆。

院長止不住地誇讚說，那位老闆很謙卑、熱心、和善，從他開店以來，常主動開貨車帶吃的過來，都說是今天沒賣完的，還很新鮮，但不吃丟掉很可惜，如果不嫌棄就收下。她又說，小朋友們都很喜歡「小發財叔叔」，因為每次他來，或者有時就算忙、換他太太開車過來，院童們也都知道「有口福啦」，繞著車子快樂地又叫又跳。

幾經推辭，我堅持要花掉這筆獎金，院長也不好再浪費時間。這回帶著二十幾個院童、四個老師，沒有車，以徒步郊遊來回晃了八、九公里路，我驚訝這群小孩精神抖擻、精力充沛，一路唱歌嬉鬧，可沒人喊苦走不動要人揹，最後抵達餐廳時，院童們更是眼睛一亮，奮力奔跑，果然帶來了歡樂人氣，鬧烘烘地像個菜市場，意外地，也招來幾桌外來遊客生意，就看著老闆夫婦領著助理忙進忙出，還要招呼用餐，卻始終掛著微笑。

這天，我的獎金所剩無幾，不過想著能幫上老闆的忙，我開心得很。只是他不肯收我全額實價，硬要打折，我笑罵全台灣大概沒有哪個老闆和顧客會像我們這樣，竟然是「老闆想打折，顧客還不肯」，簡直是兩個傻蛋。他聽了哈哈大笑，但我最後還是把修女院長硬拖來幫忙「道德勸說」，這才讓老闆勉強收下全額餐費，實在老實古意到了極點。

離去前，老闆娘特別打包了一大袋麵包、甜點，以及一些菜餚，請老師收下回去給院童們加菜，還偷偷不讓我看到，可能怕我又要搶著付錢吧？只是大概平常也很少吃到好料的老師，在回程路上很興奮地跟「媽媽院長」報告時，不小心被我聽到了，這下子明明都已經離開餐廳將近一公里路，我還是咬牙折返跑回去，氣喘吁吁塞了三千塊錢給在門口掃地的老闆女兒，騙她說：「剛才妳把拔算錯餐費，所以要補回去，別忘記交給他。」這個可愛的小朋友沒想這麼多，也照辦了。

後來院長打電話跟我道謝時才得知，用餐後次日，老闆趕緊把三千塊錢送到育幼院，說他不能收，收了會不安，請修女院長幫個忙，想辦法退還給我。院長說她愛莫能助，而且就她了解，說我對這種事情「很頑固、個性很拗」（我不能反駁，確實是），因此只好請老闆自己處理。最後是老闆把錢捐給育幼院，而且堅持不要收據。

「幸福」餐廳

從院長那兒側面得知，這老闆小時候父母雙亡，好像是經濟壓力沉重的叔叔將他帶大。雖說都是親人，但和堂兄弟姊妹比較起來，那種親情仍是隔了一層，被冷落不受重視的滋味，以及恐懼物質匱乏，讓老闆提早學會獨立、忍耐，他高中輟學後就不再唸書，經長輩引介，到北部飯店餐廳當學徒，一路被操被磨，吃盡苦頭，深刻體會人情冷暖，終於練就出一身好手藝。

或許由於出身弱勢，他對同樣沒人關心的孩子特別有感，能幫忙就幫忙，更想起小時候沒什麼溫飽、沒能享受充裕物質，缺乏安全感與關懷，所以開餐廳後，極力想營造出豐富多樣、菜色充足的氣氛，這樣才叫「幸福」。

這對夫妻都有著同樣理念，願意全心付出，打造如此快樂的氛圍，只是創造的這個「幸福」也害慘了他們，必須面對債臺高築，以及辛勤採買、精心烹調後所累積的沉重勞苦。

因為工作忙碌，此後一年時間，我沒再到過這家餐廳用餐，偶爾想打個電話問問老闆生意可好，卻在事情一件一件接踵而至後，逐漸被淹沒、淡忘，直到再次想起時，竟然已過三年。

趁著連休好幾天年度休假，我興致沖沖，特地再回到小鎮那家餐廳，卻愕然驚見人去樓空、景象殘破不堪，讓我心頭為之一震！尤其看到草坪枯黃、窗櫺積灰，裡頭椅子散落堆疊，裝潢早已斑駁破敗，簡直不敢相信自己眼前所見。

我慌了。眼見四周全是農田，問了問正在施肥的農人，沒人可以給個正確答案，倒是找著了房東地主，以為他會告知，沒想到對方不願多說，一臉不悅地將我狠狠趕走。我被趕得莫名其妙，只好再前往育幼院探詢，竟另外得知修女院長已經辭世一年多的噩耗。頓時間承受雙重震撼，我內心一時實在難以平復。

院裡頭還有個認識的老師，她難過地告訴我，就在一年多前，院長有次在老闆送餐點過來閒聊時，得知餐廳經營儘管略有起色，但仍入不敷出，他操勞過度，加上負債心煩，一天到晚被地下錢莊追討、黑道找碴，還有房東壓力，簡直要逼他走上絕路，笑容也漸漸憔悴。

當時育幼院因受風災影響，房舍屋頂遭嚴重破壞，亟待復建，院長為此工程也疲於奔命，無暇管到太多，僅稍勸老闆要能想開，結果聊完道別後沒過多久，竟傳來他猛爆性肝炎休克驟逝消息。院長得知時痛心不已，覺得自己沒有警覺到老闆的身體狀況，相當自責，在獲知不幸消息當天，院長捂著胸口嘆氣，直指自己有愧，大家聽到皆相當難過，為老闆感到萬分不捨。

豈知次日凌晨，院長也因心臟病突發趴倒在辦公桌上，最後送醫不治，更讓所有人愕然，不敢相信。

接連兩人辭世，震驚了純樸鄉間。聽聞老闆的太太傷心欲絕，在幫先生辦完喪事當天，據說坐在家門口發呆半晌，夫家那邊親戚似乎不怎麼關心，儀式完畢，連聲招呼都不打就全散了，反而是娘家前來弔喪的親友都勸她要挺住，但她只是呆坐不語，悶不吭聲，唯一說的話，是對前來的父母請求，可否把自家外孫女帶回娘家住個幾天？她想要獨自冷靜沉澱，暫時不要煩她，她的父母見她如此，便答應了。

等親友帶著她的女兒離去後，她沒有在家安靜休息，反而轉往多日未營業的餐廳，將門窗緊閉，然後打開廚房裡的瓦斯輕生。儘管恰巧上門討租的房東及時發現，趕緊報警處理，但依然晚了一步，未能將她救回，就這樣昏迷數日後，便追隨先生一起前往西方樂土。

天啊！夫妻接連離開人世，他們的女兒怎麼辦？小孩子無辜啊！我問育幼院老師，老闆的女兒到底有沒有人撫養關切？卻得到「無從知悉」的無奈答案，讓我內心更感痛楚，真的痛徹心扉，一路掉著眼淚回台北。

多年後，那家餐廳的原址附近多出了一條快速公路，改變不少地貌，但荒廢的餐廳依然存在，且原封不動。有次搭車經過時，從高架橋鳥瞰整個綠油油稻田中，還存在著這棟不搭調的鐵皮建築，仍然讓我揪心難過不已。

或許是沒人敢去處理，但也可推斷房東對自己物業裡竟然死了個房客，感覺上很是「晦氣」，難怪當時不肯多說，還將我像趕雞一樣地轟走，將心比心，也就不好去責怪人家什麼，釋懷了些。我說服自己，再前往那個小鎮，先去育幼院拜會，再慢慢走著長路，拖著沉重步伐，穿過鄉間稻田菜園，到餐廳原址憑弔一番。

前回記憶中的殘破景象，如今更加荒蕪，雜草已經長得比我還高，窗子幾乎都被打破，裡頭一片凌亂，藥酒空瓶與玻璃碎片到處都是，撲鼻而來的除了潮濕霉味，還多出污穢及惡臭。倒是開車路過巡邏的員警發現我「鬼鬼祟祟」，立即上前盤問，我也老實地把故事說上一遍，那位員警是個善心人，聽著聽著眼眶就泛紅了。

在警察旁邊有個附近居民，遛狗順便湊前說，聽聞地主房東好像要把這裡處理掉，因為自從快速公路闢建後，這裡總算比較有點發展了，某個外地「頭家」想租下這兒弄個遊覽車休息站，據說開價不錯；還有人提及，有段時間這棟鐵皮屋變成「外籍移工免費聚會所」，不久前還有個逃逸失聯的非法移工，說在這裡頭「撞邪」，被個女鬼追，嚇得神智不清，不曉得真的假的，還是做賊心虛所致。

警察和民眾話匣子一開，似乎無法停止，就讓他們滔滔不絕地講吧，我只是默默望著這棟鐵皮屋，眼淚再度落下。

回憶當年老闆那股熱忱理想，真讓人萬分感動，無奈他的樸直，他的憨厚，無法換得豐厚營收，還有他精於廚藝卻不擅長行銷管理的問題，害慘了全家人。我這樣講雖然不甚厚道，但還是想罵他一句「蠢子笨蛋」！然而，這背後所隱藏的，卻只有萬分不捨和心痛，你應該知道那種感受吧，儘管他不是我的親人，卻和親人一樣的親。

唉！好人為什麼不長命呢？

妻子過去都說我太「多愁善感」，那是因為她並不知道背後有著這段說不太出口的故事，等她知道後，她也就不再多說，存著感同身受的悲情。

那個叫錯名字的小女孩

又過了好一陣子。有天在夢中，竟然夢到這對夫妻來「打招呼」，我倒是有些訝異，還真是「稀客」啊！夢裡的「實境」，兩人手牽手走過來，說是一方面跟「老朋友」打聲招呼，緊握我的手，一方面請我多照顧他們的女兒，好好教她，拜託拜託。說完，如同電視畫面特效中的逐漸淡出（Fade out），最後化為一縷輕煙消逝，眼前再度轉為暗黑。

前後不到十幾秒，我在這個當下醒過來，覺得這種夢有點兒「沒頭沒腦」。打招呼的意思我懂，可是「多照顧他們女兒」？都這麼久了，又沒聯繫，誰曉得他們女兒跑到哪去了？長成什麼樣子誰曉得？我既要忙電視台的新聞製播工作，又要在大學兼課教書，還有一大堆劇本和書籍要撰寫，哪來的美國時間閒工夫找人？況且電視上早已沒有「阿亮」的「超級尋人任務」（年輕人可能不曉得這是啥，那是早期綜藝節目裡的尋人單元），要不然還真想報名，拜託製作單位幫個忙協尋看看。

不過我顯然多慮了，人家在夢裡早有明示。

新學期首週第一堂課，我照例把該學期課程做了介紹，順便把上課規矩一條條說明，心想應該會嚇跑一堆人不選修，因為我本來就不喜歡教室裡太多學生，教學也會比較快樂些。

下完課，有個長得很可愛的女學生跑來找我簽「選修同意單」，她說自己是商學院的，想跨系修這堂課。我低頭邊找欄位簽名邊告訴她：「傳播領域課程很辛苦喔，很難捱喔，經常不眠不休，妳最好考慮一下，不要衝動……」她卻搖搖頭，直說她很有興趣，不會怕。

當我收拾包包準備轉頭離開時，這個學生突然叫住了我，「老師……」

「還有什麼事嗎？」我回頭看著她，突然發現她眼眶裡竟然充滿淚水，嚇我一大跳。

「您還記得我嗎？我爸爸是……」當她露出可愛的小虎牙時，我再仔細端詳，腦海裡馬上快速「翻頁」，很快認出……啊呀！她就是餐廳老闆的女兒啊！對！沒錯！

不知怎麼搞的，我淚水馬上飆出，她也是，但教室裡還有其他學生在，總不能失態吧？我連忙用袖子擦擦臉，彼此相視而笑，只是情緒都很激動，忍住不敢哭。

經過她的說明，我才曉得她在父母雙亡後，爸爸那邊的長輩親戚雖然接起監護與照護責任，卻也沒多理會，有些讓其自生自滅的味道。在很不得已的情況下，折衝了很久，最後跟外公、外婆住在一起，和他爸爸一樣，也經歷很多人情冷暖及艱苦考驗。

高中時代她考上台北學校，半工半讀，考大學分發到我任教學校的商學院，可是她始終對傳播與新聞非常有興趣，是因為看到我當年去她家餐廳，所表現出的態度和談吐，讓她對從事傳播者印象不錯（顯然被我騙了，哈哈），因此也想從事傳播工作。

「老師，您知道嗎？雖然以前小時候跟您見面次數很少，但我受您的影響很深喔！」她微笑地告訴我，「我看過您在電視上播過氣象，非常穩重，還跟我爸說，很想以後去『做電視』，他也贊成，還叫我以後如果有機會，要好好跟您學耶。」

我沒回答，因為腦海裡還停留在當年到餐廳用餐情景，只是靜靜地聽。

「上大學後，有天無聊連到傳播學院的網站，不知怎麼回事，竟然出現老師您的名字，覺得『好眼熟』，於是從網路中搜尋，看到老師的照片，馬上認出『對！就是這位！』讓我高興得不得了。真的，居然是您耶！您都沒變！」看她眉飛色舞地形容，我的眼眶不知怎麼的，又紅了。

「不過很不好意思，當年把老師您的名字唸錯了。」經她這麼一提，我想起了當時情景，反而哈哈大笑。

她終於如願選修我在傳播學院開的課，我也坦白告訴她，既然妳爸媽在夢裡有特別要求老師「照顧」，我就必須「受人之託，忠人之事」，用更嚴厲的態度教學。

她沒有抱怨，反而在上課時聚精會神、猛抄筆記，不懂的地方下課急著問，弄到懂為止。她不是傳播學院的學生，很多相關理論都必須從頭學起，看著她急起直追，經常到圖書館借書，也常跑來問東問西，直到學期結束，成績居然比本系學生還高。這讓我想起她爸爸那股傻勁與衝勁，也相信她父母在天之靈庇佑下，她必能克服難關，邁向成功。

大四下學期終了，她以班上第一名成績畢業，並獲得「斐陶斐榮譽學會」的榮譽會員證書（我當年求學時也曾拿到），而且規劃前往日本留學。本來要贊助她來回機票，她卻竭力婉拒，覺得「自己的事就是要自己負責」，不肯讓我出一毛錢，宛如當年她爸爸堅持要打折給我，固執性格簡直就是同個模子刻出來，DNA 毋須置疑。

我告訴她，「那時還真實上演『老闆想打折，顧客還不肯』的戲碼喔，就看著妳爸爸和老師兩個人推來推去，非常滑稽……」但講著講著，看著她笑中帶淚，我能體會那種思念與惆悵，心又開始揪起來。

她獨力打點所有留學事務，我則是偷偷與日本友人聯絡，因為她要留學的學校，正好我有熟人在任教，便拜託對方多協助。

出國前一天，她特別到我任職的電視台來看我，說有「禮物」，我還罵她幹嘛這麼多禮數，但見面之後才知，她的「禮物」很簡單——就只是恭敬向我鞠了一個九十度的躬，對於我的嚴厲教導，以及對她家未曾間斷的關懷，致上萬分謝忱！

唉！一個人初老最明顯的「症頭」，就是哭點很低。

我實在沒辦法招架這種場景，於是像漏水一般，管不住眼淚滴滴答答掉下來，所能做的，就是含著眼淚、帶著微笑，叮嚀要她加油，要她保重，像個爸爸面對女兒要遠行的場景，送她離開公司大廳，她也用力點頭。只是才剛離開兩步，她突然又回過頭來再度向我深深鞠躬，表明絕不辜負任何疼愛她的人，會好好求學，會注意安全，請我保重健康，並務必放心。

最後，她逐漸遠離視線，我仰望藍天，看朵朵白雲在晴朗天空中悠遊，似乎感覺雲朵輪廓最後排成老闆夫婦的臉龐，正在凝視著我，兩邊相視而笑，互道祝福。

從未想過當年一個單純貪吃的念頭，竟衍生出這麼一大段故事！

感恩老天爺，讓自己人生能擁有這麼多豐富經歷，還遇到如此良善好人，進而得到不同於一般人的特殊際遇，真的，我萬分珍視，也備感溫暖。

只是溫暖之餘，回想起這對夫婦當年的單純衝勁，最後卻以悲劇收場，仍免不了有著無限心疼和惋惜。我也頻頻懊惱自責，當初怎麼不多幫忙他們？最起碼寫寫美食部落格、打打廣告，很有可能今天際遇又會大不相同。但真的很無奈，人就是這樣，總是等到事情發生後，才會想起當初該怎麼做才對。

然而，他們有個堅毅強韌性格的女兒，跟爸爸的成長過程一樣，都遇到父母雙亡、飽嚐寄人籬下的痛苦，但仍秉持一脈相傳血統，那種獨自力爭上游、不服輸的硬脾氣，進而開創出自己的一片天，我為這對夫妻感到驕傲，也在日後教學時，常拿出來跟台下學生分享，並作為激勵的絕佳榜樣。

啊！差點忘了，如果還能夢見修女院長，那就更完美啦！不過，她逝世這麼多年來，未曾在我夢中出現，或許她在天堂過得很安適快樂，無憂無慮……所以，還是不要打擾她吧。

嘴巴上雖說不要打擾，我這個好奇心超重的傢伙，最後還是忍不住硬拗高人，代為將我的思念與祝福傳遞給她。後來得到消息，說修女院長的靈目前在天界正安詳平靜地修行中，也收到了我的訊息，很可惜沒有獲得她的回音（還真的是不要打擾比較好）。我無法知悉能否有緣再見面，如果有，我會當面感激她，謝謝院長當年教我怎麼愛護孩子，怎麼關懷，怎麼無私奉獻，也耐心教導我收起火爆性格，用慈悲化解衝突及不順，以柔軟心看待世間萬事。

不管是老闆夫妻，還是修女院長，在我人生旅途中，都留下了難忘且深刻的美好印記；無論是美味，還是修養，或者對於人間悲情有著更深沉領悟，他們都是我的導師。由衷地感恩他們，也再次祝福老闆夫妻的女兒，在海外留學順利有成，以後能回來奉獻國家社會，為大眾造福，我想，這就是一種圓滿了。

遲來的報恩

西元二〇二一年冬季某日，新冠疫情依然嚴峻當下，台北從上午的三十度高溫，到了傍晚突然驟降至十八度以下。我在辦公室待了一整天，沒有察覺溫度變化，等到晚間八點下班，走出公司大門搭捷運返家時，才有了明顯感受。

平時走在前往捷運站的路上，從來不覺得有什麼不對勁，只是這一兩週來，無論走到哪兒，總覺得有兩個人跟在後頭，我也轉頭四處打量，但就是不見蹤影。原以為只是這一兩個月為了驟逝的父親，待處理的事務多如牛毛，忙碌不堪，有些身心俱疲、出現幻覺而已，等到坐上文湖線列車最後一節車廂，情況就開始不對了。這裡是起始站端車站，車廂裡乘客不太多，我坐在靠邊的位子上，鼻子剛吐出一口大氣，突然感到胸口隱隱像是被人揪住的樣子，還好不嚴重，也就不在意。然而，隨著車子在軌道上奔馳，胸口心臟下方部位的悶痛突然逐漸加劇，不到三十秒工夫，我的心臟從悶、隱痛，慢慢的變成絞痛，連背部都跟著痛起來！

天啊！這下不好。我趕緊站立起來跳幾下，心想應該會緩和。不遠處只有一位滑手機滑到癡迷的年輕長髮美眉，頂多就是抬頭瞄一眼，又繼續低頭沉迷，還戴著耳機。我心想，如果有個萬一，向這種年輕孩子求助應該沒啥用處。

然而，持續站立跳動，不跳還好，跳個幾下反而又開始悶痛、絞痛、抽痛，繼而彷彿心臟被人用手掰開，狂痛宛如海嘯猛浪、鋪天蓋地席捲過來，讓我跌坐回位子上，身體歪一邊癱著，捂著胸口猛捶，卻喊不出聲音來。

如果有旁人，可能以為我噎到了。

到底怎麼回事？我不知道。平常雖然心肺功能沒好到哪去，但我不抽菸喝酒，也不至於爛到無可救藥吧，卻在此時，豆大汗珠一滴滴掉落，不是運動後的流汗，而是冷汗直冒，腦袋與額頭濡溼一片。

可是因為疫情期間，大家外出都要戴口罩，所以就算有人看到我「怪怪的」，頂多只瞧見皺著的眉頭，看不見整張臉，大概也不會察覺這個怪咖到底發生了什麼事。

本來以為隨著停靠的車站越多，應該會有其他乘客進來，可以看到我這副奇怪的樣子，若要求助或緊急送醫，應該很方便。但勉強抬頭一看，現在是離峰時間，各站乘客大多擠到中間車廂，反而最前與最後節車廂無人進入，眼見劇痛不斷加倍升級，我只覺得眼前開始模糊，意識也變得不清，繼而痛到靈魂都快要出竅……

救命的「鬍渣客」和「油臉漢」

此時，列車抵達下一站，只見進來兩個渾身髒兮兮、頭戴黃色安全帽、工人模樣的「鬍渣客」和「油臉漢」。他們倆沒戴口罩，一臉凶狠模樣，銳利眼神緩緩打量車廂兩邊，看到我，只淡然地說了一聲：「我們終於找到你了！」

怎麼回事？找到我？你們是何方神聖？找我幹嘛？我既沒欠債也沒結怨，你們要對我怎樣？我毫無力氣反抗，只是突然被嚇得意識變清醒，眼前也不模糊了，這絕對不是夢境，倒是開始擔心這兩個人是否要來打劫？

年輕的「油臉漢」從工具包裡拿出一樣紅色小機器，交給身旁的「鬍渣客」，說了一聲：「師仔，交給你了！」

「鬍渣客」點點頭，接過小機器，拿起其中兩根像湯匙的玩意兒，莫非這是AED（自動體外心臟電擊去顫器）嗎？有點兒不太像！但我只是動也不動，瞪大眼睛，看著「鬍渣客」熟練地扭開小機器的紅按鈕，握著的兩根小湯匙還會滋滋作響，莫非是電擊棒不成？

接下來，「鬍渣客」沒多猶豫，就把兩根小湯匙立即按在我胸口……天啊！這簡直是通電酷刑！我被電得渾身劇烈抖動，脫離軀殼的靈魂又被「嵌」了回來。我低頭看著衣服被燒出一個洞，裡頭皮膚也出現瘀黑，只差沒冒煙成了烤肉，我的媽呀，真不敢相信自己成了什麼模樣。

「好啦！沒事啦！半夜再跟你講！」那位「鬍渣客」一臉酷樣，話不多，收拾好工具就和「油臉漢」一起下車了。

此時，我真的完全被嚇醒了，到底是真實還是夢境，完全沒辦法辨別。只是此時再看看自己的衣服，咦？竟然是好的！真的耶，完好如初，沒有燒灼的痕跡，皮膚也不覺得痛，剛才胸部超級悶痛的現象至此消失，一切恢復正常。

這是怎麼回事？倒是抬頭一看，我其實是坐在車廂地板上，幾個乘客上前看著我，問我怎麼啦？要不要按求救鈴、請捷運公司的人來幫忙？

咦？不對啊，我剛剛就坐在位子上，怎麼會坐在地板上？我瞪大眼睛，打量四周，發現車廂裡的乘客都對著我望。

我立刻站了起來，旁邊更有個歐巴桑對著我說：「先生，你剛才是從椅子上摔下來耶，還在發抖抽搐，我以為你心肌梗塞需要幫忙……呃，你確定沒事嗎？要不要我請捷運公司的站務員……」

我連忙搖手，鞠躬謝過這位熱心女士的好意，但表示我已經完全恢復，剛才可能只是太累了而已，沒事沒事。

幾個陌生乘客還是很擔心我，甚至告訴我說，要不要去某某醫院，她女兒是這家醫院的護理師，電話是……

我仍然客氣婉拒，覺得自己恢復到近乎百分之百，用不著看醫生了。可是也很感動這個社會上仍然有非常熱心的民眾，願意伸出援手，主動關懷身旁需要關注的人，這才是我們國家社會的一大福氣。

完全沒記憶的捐贈

回家當然沒告訴妻子關於剛才發生的事，不想讓她擔心，就當成作夢好了。可是洗澡脫衣時，這才發現胸口皮膚泛出一片暗紅色痕跡，非常清楚，證明在車上的遭遇確實不是虛幻。突然想起剛才「鬍渣客」說的「半夜再跟你講」，講什麼？不懂。

沒想太多，當晚我很早就寢，畢竟這麼折騰可真累壞人了。只是經過不曉得多久，「鬍渣客」與「油臉漢」兩人果真站在我床邊。這回，確認不是夢，我真的坐起來，不解這兩人用了什麼方法，居然可以大搖大擺進入別人家的房子，但自己也不曉得為何沒生氣，也沒想到拿著棍棒什麼的防備，畢竟老婆大人還在一旁熟睡。

如果你覺得我的表現也很奇怪，我也說不上來。總之，這兩人應該不是壞蛋，雖然臉相看起來有些凶狠。

後來就在一瞬間，我突然明白了。啊呀！虧我還是個通靈人，真是笨到家了！這兩人可沒有陽間戶籍——因為早就死了嘛！

這兩人依然一身工人打扮，照樣渾身髒兮兮的。令我訝異的是，他們脫下黃色安全帽，二話不說，就先向我九十度彎腰鞠躬道謝。

「什麼意思啊？」我當然要問。

他們告訴我，「嘿，還記得幾十年前的事嗎……」

原來他們兩個是在某個南部建築工地的模板工人，有一天在六樓高度施工時，腳下踩的板子突然斷裂，兩人就這樣掉落，身為「師仔」的「齧渣客」被下方紮好、直立的鋼筋穿刺，整塊肝臟和其他內臟就這樣……（很慘，恕我不多描述），而徒弟「油臉漢」則是頭部朝下著地，顱內出血，雙雙送醫不治。

我聽了很難過，可是我再怎麼用力想，就是想不出這兩個陌生人跟我到底有何關聯？

他們接著說，「師仔」家裡手頭不甚寬裕，老媽媽中風在家需要媳婦照料，光是醫藥費就快被拖垮了，自己又生了四個孩子，都還很小；太太跟了朋友招會，還沒拿到錢卻突然被倒會；加上建築公司跟承包商想盡各種手段撇責（講的過程很長，總之就是「喪家一毛錢都拿不到」的意思），真是屋漏偏逢連夜雨，苦不堪言。

徒弟「油臉漢」也沒好到哪去。家中只剩失智的爸爸跟哥哥，哥哥又智能不足，就靠他這個弟弟打工賺錢。誰曉得有天爸爸跟哥哥心血來潮，一起出門出遊，卻遇上車禍，爸爸慘死，哥哥還躺在醫院，也需要用錢；沒想到弟弟還來不及照顧，卻比哥哥還早走上黃泉路。

那時有媒體報導「希望各界伸出援手」，里長也願意幫忙代為處理捐款，但篇幅有限，或許當時因為遭逢景氣差，捐款人數很少，不過他們說，有個名叫「張其錚」的人，在新聞見報後，很快地匯來二十萬塊錢，另外贈棺，還請禮儀公司協助處理他們師徒二人的喪葬事宜；「師仔」的家人和「油臉漢」親戚不敢相信，還以為是被詐騙集團盯上，熱心里長奔走去查，沒查出什麼端倪，但直覺這筆錢應該不會是什麼不正當來源，家屬悲傷之餘，也就釋懷安心了；而且後續事務處理有專人協助，辦得妥當安適，讓家屬無後顧之憂，更讓這師徒二人始終感念在心。

聽到這裡，沒錯，他們沒認錯我的名字，可是我從沒印象有捐贈過這麼大手筆的款項呀！當年的我，窮得比鬼還可憐，別說二十萬，兩萬、兩千都有困難，兩百可能還勉強掏得出來。他們面面相覷，直說捐款地址是這裡沒錯，他們沒有弄錯，就是這個人，不會有第二個。

他們繼而解釋，兩人都已經在冥界了，不過，儘管書唸得不多，總還知道什麼叫「道義」，什麼叫「報恩」，這個恩情不報，怎能說得過去？因此，透過多方請求，神明竟然准許他們返回陽間「報恩」，報完再回去歸位，算是特例。

我覺得這很唬爛耶！如果是真的，都過了這麼多年，這兩人走上黃泉路，奉准返回陽間辦事的機率本來就微乎其微，還會來對我「報恩」？我壓根就沒捐錢、沒施棺，也不認識什麼禮儀公司，這如果不是搞錯，莫非又來個「冥界詐騙集團」？

這話講得太傷人了（應該是「傷鬼」），我知道自己失言，連忙向他們致歉，只是特別解釋強調，我覺得萬分驚訝，如果自己有過這樣的捐贈，一輩子都會記得才對，可是……壓根兒就沒印象，完全沒有，請他們諒解。

那位身為「師仔」的「驕渣客」客氣地向我表示，他們只認捐贈者的名字和地址。他們也早已掌握，我在捷運出事那天的前後幾天期間，命中註定有「劫」；神明同意，如果他們願意協助從旁營救，我即可安然過關，否則必定撒手人寰。他們當然願意幫忙，於是兩人這段時間一直跟著我，也曉得我會感應有人跟蹤盯梢，因此特別說明，如果造成我感受上不舒服或驚嚇，請多包涵。

就這樣，雙方不斷相互致歉後，大致把整件事弄清楚了。只是我還是搞不清楚，自己何時捐這麼多錢？還捐棺、找禮儀公司幫家屬代辦喪事？又不是開善堂。

換帖兄弟的隨手之舉

有一度以為是父母曾用我名義捐了這些錢，但問過母親，她說確定沒有，這又讓我陷入一團謎霧，只好在每天忙碌之餘，抽出一點時間回想，也翻看往昔日記，看看是否能找些蛛絲馬跡出來，可惜依然毫無印象，也未記錄。

很奇怪，只要老天想讓你知道答案，很快就會有真相。雖然「哏」似乎有些老套。但，我要再說一遍，真的很奇怪——每當我想要找答案時，老天爺就會讓我知道。

兩天後，誇張到「幾百年沒見面」、旅居國外的富豪同學「雞腿」，突然打了電話給我。一番寒暄打探疫情狀況後，他言歸正傳，說他近日在腦海中一直浮現我的臉孔影像，我大笑道：「想我想成這樣，果然有毛病。」但他嚴肅回應說，在他這麼多年的人生經驗裡，只要遇到這種事，多半就是「對方有事」。

「我沒死，還活著……不過啊，你還真的第六感超強大，前幾天我真的差點就『走』了，到現在仍然餘悸猶存。」我語氣有些沮喪。

電話那一頭傳來嘆氣聲，「雞腿」說，他就知道，難怪心神不寧。

「雞腿」是我求學時的「麻吉死黨兼換帖」。當年我們分發到加強班，覺得人生被貼上這種污名化標籤，了無生趣，當然無心唸書，心早就飛到學校圍牆外的世界。有時乾脆翹課偷溜，毛頭小子沒膽殺人放火，只要能出去透氣也就知足啦！日子一久，彼此默契十足，建立起深厚情誼。

他老爸是浙江人，開了間鐵皮屋小吃店，燒得一手好菜，他也遺傳到精華，我常吃他煮的雞腿麵，超級美味，加上他右腳因小時候車禍意外變跛變彎，雖可行動但不完全正常，就是「沒辦法當兵」那種類型，腿型又有點兒胖，久而久之，乾脆叫他「雞腿」，反正他知道我口沒遮攔，也不會害他，因此毫不在意。

後來「雞腿」遭學長盯上栽贓，書包裡藏了刀械，揹了黑鍋，又被誣陷偷竊，任憑他怎麼辯駁，但東西就是從他那兒搜出的，當時師長怎麼可能相信他清白？後來他發怒對嗆，辯解反抗的下場就是大過處分，理由是「態度不佳」，沒得商量。我還為此跑到訓導處，找訓導主任解釋、求情兼對罵，他站在一旁驚愕發現，竟然有個瘋子為了他這麼有「義氣」，如此拔刀相助，為此他感動到流眼淚。不過很無奈，由於我為他求情，差點連帶記大過，最後他還是覺得遭到霸凌羞辱，毅然離開學校，書也不唸了。

不知什麼因緣際會，他老爸和在海外的同鄉搭上線，就這樣，後來全家移民，他自己又身懷廚藝絕學，生意頭腦一流，獨力在僑居地開上海蟹殼黃燒餅店，居然甚合當地人口味，一炮而紅！「雞腿」年過三十之時，便已置產住豪宅，年過半百後，如今把店賣了，天天帶著妻小「閒雲野鶴鬼混」（他說的），但我們始終保持聯繫。

他還一臉霸氣，發下豪語，說如果我要移民到他那兒，一定當我的保證人，而且沒錢買屋蓋屋都無所謂，住他家就好，住到死都沒關係，要多少零用錢儘管開口，因為我們是「換帖兄弟」。

我可沒「寄生上流」的打算，倒是在電話裡，把幾天前那對工人和我互動的事說了一遍。他聽到「不知誰幫我出的捐款跟捐棺」時，突然要我等等，自己擱下手機，跑去翻櫃子找尋一番，後來再回頭跟我說話，表示要不是我提起，他老早就忘了——這筆錢確實是他幫我捐的！

「什麼？是你捐的？幹嘛用我的名字捐？」我好驚訝。

「先跟你講，我這裡有紀錄，」「雞腿」翻了翻本子，「就是帶我老婆第二次回國探親的那次，你不是到桃園中正機場送我們嗎？我們坐在餐廳聊天，我上廁所，你隨手拿起報紙看，等我回座時隨口就跟我說，報紙上登的，兩個工地工人摔落，一個被鋼筋刺死，另一個摔死，家裡窮得要死，沒錢辦喪葬，你就感嘆說好可憐啊，但自己卻又沒多大本事幫忙。」

「我有說過這些？你確定？」我還真不敢相信。

「有有有，我都還記得你當時的表情。」這「雞腿」的記憶力向來了得，讓我敬佩不已。「我一聽就想，你這是暗示要我幫忙嗎？小Case嘛！沒問題。所以換你去上廁所時，我就打電話交代祕書，先幫我查一查。後來我回國外的家，祕書報告說人家真的可憐，家屬生活潦倒困頓到快過不下去。我想了想，乾脆請她從我台灣這邊戶頭撥點錢，幫忙捐出去，順便聯絡我南部在做『死人生意』（殯葬業）的舅舅，錢我來出，拜託他幫個忙。當然，都是用你的名義。」

我一臉錯愕。搞了半天，原來真正的大善人是「雞腿」啊！「但行善的是你，可不是我，擅自用我的名字不覺得奇怪嗎？」

「怎麼會奇怪？這不是很好嗎？」手機裡傳來「雞腿」灑脫語氣，嘿嘿地笑，「是你起的頭，因你的善念而起，當然要冠上你名字啦，我不過就是敲邊鼓的那個『小咖咖』而已，算不上個什麼屁，當我是個屁也沒關係。」

我知道別跟「雞腿」爭執，他個性自在卻也有些頑固，只好尊重他的做法。不過，不免也抱怨一番，叫他捐錢用我名字，也該先知會一聲，要不然我被鬼嚇死了怎麼辦？他哈哈大笑，直說好玩好玩。

然而當下，我真想慎重地握住他的雙手，卻只能在電話上說：「你這兄弟夠義氣，幫我累積這份厚厚的福報，讓我得以有貴人相助，從鬼門關死裡逃生，感激不盡。」

「雞腿」不以為然的回應說：「真的，我覺得這沒什麼。但是，其錚，我要特別告訴你，有關這些年來我心裡一直掛記的事，而且是我老早就想對你說的話。」

語氣突然沉下來的「雞腿」，想了一下才開口：「你知道嗎？當年只有你相信我，願意為我在學校被栽贓、誣指偷竊的事時挺身而出，不怕被訓導主任處罰，也不怕那群混蛋學長們來找麻煩（事實上，我後來有被學長拖去打一頓，打到嘔血，只是當年沒告訴『雞腿』，現在他知道了，有些愧疚），一直拚了命在為我洗刷冤屈，還差點害你受連累！

「我們那時候年紀還小，可是看在眼裡，覺得人生中只要有一個願意相信我、願意為我衝鋒陷陣、不計代價付出的朋友，就真的夠幸福了！而且我老爸對我唯一的家教觀念就是『有恩報恩』，後來我到海外發展，能夠這麼順，實在是託你的福，所以我始終沒有忘記，這份恩情一定要報。至於捐錢給那兩個工人家屬，對我來說輕而易舉……只是不曉得所回報的，居然攸關你的生死，還救了你一命！說真的，我才是嚇一大跳耶！」

說著說著，「雞腿」哽咽了。他老實招出多年壓在心裡的話，說道那時被記大過，遭同學鄙視霸凌，他被逼著沒辦法只好自己退學。對於愛面子的他，心中是個怎樣被羞辱的滋味，說有多難受就有多難受，有苦又說不出！

但為著「說穿了根本不值幾個錢」的自尊，心中的男兒淚水硬是不能迸出，總要抬頭挺胸，滿臉不在乎地走出校門。可是回到家，卻委屈痛哭了一整晚，內心非常受傷。還好他家老爸沒有責難，自從他媽媽因病過世之後，他爸爸似乎都用「認命」來麻醉自己，不去爭，不去吵，一切都歸於「因果」，默默去承受痛苦，認真把事情做好。

後來父子到海外重新開始，他開始領悟到「人要撐下去，先爭一口氣」，揮別過去，最好像個橡皮擦一樣，把不愉快的記憶全擦乾淨……喔，不，唯一必須記得的，只剩下我這個好同學了，況且有恩於己，始終想到「只要有能力做的，絕對不推辭」，就等我開口，他必定堅持做到。

「雞腿」說，他還曾經把我這段幫助他的往事，一五一十全告訴他父親，他父親好驚訝，覺得這年頭還有這種不顧自己的傻子，直說要親自見我一面，當面致謝，還提醒「雞腿」可不要忘了人家恩情。但遺憾的是，之後不到幾個月時間，他父親在海外突然驟逝，我也不曉得這段插曲，得知之後，心中滿是感嘆。

不過，這無礙於後頭故事的發展，於是造就了這段有些隨性、但卻圓滿的結局。

這天晚上，我坐在書桌前發愣，覺得人生真的很奇妙，卻也莫名其妙。

當年唸書時代的我，就只憑著一股傻勁，去為好友爭個公理，壓根兒沒想到自己可能受牽連而遍體鱗傷，更從未想過要人家記得什麼、報答什麼。爾後在機場的對話裡，我也只是感嘆「為什麼每天社會上有這麼多可憐的人」，但好友卻認真當一回事去捐助，因而導引出這麼一段故事來，是有些不可思議，又覺得自己萬分幸運。

我還是由衷感謝「雞腿」這個好兄弟，幫我牽成了一段善緣，也祝福「鬍渣客」與「油臉漢」這對師徒，既然他們認為的「恩情」報完了，就不要掛念太多，趕緊回到該去的地方「歸位」吧，也萬分感激他們願意搭救，救回我這一條不怎麼值錢的小命。

只是在父喪之後還不到三個月，自己便碰上攸關性命安危的大事，總有些不寒而慄。我也聽進「雞腿」的話，以後會好好保重自己，畢竟我們年紀都大了，將近六十歲如此「半大不小」的老人，已不若年輕時活力十足，也早過逞強的年紀，還是乖一點比較好。

其實，我不太贊成用「好心有好報」來勸世，因為似乎扭曲變成「我想要好報，所以才會好心」，這就與原意不太相符了。在我看來，**多做好事不為了累積什麼福報，只是身為一個「人」應有最基本的原始天性而已**，也不是什麼大道理。倒是做了一件好事，至少心情愉快，或者感覺踏實許多，也不錯，這就是我要的。

末班的加班車？

盛夏裡一個天氣甚棒的星期天，我到偏鄉探望退休已久、隱居山林的恩師。

他在我大學時代助力很多，也引介我和偏鄉教會聯繫，前往部落教孩童作文及閱讀；咱們師生之間始終擁有深厚的默契情誼，因此話匣子一開，彷彿沒完沒了，從近午開始閒話家常，聊到盡興痛快，等到稍稍回神時，竟然天色已暗，而且是晚間七點多了。

啊呀！這下不好。我到恩師家，先是從台北搭乘「不知何年何月才能到」的區間慢車抵達小鎮，再於此轉乘一天僅有兩班的客運公車，前往二十公里外的山腰地區；等最終站下車後，還要爬半小時山坡路，才能到近山頂的恩師家。我事先查過回程公車時間，最末班是下午五點半，現在根本沒車返程，這可如何是好？儘管恩師再三挽留，說委屈住這間破屋子一晚，等第二天一早下山不就得了。但我想起第二天週一早上八點半還有重要會議要處理，何況我是承辦人，籌備已久，絕不能開玩笑，無論如何，爬都得爬回台北去。

在這個沒電話、沒網路、沒手機訊號、沒左右鄰居、荒山叢林裡僅有稀疏幾間民宅破屋的環境裡，我估計走回山腰最近的客運站牌，雖說下坡路輕鬆許多，但天晚不能貿然涉險，摸黑步行大約也需半小時左右；再繼續沿著客運路線來路折返行走，記得沿途有幾戶獨立民宅，看能否麻煩人家一下，載我回到山下小鎮，至少有火車可搭。若能搭到最近哪個城市，就算到時候火車及客運都收班，計程車總該有吧？

恩師搖搖頭，他說太麻煩了，而且光是走到山腰的客運站牌，沿途有懸崖，崖下有河谷，落差又大，再者夜裡視線不良，實在恐怖又危險，還是勸我留宿一晚為宜，明兒起個大早再趕回去。我憑著記憶印象估算，要是明天一大早才出發，最快最快抵達台北，也都要接近中午了，臨時請假鐵定會被K得滿頭包！為此，我們師生難得的起爭執，恩師心疼我何苦要這麼執著，然而我心念工作，說什麼都不能久留。

如今回想當時的自己，讓老人家如此操心，實在萬萬不該。

好吧！他勸我勸到口乾舌燥，依然沒能打動我，最後只好無奈送我到門口，要我多小心，因為山裡夏季什麼猛禽野獸會隨時出沒，誰都不敢擔保安全，並借給我手電筒，起碼視線好些。

我則是謝過恩師的勸誡，背包立即上肩，鞠躬加上幾聲「再見」，就這樣，頭也不回地就直往山腰猛衝。

5438李文瑞司機

沿途在斜坡路往下奔跑，就算偶有幾處上坡，其實也不太費力，但就在此時，窄窄的山林小徑裡，遠方竟傳來機車頭燈的光影，以及轟隆隆引擎聲。

咦？怪啦！這條山路僅能通往恩師家，其他人應該不會來……應該是說「就算來，也不會在這種時候來」才對呀？

這輛機車慢慢接近，藉著彼此的燈具光線，我看到是個粗壯的中年男性，應該比我年輕，滿臉鬍渣，門牙少一顆，輕鬆騎著本田老款式機車，甚是破舊，我估計這輛車應該可以送進古董博物館了，說得貼切點，當廢鐵賣或許還差不多。不過，他老兄倒是騎得挺怡然自在，肩膀扛著一袋柴，一下子就在我面前停下。

「我說啊，老兄……」

我還來不及說完，他就搶快直說，「你在山裡幹嘛？這個地方晚上很危險，暗摸摸的沒路燈，不小心就掉到懸崖去，我就掉過耶！」

我一聽就笑了，「你掉過？那你還真是福大命大……先別問我，你騎車到山裡來幹嘛？」

他拍拍身上的木屑，「啊，我是這裡人啊！就砍柴帶回家燒啊！砍完柴了，車騎沒多久，感覺這邊好像有人，所以我才過來看看……啊，換我問你，大哥啊，你在這裡幹嘛？」

我把探望恩師、趕路回台北的事大概描述一遍，他聽完，沒多想，就立刻邀我坐上他的車，他載我回山腰的客運站牌，至少從站牌那兒再走下去，沿路應該會有民宅的人可以幫上忙。

這簡直令人不敢相信，老天爺太太太太眷顧我了！而且跟我原先想的下山計畫差不多。在這種孤立無援的窘境裡，我當然答應滿口說好，畢竟除了搭便車，實在沒別的方法，於是馬上大步向前，幫他扛了柴火袋，粗魯跨坐在機車後方，他則豪邁地將車調頭，二話不說油門猛催，讓我一下子重心不穩，差點被甩開滾下車。

在路上，他告訴我，他也認識我恩師，說這個老人家很好很好，當初他掉到山崖下，就是靠恩師幫忙跑到山下部落去叫警消上山來，把人給抬回去，要不然……

我聽了有些傻眼，心想這位老兄講得還真是一派輕鬆！

清晰的月色餘光下，映照著羊腸小徑旁的懸崖，雖然有些朦朧，但來程爬山時就已經打量過，只要不慎掉下去，重傷算是天大奇蹟，一命嗚呼絕對必然！加上正值豐水期，上游若午後下起雷陣雨，底下河谷嘩啦啦的流水聲氣勢宏偉，非常充沛，絕對可以轟隆隆整晚。

這老兄當起導遊順帶介紹說，懸崖下的河谷「恐怖喔」，前一刻還在河床石子地烤肉，下一秒大水沖過來，逃都來不及逃，直接沖進海龍王府等著投胎比較快。

心裡不禁打了個寒顫，我默默聽著引擎聲和嘩嘩流水聲，不敢多言，以免他分心。就這樣讓他一路載我到客運站牌。很快，大約十幾分鐘就抵達。

到了站牌，他把車停好讓我下來，把柴火袋接過去，突然丟下一句，「你在這裡等幾分鐘，會有客運過來，那是今天的末班車。」

末班車？怎麼可能？我查得清清楚楚，最後一班明明就是下午五點半從這裡發車，老兄你別鬧了，還尋我開心咧。

「我說啊，大哥，真的啦，我是這裡人，很清楚，你就在站牌等，車很快就會來，我沒有騙你！真的。」這位中年老兄露出缺了一顆的整排白牙，笑嘻嘻地要我在原地等。感覺他滿臉誠懇，應該不像開玩笑，只好信他一回，傻傻留在原地，目送著他騎車呼嘯離去。他還豪邁撂下一句，「要不是你要趕回台北，真想請你到我家吃烤山豬！」

結果，他真的沒騙我，不到十分鐘，真的有班客運車從另一條岔路開過來。媽啊！謝天謝地啊！但……怎麼可能咧？如此荒野深山，晚上七、八點竟然還有客運班車回城鎮？這家客運公司簡直佛心來著。這班車是十人座小巴。我一上車，就看到剛才那位老兄坐在駕駛座上嘿嘿對著我笑，我嘴巴張得好大，下巴差點掉地上。

「就跟你說有末班車，就是有，不要懷疑，招待你，不用投錢或刷悠遊卡！」他看我嘴巴張很開，眼睛也瞪很大，連忙解釋，「放心，這車是我們客運公司的，不是偷來的！」

我又驚又喜，找了個駕駛座旁邊的首席座位坐下，連忙問：「嘿！你怎麼不早說你是客運司機啊？還以為你只是附近居民，去山裡砍柴而已。」

「啊又不是報戶口，幹嘛要有義務跟你報告我是司機？」他還是笑著，「我只是把砍好的木頭扛回家放而已，之後就來上班開車……啊，跟你說個祕密喔，這班末班車算是加班車，只有今天才有，平常是沒有這班的，時刻表裡你也找不到。」

「真的？」我好高興竟然如此幸運，「是因為車子調度關係，開回頭車嗎？」

但此後，他沒有回應我，只是兩眼直視前方，一臉微笑地開著車，而且速度還挺快的，從山腰向前宛如砲彈般俯衝，引擎聲大到難以對話，我也只好不再多問，繫好安全帶，凝視窗外那漆黑一片的夜色，順便抬頭看著司機名字掛牌，原來他叫「李文瑞」（顧及隱私，請諒解用化名替代，若同姓同名的讀友也請包涵），編號5438，「我是三八」，嗯，還挺好記的。

這趟車持續在山路上狂飆，加上沿途根本沒車，沒過多久，便逐漸脫離荒野山林，直到瞧見遠方小鎮郊區，有街道、有店鋪、有路燈接近，儘管不少店家早已打烊關門，活像個鬼城，但懸著的一顆心總算放下許多，也就不這麼緊繃了。

這班車穩穩地駛入小鎮的終點站，他打開門送我下車前，還不忘提醒叫我腳步快點，因為不遠處火車站好像有班區間車快來了，沒到台北，但應該有到附近的城市，起碼回台北方便許多。

我揮揮手向他致謝，開始向不遠處的台鐵車站拔腿猛衝，覺得自己運氣怎麼如此之好，好到有些不太真實。不過說也奇怪，跳上區間車後才知道，今天搭的這班列車，居然有到台北站耶！雖然時間久了些，站站都停，起碼不必換車，可以好好閉眼休息。

回到家已近午夜，疲累不堪，沒多想，馬上洗了個澡，匆匆就寢。

過了幾天，我心裡直想到那位「李文瑞」駕駛朋友，他真的幫了我好大的忙，總該跟人家說聲謝謝才對。我查了好久，終於找到客運公司在小鎮上的服務電話，趕緊打過去，先讚揚這家客運公司服務品質很好，順便也要感謝突如其來的加班車，簡直是意外驚喜……然後，對了，還要感謝駕駛「李文瑞」先生的熱心服務。

起先，那位接電話的副站長，不斷地回應「哪裡哪裡」、「我們該做的」這類應酬詞彙客套一番，等到我說「末班車」三字，他似乎腦袋轉不過來，頓了好幾秒，問我：「你說你大約晚上八點坐上我們的末班車，從XX回到OO？」

「對啊！」我語帶興奮，「晚上八點還能從荒野山林搭到你們公司的車子，我真的特別感謝你們，因為我第二天一早，還要在台北開個重要會議……」

「等等，等等……」副站長在電話中打斷我的話，「我剛剛查了一下日誌，當天末班車只有下午五點半那班啊！」

「怎麼可能？」我開始納悶，「你們司機還說，這末班車還是當天唯一的加班車，只有那天才有，別的日子可沒有，時刻表還找不到咧！」

這讓副站長更覺得奇怪，「沒有這班加班車啊！這條路線平常就很少人搭，而且要是政府沒補貼的話，老早就廢掉了，怎麼可能還有加班車？」

兩人在電話裡頭開始雞同鴨講，直到我說那位司機是「李文瑞」後，副站長突然不說話了，我「喂喂喂」個老半天，這才聽到他緩緩地回應我：「你看到的『李文瑞』，是不是滿臉鬍子、矮矮的那位？他有缺一顆門牙，如果是，他的確是我們司機沒錯。」

我回答「是」，副站長再度沉默，我感覺情況不對，連忙問他怎麼回事，但副站長語氣上顯然非常不想回答這個問題，不斷重複「好了好了，就這樣吧！」，然後很快把電話掛了。

聽副站長的口氣，這「李文瑞」應該不是什麼「好蛋」吧？八成素行不良，要不然人家副站長幹嘛一聽到他名字，就不太想多談？莫非這車果真是他從公司偷開出來兜風兼搗蛋？

反正，我沒多想，該謝的禮數我做到了就好，心裡滿舒服暢快的。

我搭的明明是小巴啊

又過幾週，突然接到恩師來信，說自己身體不適，他的深山鄰居剛好近期為著林地開墾與土地所有權的事要來台北洽公處理，順便載他直接到台北的大醫院檢查。他想想，既然難得來，希望跟我見個面、吃頓飯，我當然說好。

與恩師再見面那天，他已經做完檢查，應該沒什麼大礙，載他來台北的深山鄰居，先去別的地方辦事，稍後會合。

恩師平時很能忍耐，或許是檢查無礙，緊繃的心情突然輕鬆許多，直嚷著好餓好餓，於是我帶他到醫院附近的餐廳大快朵頤，邊吃邊聊，順便等下午兩點，到醫院大門口與他的鄰居會合，一起返回山裡。

恩師說，載他來台北的這位鄰居，住家離恩師那間破房子還有一段距離，幸好不太遠。山居生活嘛，幸好有個好鄰居可以相互照應，否則若有病痛，沒人理會又沒車，還挺麻煩的。恩師建議稍後大家不妨碰個面，打聲招呼。

吃著吃著，他問我，前次我去山裡看他，最後是怎麼回台北的，於是我從頭到尾將整個過程敘述了一遍。

「哇喔！你運氣怎麼如此之好？」恩師不敢置信，「可是，我跟你講個事兒，你不要介意。」

我點點頭，就看著恩師把手放在餐桌上，緩緩地說。

「那天你一離開我家，我很擔心你山路不熟，很容易發生危險，所以其實在你後頭跟了一小段路。我從你手電筒的餘光看到，你原來是用走的，但突然間不知何故，你停頓了一會兒後就開始跑，還越跑越快，越跑越快，我這把老骨頭當然追不上去，就看著你沿著懸崖小路快速衝跑，直到我看不見你手電筒微亮的光為止，我還停留了一會兒，心想應該沒事，才轉身走回自己家去。」

「抱歉！老師，讓您操心了。」我不好意思地頻頻鞠躬，「我知道以前那段路有人掉到懸崖底下去，所以才讓您這麼不安。」

「是啊！」恩師抿著嘴瞪我，「這不能開玩笑，而且那時掉下去的人還是我親眼看見，才連忙走山路下去報警耶！」

我一聽就有興趣了。「啊！那位掉下去的是個中年男子對不對？他叫『李文瑞』沒錯吧？他門牙還掉了一顆，背著裝柴火的大袋子。」

恩師表情訝異，瞪大眼睛看我。「是，沒錯……但，但你怎麼曉得？」

「因為那天我走到一半，他騎著機車迎面過來，說是去山裡砍柴回去燒火，彼此小聊一下，順便就載我到山腰的客運站牌，還說認識您，說您是個大好人……」我得意地說。

恩師一臉茫然，皺起眉頭。

「這……這怎麼會……」恩師神色凝重，表情狀似不解。「我告訴你，他是我們山裡的住民，常騎機車在這片山林砍柴，住的地方也不遠，我們彼此都認識。一年前發生意外，那天颱風快要來，山裡頭狂風驟雨，他是因為路滑，還喝酒，意識控制不住，所以連人帶機車整個掉下去，我正好出來巡視這條小徑，剛好被我看到，嚇得我趕緊頂著風雨下山報警。

「後來他被救難人員找到，費了好大一番工夫，冒險把他垂吊上來，可是已經氣絕多時……怎麼可能一年後碰到你，還順便載你呢？」這下可讓我傻眼了。

「他好好的沒死啊！」我反駁，「而且他後來還開著客運車，說是當天的末班車……還是加班車咧，一路載我離開山裡回小鎮，沒騙您，我真的是搭他開的車啦！」

「對，他也是客運公司的司機沒錯，負責每天上午把車從山上開到山下小鎮，又開回來；下午再來回一趟小鎮，最後開回山上。第二天一早，變成早班車開往小鎮，週而復始，休假再由別人代駛……但他也沒理由晚上『提前』把客運車『開』往鎮上去吧？」恩師仍是一臉質疑。

眼看著真相兜不攏，師生兩人則是越講越毛，自己嚇自己，嚇得莫名其妙。載恩師到台北的鄰居友人，此時恰巧從餐廳騎樓走過去，恩師瞥見，連忙走出餐廳叫住他，示意要他進餐廳來，順便跟他的學生見個面，認識一下。

恩師的這位深山鄰居也是個中年男子，比我小個七、八歲，身材壯碩，從外表看去，大概曉得年輕時應該吃過不少苦頭，因為臉龐累積著許多歲月折磨過的風霜痕跡，加上滿臉皺紋騙不了人，但此人還滿溫和的，跟粗線條的身材完全不搭。

他看到我，立刻指著我，笑說：「咦？咦？……你不就是那天晚上搭我便車的那位先生嗎？」

「我？」我一頭霧水，用手指對著自己，「對不起，我不認識你，你是否認錯人了？」

「是你沒錯啊！」他轉頭跟恩師說：「就前陣子呀……那個前陣子某個晚上，我正好開我那輛小貨車要去小鎮，幫朋友載竹子，是第二天工程搭鷹架要用的，順便在他那兒住一晚，方便隔天一早開工。都這麼晚了，這位先生還站在客運站牌前，根本不知道沒車了，好好笑，所以我在他面前停下，問他要不要搭便車？他說好啊！所以馬上就載他去鎮裡。我知道他是個外地人，還跟他講，鎮上火車站還有幾個班次，不要錯過了。」

至此，我還是覺得不太對，明明是「李文瑞」載我啊，怎麼會是恩師的鄰居？況且我記得很清楚，人家是開客運的十人座小巴，又不是小貨車，駕駛座上的司機編號「5438」（我是三八）永遠也不會忘記，絕對沒眼花。

恩師的鄰居堅持沒看錯我，我也反駁從沒見過他，恩師在旁一臉問號。三個人討論半天，還是沒辦法兜攏一些疑點，這下子就更糊塗了。

媽媽的便當送晚了

直至餐廳老闆走過來，先跟我們致歉，因為從剛才在旁聽我們聊，他就聽得出神，也想分享自己類似的經歷，並絕對相信我的遭遇確有其事，但說著說著，眼眶泛紅了。

這位年輕老闆說，他記憶非常深刻，小學三年級時，這家餐廳的前代老闆娘——就是他媽媽，每天中午都會做好熱騰騰的便當，直接送到學校給他。只是某天，延遲約半小時才送來，他還抱怨媽媽動作慢，等到腳都瘦死了，媽媽沒多說什麼，只是把便當遞到他的手中，便匆匆騎著腳踏車離去，他也不覺得有何怪異之處。

午睡過後，下午第一堂課，老師站在教室外沒進來，隔個窗子、臉色凝重地叫他出去，見到輔導組老師前來告訴他，他媽媽中午送便當到學校，剛出家門不遠的路口轉彎處時，被違規的大卡車當場擦撞倒地輾過，躺在醫院。家裡的人打電話來，說因為事發突然，警察來通知後，大家一陣手忙腳亂，餐廳也暫時停擺，拜託老師送孩子到醫院，去見媽媽最後一面……

老闆說，當下倒沒有受到驚嚇，而是腦袋一時還轉不過來，疑惑媽媽怎麼可能在送便當到學校的過程中出車禍？明明她就有到學校來呀，況且他後來也把便當吃完了。

很不幸的，老師沒說錯，媽媽硬撐著等孩子到醫院見了最後一面才斷氣，他愣了好久，最後「醒了過來」，才大驚失色，開始號啕大哭，完全不敢相信眼前發生的一切。而沮喪和悲慟情緒始終緊緊纏繞著他，直到他成年後才稍稍釋懷，並且追隨父親勤奮苦學，終於接下餐廳棒子，延續原本的好味道。

他回想當時，說原本不敢置信，為何媽媽已經躺在醫院，卻還能把便當送到學校給他？他記憶非常鮮明，當時他還低聲嘀咕著「慢死了、慢死了、餓死了、餓死了……」，看著媽媽的臉龐都沒有一絲惱容，也沒說話，默默地騎著車轉頭離去，這是他心懷一輩子的愧疚。

只是納悶，如果不是自己媽媽送來，那到底是誰「假裝媽媽的外型」？

後來，當年在喪事辦理告一段落後，家族成員與餐廳員工聚集，大家一起吃「解穢酒」，他實在忍不住，就把心中那份疑惑說了出來。

坐在隔壁桌的餐廳幫廚滿妹姨聽到，突然轉頭告訴他，她想起來一件事：

他媽媽出事當天快中午的時候，她有看到老闆娘包好便當、騎腳踏車出門，但過沒幾分鐘，卻用跑的回餐廳，告知她說忽然想起還有重要事待忙，拜託她幫忙代送便當到學校給孩子，孩子就在校門口等著。

「怎麼可能？滿妹姨，怎麼會是您送到學校來？」他很驚訝，「我不會認錯您跟我媽呀！」

滿妹姨說，她確實是從他媽媽手中接過便當袋子，但他媽媽瞬間又不知跑去哪兒，她還搖頭嘀咕著「忙成這樣啊？」，可是因為菜才切到一半，而且她習慣先把事情做完再走，所以等到她收拾好，抬頭看時鐘時，才驚訝自己差點忘記送便當，眼看已經遲到，於是趕緊騎上自己的機車，而且抄近路改鑽小巷，不走大馬路，所以也錯過看到他媽媽出車禍的現場。

為什麼治喪那段時間沒說起這件事？

原來滿妹姨只是來幫廚的打工人員，當天工作做完、送過便當後，她就沒有回到餐廳，而是直接返家後再搭火車南下，幫自家兒子媳婦帶孫子休假兩天，等到再回餐廳時，才知道老闆娘出車禍死了，大家都在忙著處理事情，雞飛狗跳的，也就沒特別提到。

此時，老闆說著說著淚流滿面，但依然不相信自己當時眼花，因為明明就是他媽媽送便當來，怎麼會是另一個人？在座的我們三人也聽得一頭霧水。

後來，他當兵時，一群官兵放假閒來無事就跑去台中閒晃，遇到了一個命理老師。當時所有人都在問自己前途未來如何如何，只有他想花兩百塊錢知道「為什麼送便當的明明是我媽，實際上卻不是？」

命理老師哈哈大笑，把錢退給他，指出這現象並不稀奇——雖然不甚明瞭其原理，「你應該聽過有人搭計程車到墳場，拿了兩百塊給司機說『不用找了』，第二天司機起床一看，鈔票全變成了冥紙！再者，『魔神仔』這類傳說你聽夠多了吧？『他』可以變成任何人的形體，或者變換出與常理不同的環境，讓特定當事者『被迷惑』，相信眼睛所見，但其實完全不對。」

這位命理老師自嘲，像他自己開車經常被「鬼擋牆」，每天經過的路再熟悉不過，卻偶爾發現地形地貌完全不對，經由他唸咒語之後，咕噥一句「別鬧了吧！」才恢復正常。

再者，也有往生者為了達成某種願望，或完成任務、使命，在「他」沒辦法親自執行的情況下，是有可能「委託」其他人——不一定是熟人或者陌生人，只要能夠代行，便可能利用任何手法請委託對象處理，而且還能以自身形象，「套用」並「呈現」在與其相關的人眼前。

換句話說，我們常說「眼見為憑」，這麼多年來有越來越多的案例證明，當事者有可能是被「迷惑」，或者不明原因而看走了眼，如同現在許多網路影片中，運用影像「深偽」Deepfake 技術一般，可以把某人頭像「嵌合」在影片中的另一人頭上，毫無瑕疵，講話語氣聲調和動作，也能完全自然契合，幾乎找不出破綻。

至於「不明原因」，「可否講得更清楚些？」老闆追問那位命理老師。對方謙虛坦承自己在這方面學藝不精，要學的地方還很多，不敢瞎掰，也沒辦法講出個真正道理來，不過確實有這種現象就是了。

好鬼還是很多的

聊著聊著，居然聊到近傍晚時刻，店裡又要開始準備晚間生意，恩師與鄰居也要趕緊回山上，只好彼此感嘆相見恨晚，惜別互祝平安，結束這段有意思的對話。

從這件事裡面，具有被形影「迷惑」經驗的，不只是我，還有餐廳老闆，甚至當年幫忙前代老闆娘送便當的滿妹姨也是。

至於到底老闆娘是「用誰的肉身承載她的守護靈體」，回到餐廳把便當交給滿妹姨代送，早已成謎，卻也無須追究，完全不重要了。

我照例又要被一群損友嘲笑，說這隻「通靈三腳貓」功力始終很菜，老是分不出鬼魂跟實際的人，簡直菜透了！沒關係，反正我也習慣，裝傻微笑以對。

這麼多年來，我遇過「鬼擋牆」、「鬼遮眼」、「迷惑術」這類事情很多，也承認被鬼魂捉弄過，不過鬼有壞也有好，至少幫過我的「阿飄」還真不少，心存萬分感激，不過唯獨對「李文瑞」這位老兄印象極為深刻。憨厚性直的「他」，其實可以不必這麼費心幫我，卻仍運用了另一個人的工具設備，還把自身形象套用到人家身上，幫我解圍、讓我平安返家，所以我的內心始終懷著感恩之情。

不過我納悶，此人都往生好些年了，遊靈怎麼仍留在世上沒走？謎團至今未解。

對了，忘記告訴你，之後，我曾拜訪客運公司那位接電話的車站副站長，他向我道歉說，之前並非不耐煩想掛我的電話，而是自從「李文瑞」死後，站裡常會接到一些莫名其妙的道謝電話，稱讚「貴公司的司機李文瑞先生」熱心協助，又幫忙他們這個那個……久而久之他不覺得煩，而是會怕、會毛，總覺得「李文瑞」彷彿陰魂不散啊！

搞不好哪天站裡「空車沒司機還會自己開出去」咧！而且這傢伙生前愛喝酒，曾有醉到把車開往另一條路線、乘客被莫名其妙載去陌生地點的烏龍紀錄（早年酒駕還沒像現在這麼重罰，管理上也頂多訓誡，不會記過或扣薪），要是車子真的就這麼被「他」歪歪斜斜地開走，而且車在哪兒還遍尋不著，豈不更糟？

我聽了並沒有哈哈大笑，倒滿能體諒這位膽小多慮的副站長，於是安慰他說，我猜「李文瑞」起碼是來贖罪的，極力想幫貴公司做些正面良善的公共關係，讓更多人願意來搭你們客運的車，其實也不賴啊！這番說詞，總算把副站長安撫了下來。

不曉得這位司機現在是否還繼續用「5438」代號到處助人，順便幫客運公司招徠生意？自從那件事之後幾年，我陸續拜訪恩師好幾次，最後恩師以九十三歲高齡享耆壽逝世時，我還特別專程去祭拜。每次在爬山的過程中，一直都期待「李文瑞」的出現，至少打個招呼也好，可惜次次皆未能如願。

我不會怕，若能看到這樣的「好鬼」，反而備感溫馨，這類「阿飄」怎麼不多一些咧？嗯，或許他目前正在其他地方忙著助人，沒空理我吧！如果是，那也沒關係，只要需要幫忙的人能獲得協助，也是好事一樁，我非常樂見。

故事說完，順便告訴你，比起陽間狡詐狠心的人類，冥界的鬼普遍良善得多，這篇所提到的「李文瑞」即是一例。我不否認有些亡靈會捉弄、嚇唬、報復或下毒手，但深究之後就會發現，絕大多數的「鬼嚇人」、「鬼纏人」，通常跟因果輪迴，或者與特定人士之間存有糾葛所致；「隨機犯案」的鬼不是沒有，但相對真的少很多。

有些朋友質疑，或許是因為我會通靈，所以鬼會對我「禮遇」，要是一般人，可不見得皆如此吧？我不諱言「有可能」，然而我看過更多的亡靈，「他們」其實更會為陽間的弱勢抱屈，主動幫忙需要協助的人，有時則是與天上神界（或掌管冥界的神祇）聯手，共同修理惡徒奸人，這也未必是我能通靈就有這種待遇，說不定「人人有機會」，只是大多數朋友被嚇都來不及了，還是敬而遠之、逃之夭夭居多。

「好鬼」多不多？真的多。只要你不冒犯招惹、污衊辱罵人家，注意分際，別犯忌諱，或者累世因果的緣故，「他」多半不會主動對你怎樣。我曾經見過很多「白目」傢伙去闖鬼屋試膽、打擾墳地、胡亂畫咒……結果被冥界陰間修理過後，開始誇大其恐怖氛圍，造成大眾誤解，卻絕口不提自己之前是怎麼冒犯人家的。這點真的要為「阿飄」們說句公道話，不能老被污名化，「他們」其實很冤枉，也很倒楣。

這麼多年看下來，**「另一個世界」的朋友確實比我們陽間人類更有誠有信，不會誆騙你；若與你約定，不必訂什麼契約，絕對準時，也必然兌現。**光就這兩點，你想想看陽世間有多少人能做到？更甭說亡靈幫忙老天爺懲治歹徒，補足陽間司法或警政缺憾，例證多如牛毛，那真是講個幾天幾夜都說不完。

這年頭什麼四維八德，都快被丟到垃圾桶了；但冥界的「他們」，大多數依然擁有這種美德，看不慣奸人惡事，默默從旁協助值得幫忙的陽世間人們，只是大家看不到，所以始終被忽略，雖有遺憾，但相信「他們」不會放在心上，心胸是寬大的。

耳熟能詳的警世之語**「人在做，天在看」，依我愚見，應該再加個「好鬼也在看」**！因為**「好鬼」是會明辨善惡，熱心助人**，我就碰過太多次，感謝「他們」這麼看重我。

儘管我膽子不大，也常被驚嚇到魂飛魄散，不過有這些朋友，不敢說是福報，但起碼讓我這輩子完全不孤單……應該算是好事吧！

滿足微笑的老爺爺

當年工作緣故，我曾有一年多時間頻繁往返於台北與香港之間，來回超過三十趟，航空公司簡直可以頒金卡給我了。無奈哩程太短，累積半天也沒增加多少，賺不了幾張免費機票，加上這條台港航線當年又是「含金量」超高的「金雞母」，票價超貴，且屁股還沒坐熱、機上簡餐還沒塞滿幾口，航機就要下降高度，總覺得搭機比搭公車還趕，超不划算。

這天，我搭的是從香港回台北的晚間班機，都過了吃飯時間，竟然還用巨無霸機型載客，可見生意算不錯。只是當晚運氣不好，我這個愛看風景的飛機狂，竟然被劃到靠走道座位，就算外頭黑漆漆一片，什麼鬼都見不著，只要沒坐到靠窗座位，心裡就是不舒服、不痛快。

我的座位是 45H，中間 45J 座位空著，靠窗的 45K 有個鬢髮斑白、額頭皮膚老人斑一堆的老爺爺，比我還早坐定，只見他用夾克蓋住了身軀，閉目養神，看起來應該是在睡覺，臉上還帶著微笑呢。

我不敢吵到他，輕手輕腳地把自個兒包包抬上頭頂的行李置物櫃，然後快快坐好，繫緊安全帶，等待航機起飛。

熟睡不醒的老人家

不久之後，飛機轟隆轟隆地從啟德機場直奔夜空，高度改平後沒多久，空姐立刻把簡餐送上，到我這邊時，我想叫醒一旁老人家，看是否肚子餓想要進餐？但看他臉部表情始終不變，看來睡得很熟，因此想著還是別吵醒人家長輩比較好，況且他還面露微笑，應該正做著不錯的好夢。

這時也才發現，跟我坐在第四十五排另一側ABC座位的是三位某宗教團體、穿著我熟悉制服的人士，他們茹素，素食餐比我們其他旅客還早送上。我這人就是天生「好奇心會殺死一隻貓」的性格，從未看過飛機上的素食餐到底是怎樣「素」法，還拉長脖子想遠眺個仔細，結果和裡頭一位像是「少林寺高僧」的人物對上了眼，他神情肅穆地看著我，嚇我一跳，趕緊收回滿臉痞樣，正襟危坐，不敢再往那頭亂瞄。

我都還記得，這天機上經濟艙吃的是港式點心，三種餃類，加上幾塊甜食和水果，味道不錯，就是份量少了點，對我這種貪吃鬼而言，這款菜色當宵夜實在意猶未盡。我邊吃邊看著一旁的老爺爺，心想怕他睡過頭沒吃東西會餓，還是拍拍他肩膀叫醒他好了，只是見他依然酣睡不動。

此時，蓋在他身上的夾克滑落，這才讓我看到，他其實是抱著相框在睡覺，相框裡頭是另一個老太太的遺照，但似乎比這位老爺爺還老，應該是……母親吧？我猜。

眼看著老爺爺依舊沉睡沒醒，我只好輕輕地幫他把夾克蓋好，以免被機上直吹的冷氣給凍壞了身子。

空服員來收盤子，順便問要不要喝咖啡還是茶，我問空服員，可否留一份餐給老爺爺？

「老爺爺？」空服員張望四周，「請問是哪位旅客？」

我指著 **45K** 座位，「就是這位啊！」

空服員張大眼睛看了又看，眼神卻顯得一臉茫然。

此時，「繫上安全帶」燈號突然亮起，副機長也立刻廣播，通知航機即將通過一段非常不穩定的氣流，請各位旅客回座並繫好安全帶，於是這位空服員草草把餐盤收了，來不及回答我的問題，稍稍點頭致意後，便趕緊推著餐車離開。

果然，不到十幾二十秒鐘時間，航機彷彿進入遊樂園那種「搖滾樂」遊戲境界，先是抖抖抖，然後上下劇烈起伏，接著像酒駕把車開得歪七扭八，幾個旅客嚇得驚聲尖叫，全機的人如果有正在酣睡的，老早就被嚇醒了……

喔，不，有個例外，我旁邊這位老爺爺依然穩如泰山，閉目養神到「無我」境界了。我手上咖啡都已經「掀起白頭巨浪」，他還是面露微笑，一臉平靜容貌，實在讓我折服不已。

老爺爺不見了

不久後，航機恢復平穩狀態，但在航機準備要下降高度前的這段時間，一窩旅客吃喝已足，把握時間急著上廁所，機艙頓時顯得有些小混亂，機組人員也忙著檢視剛才亂流後機艙內有無異狀。我眼角餘光發現，坐我同一排那三位宗教團體人士頻頻朝我這邊張望，還不時指指點點。

我應該沒做什麼壞事吧？就看著三人像是在找尋什麼，只差沒站起來了。我覺得這種感覺不是很好，解開安全帶，正想直接「跨界」到機艙另一側問清楚前，坐我旁邊但隔著走道的商務客突然看著我，眼神還帶著曖昧。

「你剛才是不是想要『把妹』啊？」他滿口粵語腔調地笑著說：「唉喲！跟空服員搭訕，跟她講『我要多一份餐』是沒用的，你只會增加人家工作上的困擾，還會被笑貪吃鬼。我來教你啦，應該是……」

我馬上打斷他的話。「喔，不是搭訕，我剛才是真的說，要不要幫坐我旁邊的老爺爺留一份餐？他一直在睡覺，都沒有吃，我怕他餓著了。」我一講完，那個商務客伸長脖子，朝我這邊看了看，皺起眉頭，面露奇怪表情。

「有嗎？你旁邊兩個位子本來就沒有旅客呀！」他疑惑地看著我，我趕緊轉頭望向窗邊，這才發現，媽啊！……老—爺—爺—不—見—了！

這可讓我眼睛瞪得好大，我始終都沒離開座位耶！老爺爺就算要離開座位去上廁所什麼的，也要先「過我這關」吧？不敢相信老人家是「跳的」還是「遁的」，居然一眨眼就消失？這……

在此，我坦承，我嚇到差點要大叫，但還是趕緊把嘴巴摀住，腦筋一片空白，只大概記得那位商務客一臉的鄙夷與狐疑，心想大概遇到個神經病，為了「把妹」掰這麼爛的謊，還自圓其說、故弄玄虛。

然而，我心裡還是無法相信，這不可能啊！老爺爺怎麼不見了？我剛才明明還幫他把夾克蓋好在他身上，那種手的觸感是「實」的，不是「透」的，這……這未免也太奇怪了吧！

內心在一陣翻攪、慌亂及驚嚇後，我情緒逐漸平穩下來，算是夠鎮定，沒跳起來滿場激動跑跳，但冷汗已流了一身，真是超級「毛」的。我也不知道怎麼回事，反射動作就轉頭詢問後排旅客：「請問你們有看到坐在前面靠窗的老爺爺嗎？」

後排沒有人回答「看到」，而是「沒感覺靠窗位子有坐人啊！」

這下真讓我頭皮發麻，很想換位子到別的地方去，真怕待會兒老爺爺「又」回來了，豈不讓人嚇到腦中風昏倒？

直到飛機降落觸地前，我都不太敢往窗子方向看，等到空橋接上航機、一切妥當後，我才敢站起來拿頭頂行李櫃的行李，偷偷再瞄向靠窗座位，確認老爺爺沒再「顯像」，這才真正地鬆口氣，反正飛機上人多，不怕不怕。

不過，所有旅客都急著把行李拉在手邊，但就是有一只老派款式的行李箱，靜靜躺在頭上的行李櫃裡沒人認領，我可不敢熱心追問到底是誰的，還是趕緊下機逃之夭夭吧！

懷抱母親遺像往生

這架大飛機停得距離主航站老遠，旅客們必須走上一段長廊，才能進行入境通關程序。我本來想拚第一個往前衝去通關，好早一點搭車回台北，以免半夜還得搭計程車，無奈剛才嚇得差點屁滾尿流，只好先找廁所解放一番，舒緩內心恐懼。

剛走出廁所門，就碰到那三名宗教團體人士朝主航站前進，一見到我，就把我叫住。

「這位先生，你剛才在機上都看到了吧？」其中一位剛才與我眼神相對的人士，直接開了口，「我知道你能『看』到，所以直說比較快。這個老爺爺是個孝子，之前去了河南安陽，幫百歲老媽媽送行。六天前他搭了這架飛機回來，就是你看到的那個位子，他抱著母親的遺像，就安詳地坐在飛機上往生了，到下機時都沒人發現。」

他看我一臉疑惑，繼續說明，「為什麼我們會知道，就是六天前我們正好和他搭同一架飛機，而且就坐在他的前面幾排；飛機抵達後有瞄到老爺爺，當時大家都排隊急著要下機，只有他一人還抱著遺像坐著閉眼，狀似悠閒，也就沒多加注意。不過，等我們下機後不久，通關前先去上廁所，等出了廁所門，便看到有好像是醫護人員快步衝入空橋，急奔機艙，我們心裡除了驚訝，也大概有了個底。」

「你們怎麼會知道是同一架飛機？難不成飛機編號都背起來了？又怎麼知道老爺爺去了河南安陽？」我插嘴問。

「話說同一架飛機……」這位人士一臉正經，「我們當然不可能背飛機編號，只是之前搭的那班，飛機外殼塗滿特殊的文化圖騰，結果今天晚上又搭到相同圖騰的飛機。我還問過空服員，他們說公司機隊裡就只有這架飛機塗上這個圖騰，很特別，所以記得夠清楚。」

「喔，原來如此。」我點點頭。

「說來很玄，」他接著說，「那天不知為什麼哪來的動力，我又自動折返想回到飛機上看個究竟，不過你也知道，航空公司當然不可能讓我這麼做，可是隔著空橋，隔著航站大廈的玻璃，以及機艙窗子，這麼細小的空間，居然可以讓我『看』到機艙裡這位老爺爺，兩手環抱著母親遺像安詳坐著，同時在我耳邊響起聲音，一直說要跟我分享喜悅，因為他說他好高興，好高興，終於握住老母親的手，看著她含笑而終，沒有痛苦。你知道嗎？分隔兩岸為人子女的，就怕這輩子回不了大陸，沒能盡孝已經大不敬了，見不到母親，那簡直痛苦至極啊！能夠這樣圓滿，他這輩子已經沒有罣礙，這下再從河南安陽返回台灣，就沒有遺憾，非常滿足了！」

「換句話說，那個老爺爺當時在飛機上就往生了。」另一人補充解釋。

「原來，你們都能通靈啊！」我總算露出笑容，「剛才坐我旁邊、後面的旅客，大概以為我是從精神病院跑出來的。」

「喔，不不不，只有大師兄看得到，我們兩個可沒這功力。」三人當中還有一位也開口解釋，「不過，當下大師兄有告訴我們，他正在跟亡靈『溝通』。」

「那您那時怎麼沒當場幫忙指引亡靈，前往他該去的地方？」我疑惑地問這位「大師兄」。

他終於笑了出來。「拜託，我和你一樣，能通，可沒領旨辦事啊！」

我不曉得這位老爺爺在這架飛機的機艙裡「要坐多久的飛機」。不過，據那位「大師兄」說，據他感應，都六天了，應該不會太久，若是機緣到了，自然會有某個「機制」幫忙指引，讓亡靈自動前去該去之處，用不著為老爺爺擔心。而且在機艙裡，就算亡靈在那兒，對一般陽世間的人也無害，頂多就是個坐在45K座位的旅客，如果感應功力稍強者，只會覺得位子有些「擠」而已。

一說到「擠」，大家都笑開了。接著與這三位人士交換名片，原來他們竟然都是我過去服務過的宗教電視台其他部門「同事」，有著這層親切感，話當然就聊得更投緣起勁。

不准坐，去搭巴士！

不過入境審查、提領行李及過海關，耽誤我們不少時間，拖得也更晚了。在入境大廳，本來想搭國道客運，我突發奇想，提議四個人要不要招輛計程車、分攤費用回台北比較快？他們也爽快同意，只是排隊等到計程車，「運將」正準備打開後座讓我們放行李的那一瞬間，我們四人突然聽到非常大、幾近用擴音器發出怒吼的一聲：「不准坐！快離開！搭巴士去！」

這一聲，嚇得我們跳開計程車，四處張望到底是哪來的聲音，但始終找不到。問那位「運將」是否有聽見？他還一臉不爽地以為我們「中邪」，嘀咕啥都沒聽到，要搭不搭趕快決定，後頭還有人在排隊啦！

看來只有我們四人聽見，還是搭這輛吧。豈知才剛碰到後座車門的把手，四個人立刻被強烈的靜電「電」到痛不可當。「運將」見我們一臉痛苦樣子，還特別下車親自「示範」，好像咱們是鄉巴佬、第一回搭計程車似的。

「喏！你們瞧，根本沒什麼靜電，哪會電人？」他碰了好幾次把手，真的沒感覺。不過那位「大師兄」心裡感到不太對，決定不搭這輛，其他人也跟著卸下行李；本來想搭其他計程車，可是他的第六感直覺還是不對，怪怪的，不太對勁，建議大家今天別搭計程車，還是回頭搭客運巴士。

我的記憶很深刻，在我們撤下行李不搭計程車的當下，「運將」本來臉滿臭的，不料來了一位滿臉橫肉的大胖子，像砲彈似的直衝拚命擠上車，馬上讓「運將」轉成盈盈笑臉；不過這胖子行李特別多，又趕時間，看來「超重」不想多付錢，跟「運將」討論的聲音也變大了起來。至於後續如何我們可不管了，時候不早，還是趕搭客運巴士去比較實在。

唉！結果人算不如天算，回台北客運巴士每二十分鐘才來一班，閘口已經大排長龍，看來回到台北可能都要半夜了。

不過很奇怪，他們三人當中有一人覺得，可能搭計程車還是個首選，畢竟那時候大家為了省錢，搭計程車的旅客相對較少；要是我們四個分攤費用，其實比起搭客運巴士多不了幾個錢。只是他才剛跨出一步，想再回計程車候車區看看時，卻彷彿被人推了一把，重心不穩摔倒。

他尷尬地笑笑，爬了起來，再往前跨出幾步，又摔倒，而且摔得姿勢和方向也「不太自然」。那位「大師兄」眼神看出苗頭不對，趕緊上前攙扶他，告知「情況不對，別去了」，這才打消他的念頭。

「我感覺冥冥當中有人在提醒我們，還是乖乖地搭客運巴士。」這位「大師兄」抿著嘴，神情看來也有些疑惑，「不知是誰，就只是感覺怪怪的。」

我們排隊等搭往台北的客運巴士，幾近晚間十一點才排到。大家神情滿是疲憊，上了車後才知座位快要全滿，彼此一片靜默，也沒什麼力氣聊天了。就這樣，巴士緩緩駛離月台，逐漸擺脫機場區域，平穩地朝台北而行，乘客們也睡得亂七八糟，鼾聲此起彼落。

直到車內不知是誰突然發出驚叫聲，把所有乘客都吵「醒」。往窗外遠遠一看，大約是國道一號北上接近林口路段的山邊區域，有輛計程車已經被火燒得差不多了！警車、消防隊到場馳援，還有一輛救護車靠近中，濃煙已漸熄，只是交通大受影響。

我當時眼睛還真尖，立刻就發現竟然是那位「運將」的車！看到他滿臉無奈地站在路旁；至於他載的那位胖子，好像手臂燒到了，應該無大礙，但蹲坐在山邊猛用瓶裝礦泉水拚命澆手，看來可能還是受了點傷。

「大師兄」起身走過來到我身旁悄悄說，或許這就是「不明人士」提醒我們的原因吧？我猛點頭。至於是「誰」，他猜或許就是那位老爺爺在示警，不過無法證實，我則是有些驚魂未定，看著窗外情境有些傻眼。

由於這場國道燒車意外，我們一路塞回台北時已經是半夜一點多，在沒有捷運的時代，夜間公車又少，只能倚靠計程車返家。他們三人剛好有朋友可載，我不順路，又不喜歡麻煩人家，所以還是只能搭計程車回家。彼此道別之後，我望著客運巴士終點的台北車站前、排滿等候客人的「小黃」長龍，反而有些茫然，可能也是被嚇到累了。

或許你會問，該不會在選搭計程車的這當下，又遇到什麼靈異吧？

倒是沒有。只是我從搭上台北市區計程車開始，一直就覺得怪，不是暗暗的車裡旁邊坐著「誰」，而是兩度在停等紅綠燈時，我往窗外一看，旁邊有輛載客的計程車後座，竟然出現那位抱著遺照的老爺爺！

媽啊！簡直要嚇昏了！不過，其實也別太大驚小怪，「他」依然對著我慈祥微笑，同時拉了一下「他」身上穿的夾克。

本來我不懂意思（光驚嚇，就已經腦子一片空白），後來終於意會到，原來是在謝謝我剛才在飛機上幫忙把夾克蓋好在「他」身上，怕「他」感冒。

我勉強擠出微笑，點頭示意「聽懂了」，最後在「他」把右手舉起、對著我比出大拇指後，連人帶車慢慢消失在我眼前……

我這輩子絕對不會忘記那個畫面，更難理解在飛機上明明接觸到是真實的人，怎麼最後卻成了遊靈？

然而，我倒是有個感觸，是關於這位孝順的老爺爺。

年輕一輩應該不會知道當年兩岸開放探親的時代，對許許多多整天朝思暮想、殷切期盼回大陸探望父母與家人的外省族群而言，那意義有多麼重大。

在尚未開放的那個年代，我認識一位老士官長，他平常帶兵極其嚴厲，但一提到父母在大陸老了病了，他還卡在台灣無法回家鄉，心中便感到萬分悲哀與無奈，常讓他私下哭得像小孩子一樣，還頻頻掌嘴直呼自己「愧為人子！愧為人子！」，連旁邊連長、排長都為之動容，連忙阻止他不要再多想，更不要自我傷害。

後來等到開放探親、審核其身分終於可以回鄉時，已經拖了很長時間，成行前才得知父母等不到他回去，早已仙逝！之後抵達家鄉，他在墳前哭了整整半天，哀慟逾恆，最後哭到眼睛幾乎半盲，悵然回到台灣。在孝道日漸式微的現今，一般人多數可能無法真實體會那種痛到底多痛，甚至還可能笑他痴呆或老傻蛋。

至於在飛機上抱著母親遺像含笑而終的老爺爺，我能體會他為何會微笑——那是一種**身為人的最終使命，滿足無憾，更是人該有的美德情操，功德圓滿，福報滿溢。**

不曉得讀友們曾否唸過《論語．學而篇》裡曾子所言的「慎終追遠，民德歸厚矣」（意思是說「誠心辦好並哀思父母喪禮、恭敬祭祀祖先，百姓道德風貌即可日趨敦厚純樸」）？在當前這種時代、這種教育體制下，我們很難要求年輕一輩，必須具備過去我們所受到的禮教薰陶意識，更何況現在還有些歪理邪說，老早把孝道美德當成政治批鬥工具，竟也頗受某些「另類」孩子力挺，腦袋都燒壞歪一邊了，看在老一輩眼裡，又能如何？只能長嘆再三，靜默低調，先把自己顧好最重要。

回憶起老爺爺抱著母親遺像微笑而終的往事，如今在腦海中重現映出，更顯極其珍貴，也為這位長輩的幸運感到高興，畢竟許多有相同遭遇的人，無法像他能如此圓滿，最後只能抱憾而終，在人間徒增哀傷。

而當年在飛機上認識的這三位朋友，雖不常聯繫，但他們目前仍在電視媒體服務，也位居重要職務，祝福他們一切安好。

溫暖的小麵店人情味

西元一九九八年夏季，妻子的祖母意外往生，有段時間，我們經常跑殯儀館，協助岳父母處理老人家的身後事。記得是告別式與火化當天，大家在殯儀館某個廳正忙著布置靈堂時，我轉頭向外，看到有個梳著傳統「包包頭」的陌生老婆婆，正彎著腰站在廳堂門外，直往裡邊探頭瞧。

「請問……」我上前去，「請問婆婆您有什麼事需要幫忙嗎？」

那位老婆婆看著我，面容很慈祥，一開口就是濃濃的大陸山東鄉音。我看著她，覺得有些面熟，只是一時想不起來在哪看過，不陌生就是了。

「我要去懷永廳，但是醫生說我有白內障，我也看不太清楚，又跟我的兒子媳婦孫子走散了……還有，我的枴杖也不見了……你能幫我一個忙，帶我去找嗎？」

我看時間還早，裡頭也布置得差不多了，便回答她，「好啊！婆婆，先幫您找枴杖。」

話才剛講完，我往門邊一瞧，嘿！就有一副枴杖杵在那兒，我連忙過去把它拿過來，問老婆婆是不是她的。老婆婆摸摸枴杖，高興地笑了，直呼自己老糊塗，原來自己想找椅子，把枴杖擱在旁邊，所以過沒一會兒，又開始在那兒東找西找。

「唉喲！我還不是一樣，」我抓抓頭，「我也經常丟三落四的。」

「你不一樣，年輕人就是年輕人，機靈得很，比我這把老骨頭好多了。」老婆婆一拐一拐地走著，我牽扶著她，覺得她皺巴巴的粗手特別冰，這時候可是酷暑八月，毒辣烈日當空啊。

「老婆婆您會冷嗎？怎麼您的手這麼冰啊？」我不解地問。

「不會啊！我好得很！我每天煮麵、吃麵，身體健康得很。」她看著我，「年輕人，你知道懷永廳怎麼走嗎？」

「我不是很了解，但是我幫您看看。」我馬上找到整個殯儀館的位置圖，可是怎麼找，都沒有老婆婆口中的「懷永廳」。

「哪個『懷』哪個『永』，老婆婆您知道嗎？」我不好意思地問她。

「我啊，大字不識幾個，不太會寫……」她看著我，「但是我叫孫景妹（註：化名）。」

我笑了。哪有人找不到地方，就開始報上自己名字的？報上名來就能找到地方嗎？這老人家的邏輯很有趣。

「啊哈！我看到了！我看到了！」老婆婆興奮地往前走去，也用不著我扶了，「我看到我媳婦跟兒子了，年輕人，你不用送啦，謝謝你喔。」

「不客氣。」我傻傻地目送著老婆婆離開，不過才一眨眼的工夫，老婆婆居然不見了。這可有點奇怪，哪有行動不太方便的老人家，能夠這樣瞬間消失？

咦？還有，她剛才不是說自己有白內障、看不清楚嗎？遠遠就看到……？

我覺得不太對勁，於是再向前瞧瞧，喔，原來這個廳不叫「懷永廳」，是「懷遠廳」啦！老婆婆大概鄉音太重了，我聽不太懂。

不過，抬起頭來往上一瞧，這可把我嚇一跳！上頭寫著：

「孫景妹老太太告別式會場」

夠超猛吧！算我不曉得從哪借來的膽子，往廳內一瞧，裡頭有幾個人，大概是家屬也在準備吧，上頭的遺像，正是剛剛跟我問路的老婆婆，還對著我笑咧。我倒是不害怕，而且偷偷進去往幕簾後頭一掀，她的楞杖就放在棺材旁，這個超猛的！

我找到孫女士的兒子，把剛才的事情告訴他，他顯得很驚訝，高興，又覺得不好意思，原來自家媽媽居然找不到「自己的告別式會場」在哪裡，這實在有點小尷尬……

「可是，」我對孫女士的兒子說，「令堂的手好冰……」

「好冰？」大概是她的媳婦吧，上前來插話，「不久之前媽媽的遺體才從冰櫃裡領出來，還要化妝著衣什麼的，可能時間還不是特別長，手當然冰啦！」

這回，總算把所有疑問都解答了。我偷偷地再看一眼那位孫女士的遺像，居然還繼續對著我笑呢！我猜她一定是自遺體領出來後，太無聊了，所以靈魂跑出來到處逛逛，結果逛到迷路，才會讓我遇到這種不可思議的奇特經歷。

那幾天，我一有空閒，腦海中始終會閃出那位孫景妹老太太的慈祥臉龐，就是覺得很熟悉，卻想不起來在哪裡看過。

堅持原味的小麵店

幾週後，就在公車站牌旁，我竟然碰到老婆婆的兒子也在等公車，被我認出來，於是上前打招呼，雖說是第二回見面，卻彷彿一見如故。

他說他想了很久，也跟自家另一半討論過，決定在辦完母親喪事後，他今天就要去任職公司申辦提早退休，準備回家承接媽媽的事業。

什麼事業這麼重要？

他不好意思地回答：「就一家小麵店而已啦！我們年輕人都覺得這哪叫『事業』啊？但母親大人認為，這麵店雖小，卻是養活一家大小的重要支柱，很神聖的，有特別意義在。自從父親載著批發麵條不幸車禍往生後，我家就只剩母親獨撐大局。兩個妹妹嫁人多年，不方便再幫忙，怕婆家講話。我雖然學會長輩廚藝，就是不太喜歡待在悶熱的廚房，不想接手，根本沒興趣嘛！所以大學畢業後這麼多年，就一直待在建築師事務所上班，頂多休假時和妻子幫幫母親而已。要她找個助手，她又不肯，老是嘀咕著要兒子媳婦接下來……」

在他敘述當下，我莫名的想著，麵店麵店麵店……這麵店跟我有什麼關係呢？

「請教你家的麵店叫什麼名字？在什麼地方？」我問。

「沒有名字啦！不過就是一個家庭式規模的小麵館而已。」這位先生不好意思地笑笑，「就在某某路跟某某街交叉口的大樓旁邊。山東餃子跟麻醬麵是我們家麵店的招牌，但最多人點的竟然是大滷麵。」

「啊！我想起來了！」我大叫起來，「你們麵店門口擺滿盆栽，還有字畫掛著，對不對？」

「你怎麼知道？」他顯然很感興趣。

這麼一回憶，眾多過去的事就這樣串起來了。

原來，西元一九八〇至九〇年代，我還在外地當兵服兩年義務役期間，有個階段因任務指派，天天早飯還來不及吃就要趕搭交通車，迅速往來外地與我家所在城市之間執行公務，通常下車後又累又餓，既不能違反規定回家吃飯，附近又都是公家機關，沒啥吃的，就只有這家麵店而已，因此每天只好來這兒匆忙解決早餐。

我記得這裡的麵食簡直是人間美味啊！夏秋天氣熱，一碗麻醬麵就可以填飽肚子；冬季到初春天寒地凍，一碗大滷麵稀哩呼嚕解決一餐，倒也能過癮祛寒。

我記得店裡男主人是個老老的大光頭，挺個大肚腩，不管春夏秋冬，他的「制服」就是「吊嘎」白內衣、黑短褲，外頭罩著廚師圍裙，邊忙煮麵邊中氣十足地吆喝「綠豆稀飯一碗兒！」、「麻醬麵小低兩碗兒！」；女主人（就是孫景妹女士了）當時即將進入初老，專注端麵、收錢找錢，偶爾還會幫男主人煮麵調理，不忘順便嘮叨吐槽一番，「老糊塗啊！你火要開小啦……」、「豆干……那個蔥花咧？我要烏醋拌那個……」男主人從不頂嘴，乖乖配合。反正全店一個嗓門超大，一個發號施令，彼此默契十足，一早就超級熱鬧，非常有朝氣，更是我喜愛的外省風味。

「你跟你妹妹就這樣長期放著老人家打理一切？」我問。

「我們是從小放學放假都會幫忙，但後來，父母看著我們成長，一個個嫁人，或者像我，不想做吃的，硬要跑去做別的，他們總是滿肚子失落，不曉得該怎麼辦。唉喲！就跟他們講過，都超過法定退休年紀了，還在忙，在家讓兒子媳婦孝順有啥不好？他們就固執回應：『不行啦！這個店有特殊意義，一定要延續下去！』而且說著說著不忘唸我個幾句，『怎麼講不聽咧？兩個妹妹嫁人了，是人家那個親家的不方便開口，你就把這家店接下來，你們夫妻兩個就別去上那個什麼班，搞建案一天到晚熬夜加班，身體都快要搞垮了，還是煮麵比較單純啊！』」

講著講著，他眼眶紅了，「唉！我沒多理會，可是才剛講完沒幾個月，我父親載著麵條，騎著腳踏車，天曉得倒楣遇到車禍……唉！不提這個，不提這個。」

他擦擦眼淚，話鋒一轉，提到自家母親，這位當人家兒子的，內心仍然有著無盡懷念。

「剩下母親後，她還是堅持老主顧就愛咱們這一味，要是連她都垮了，收了，對不起想吃的熟客，所以這麵店說什麼都不能關。當然，我也被催得更急，成天對著我嘮叨『趕快接手』，比當年催我結婚討老婆還急，我還是沒答應。」他繼續說，「但……有時我放假到店裡幫忙，看她背駝得厲害，不斷撫著腰喊痛，還有端麵時手在抖，算錢算到六碗麵、三碟滷菜要跟人家拿兩千，腦袋都糊塗了，真怕她失智……啊！還有她白內障越來越嚴重，有時一跟我抱怨什麼湯色看不清楚時，或者老主顧偷偷抱怨『味道有變』，我就有著說不出的痛！可是，畢竟建築是自己的最愛，公司年輕一輩還不成氣候，有待磨練，若要離開公司回家接手麵店，還真的好難說出口，很兩難！」

再追問才知，這位堅持原味使命的孫女士，是在某天煮麵煮到一半時突然昏倒，麵撒了一地，還是店裡老客人放下碗筷，急著幫忙抬人送醫，順便通知兒子趕快回來，才曉得媽媽已經腦溢血，無奈與病魔纏鬥沒多久，還是撒手人寰，跟著父親大人到天國煮麵去了。

進而再回憶起更多時，腦海裡一幕幕的畫面，反而是我眼眶紅了。

「我記得你爸那時看我瘦巴巴的，直嚷嚷說吃什麼小碗麻醬麵啊？革命軍人吃這樣『一咪咪的』，沒力氣是要怎麼打仗？打個屁啊！所以，都會主動在我碗裡加滷蛋、海帶、豆干，看似嚴肅固執，其實帶著慈祥，嘿嘿衝著我咧嘴笑，抓抓頭還臉紅，但堅持不多收錢，直嚷嚷革命軍人哪來什麼鳥錢，我這碗超貴，天文數字你付不起，就免啦免啦，完全展現外省人的豪氣。你媽也是，我叫麻醬麵小碗的都給大碗，只收小碗的錢，還經常附上一碗牛肉湯！」我難過地說，「我還曾經跟你爸媽說，多謝照顧，我很抱歉，我對烹飪一竅不通，但要我幫忙洗碗、切菜、擦桌椅，我都願意。你媽還跟我說，像我這種型的，真是個好孩子，心意到就好，可惜家裡兩個女兒年紀都比我大太多，要不然當女婿倒挺合適的。」

說完，兩人大笑，這時公車也來了。

老婆婆的招待

在此之後，孫女士的兒子到底有沒有接手麵店，我完全毫無關注，因為好長一段時間，幾乎沒有經過麵店的那條路，加上事多人忙，久而久之也就忘了。

多年過去，直到寫下這篇——其實也沒有特別在意要寫這篇，只是一時之間腦海浮現出孫景妹老太太的臉龐，而且連續好幾天都會想起這位長者。

想著想著，猛然想起該去看看這家店還在不在？於是擱下電腦還未完成的文稿，先趕緊瞧瞧去，沒想到竟又碰到一件不可思議的事。

我到的時間正好是中餐尖峰時段快結束時。這條路好久沒來，雖多了幾家小吃店，但這家麵店依然存在，照舊沒有招牌、沒有名字，門外倒是排了長長隊伍，驚訝之餘，其實滿為他們高興的。

孫女士的兒子正在端麵上桌，轉頭一看到在外頭的我，立刻認了出來，兩眼瞪得好大，急著要騰出位子給我，我連忙要他別招呼我，忙生意要緊，於是他想想，用力點點頭，微笑擦汗，又回廚房裡頭忙碌。

環顧四周，除了他，還有他太太同樣也忙得不可開交，但親切地跟我打聲招呼，一直要我進門坐坐。我問店內另外三個在幫忙的年輕帥哥是誰？得到的回應是：「自家孩子啦！」我一聽就欣慰，顯然孫女士的生前心願，她的兒子還是接了下來，連孫子也跳下來協助。不曉得這外省家鄉味能否持續傳承？我從旁觀察，倒是挺樂觀的。

我還是先婉拒打擾，沒多作停留，先到附近逛了一會兒，個把鐘頭後再回來。此時店內已無顧客，孫女士的兒子正在為晚間時段預先備料，抬頭看到我折返，高興地請我入內坐定，沒先理我，卻不一會兒從廚房端出大碗麻醬麵和牛肉湯，外加一大盤小菜，我驚訝都還沒開口，怎麼曉得我要點這些？

他們夫妻倆坐下衝著我笑，直說不久前，作兒子的突然夢到母親大人前來，拉開門簾，扯開大嗓門要他們準備好家常小點，因為她「邀了貴客」上門，記得麻醬麵、牛肉湯要大碗，滷菜要大盤，還說到：「此人年紀比你們小，卻是個老顧客，也曾經在老媽告別式上幫忙帶過路，別怠慢了！還有，人家是貴客，不可以算錢。」

我一聽，嘴裡滿口濃郁香醇的牛肉湯差點噴出來。搞了半天，我為什麼會來這家店，原來都是孫女士事先安排的呀！

他們告訴我，他們也沒忘記我，可是人海茫茫，而且好幾年過去，「你搞不好都早已忘記，會不會來還是個問題……沒想到還真的來了！」這也太神了吧？

久別後再回這家店，口中滋味依舊，按照現代人的流行語彙，就是「原汁原味」，能夠傳承下來，心中當然感動無限。我很高興孫女士把我當貴客看，也堅信**有許多巧合緣分，都是一步步慢慢被設定、布局、呈現**，只是不算錢，這實在說不過去。

彼此間一番拉拉扯扯，最後他們沒收我的錢，但非常贊成我把麵錢菜錢放進寄存店內的慈善捐款箱，等於也幫他們做了善事，這倒是皆大歡喜。

最後，兩位親切的店主人告訴我，他們全家因有特殊考量，很早就有移民計畫，也進行了好一段時間了，應該會在不久之後打包收店，前往加拿大，至於「多久」，還沒定數。

我問孫女士的願望怎麼辦？還會繼續下去嗎？他們說，或許要對台灣本地的顧客們說聲抱歉，然而飄洋過海，如果能把好味道帶到地球另外一端，讓更多人品嚐，也不是件壞事啊！

我理解，也相信孫女士應該不會反對，只是在地熟悉此味的老饕們恐怕會很失落，但應該會默默地為他們加油打氣才對。

這篇故事能夠寫在書裡嗎？我問過孫女士，只是沒感應到她反對，我想應該沒關係吧。

年紀漸長，我越來越能深刻體會，其實人生一幕幕走過，碰到眾多尋常熟悉、或乍看沒有多大意義的家常事，等到後頭發生另一件事時，卻又與之前所遇過的熟悉情境有了連結，而令人驚訝的是，彼此還有相關呢！就跟臉書一樣，它常常跳出一些「你可能認識的人」鼓勵你連結，串起意想不到的人事物，人間也許因此而多出更多酸甜苦辣、悲歡離合的故事，來豐富我們視野，或作為警惕戒慎。

一碗麵，一盤招待的小菜，在殯儀館攙扶老婆婆……不同時間點的零碎生活記憶，就是日常，無啥特殊。當這些零碎片段拼湊在一起，宛如拼圖整合，再次俯瞰，才看出如此輪廓，原來是老天運籌帷幄已久的局！

它不是多偉大的故事，也毫不稀奇，只是在生活中，多出些許人情趣味，還有小小神奇，淡淡情誼，為人生旅途增添風味，品嚐起來的滋味絕對是美好、永恆的。不過，唯有你對生活認真觀察，細心體會，方能擁有這一切無價感受。

要告知各位的是，這家店現已關閉，全家人移居至加拿大西岸溫哥華。是否在異地重啟爐灶，暫無消息，但我仍深深祝福他們，並期盼當地華人也好，其他族裔人士也罷，都能有機會，盡情享受來自台灣的傳統家鄉味麵點料理。

依我猜測，相信孫女士還是會不斷嘮叨，要求後代子孫別讓灶子冷了，務必持續把這種好味道傳承下去。

冤靈附身案

數十年不見的老友從美國返台，才剛入境，就急著帶他的妻子和我一起吃頓飯敘舊，多年來的見聞哇啦哇啦說個不停，意外成為這樁冤靈附身案的開端序曲。

我們約在台北某家超級高檔餐廳碰面，他事前就堅持要挑這家老店，言明不讓我付帳，他要作東，沒得商量。既然這麼固執，搶著買單又不太好看，我也就不必跟他爭了。當然，看到老友情緒激動自不在話下，彼此拍肩、大大擁抱不說，總要聊個痛快才行。

只是我看到他的妻子似乎眼神不太集中，就是精神有些渙散、怪異，不太愛理人，不禁讓我有些好奇。

「唉！沒事沒事，她就是這樣，」老友一臉無所謂狀，「她呀，只要搭個長程班機，一晚上沒睡好，到新的地方又沒辦法一下子適應時差，喏，就是這樣，沒精沒神，跟吸毒的沒兩樣，幾天以後就好了。」

做太太的被「虧」萬分不爽。反正我們都是老朋友，他們夫妻吵架對罵都沒在遮攔的，就看她立刻反擊：「我很早就跟你說，不要搭半夜起飛還要轉機的班次，這樣我一上飛機又很難睡，跟早上飛的班機費用又差不了多少，幹嘛要省那麼一點點錢！」

看他們夫妻倆鬥嘴很有趣，不過當我仔細觀察後，覺得有不太尋常的磁場「靈動」出現，同時還聞到類似臭水溝的味道，非常濃烈，極其腥臭，還帶有一點腐爛的水草味。

這裡可是台北的高級餐廳耶，哪裡來臭水溝味道？假如是真的，可就太扯了。我張望四周，順便請服務人員過來，告訴對方我聞到非常難聞的氣味，請他們確認一下從哪飄來，若有，至少該趕快處理。

只是我提出如此無厘頭要求，挺像「奧客」在找碴，還好餐廳方面倒也認真看待，從三個服務人員到領班，每個人都過來嗅個半天（對不起，那樣子挺像米格魯狗狗，我一直忍住不敢笑），卻告知根本沒有聞到。老友夫婦也說，是不是我嗅覺出問題啦？反正年紀大了，什麼好味都有可能變成怪味。

「不對不對，」我堅持，「我確實一直都有聞到臭水溝氣味，真的不舒服！」

餐廳人員貼心地幫我們換到包廂，但不換還好，換到一個相對密閉的空間，空氣流通變得單純，也讓這臭水溝味道更濃郁了！而且，我覺得自己開始有些頭暈不適，很勉強地撐過這寶貴的相見時光。

殘缺老人的回家心願

回家後，馬上天旋地轉，立即抱廁低頭狂吐，一抬起頭，居然看到有個衣衫襤褸、渾身被不知名生物啃蝕的「殘缺老人」，浮現在我的面前！

媽啊！嚇了我一大跳！再定神一瞧，居然是個禿頭的「阿凸仔」（外國人）老先生……家裡怎麼會來個外國老人？我不懂。當我心神稍微安定後，就看著這老人家緩緩地說出經過，我也慢慢地試著理解這是怎麼回事。

你不用管他講的是英語還是法語、西班牙語，反正透過靈界溝通，那種「心領神會」的互動模式，我很快知道他的意思，毋須翻譯。

「兩個月前，那個女人在〇〇湖划船，船槳勾到了我，差點把我勾起來，但下一刻，她以為勾到樹枝什麼的，划起來不順，竟然搖搖船槳，在水裡敲了幾下，我想，她是要擺脫障礙物，卻竟然從我的禿頭頂上拍打個正著。於是，啊，我又繼續沉了下去……」老人說。

「你說『那個女人』，到底是『哪個女人』啊？」我聽得一頭霧水。

「就是那個女人啊！」老人家似乎對我的資質駑鈍、領悟能力極差很不高興，不過我立即聯想到是老友的妻子，於是第一時間趕緊撥個電話問問。

老友說，不是兩個月前，他們是兩個半月前確實有到〇〇湖度假，他沒划船，因為在忙著升營火，他太太和鄰居太太兩人划著船在湖上繞，記憶中好像沒划多久吧，就要上岸張羅晚飯。他納悶問我怎麼回事？我沒多說，只說抱歉打擾了，趕緊掛上，然後繼續和這個老人家「溝通」。

「你為什麼會在那湖裡？」我不解地問。

老人家臉色顯得凝重悲戚，已經成洞的眼睛（因為被侵蝕了）竟然還流出眼淚。這是我看過這麼多恐怖靈體裡，唯一一回不覺得害怕，只是莫名地跟著傷悲起來。

「我就住在那個湖的對岸，」老人家緩緩地說，「幾個月前，我划著船釣魚，想釣個幾條湖鱒好回家弄吃的……沒想到年紀大了，釣著釣著就睡著了，後來乾脆睡在小船上。等到醒來，才曉得自己是被突來的大雨『潑醒』，而且是狂風驟雨！眼看著我的船就漂在湖中央，根本還來不及划到岸邊，就被這種莫名其妙的風雨打翻落入水裡。我雖然會游泳，但之前感冒才剛痊癒，元氣大傷，所以體力很快不繼，肺部又嗆入了水，在這區住了這麼多年，沒想到最後竟然就死在此地的湖裡！

「我啊，我今年六十九歲，太太四、五年前罹患癌症，早就比我先走一步。小孩都大了，一年通不到一次電話，只剩下住在半哩外的獵人鄰居，每個禮拜會撥個時間來找我聊聊天。我知道，他發現我失蹤時有報警，警察也發現我的小船停靠在湖的溪畔……可惡啊！那些警察個個腦滿腸肥，平常吃飽不做事，腰間插個槍，開車到處晃，隨便觀察、打撈個幾天，什麼鬼也沒撈到，就說找不到了。」

「您怎能怪警察呢？湖這麼大，打撈不到很正常啊！」我說。

「你懂個什麼X！」老人家固執得很，「我的肉身有浮上來給他們看，這些警察根本就是敷衍了事，怕看到我腫脹的遺體，怕撈到了還要怎樣怎樣處理很麻煩，每個人明明都有看到，還撇過頭去視而不見。真是！那個地方就是平日治安太好，他們幾乎閒到沒事幹，養得一個比一個胖，像一群蠢豬！廢物！」

我突然大笑起來，但看到老人家情緒本來就不悅，趕緊收斂起來。

好啦！終於了解了。這老人家溺死在湖裡，正巧老友的妻子划船時，船槳不慎勾到他的遺體，但她顯然不知道，以為是卡到什麼樹枝之類的，於是將船槳移動、拍打幾下，終於把沒看到的遺體甩開，卻意外使得老先生的靈附著到她身上，還一路跟到台灣來，難怪我聞到類似臭水溝的氣味。

這遊靈未免也太勤快了些，追了大半個地球還不放過，這厲害了。

「我不要她怎麼樣擺平我啦！我只要回家，帶我回到湖邊的家就好。」老先生直白說完，立刻消失無蹤，我真的不曉得他往哪兒去，或許又去附著在老友妻子身上「站崗」。

到宮廟去「接福」

聽完陳述，我再次撥電話請老友夫婦一起聽，並且詢問她，從湖濱度假後這兩個月來，是否覺得有不尋常或奇特之處？

「是沒有啦！」她透過電話回答，「但就是很累很累，以前沒這樣耶，度假後，現在每天起床就開始覺得累，好想睡。然後每次睡覺，都會夢到自己在水裡游泳，而且水裡很濁。」

會感覺到累，又夢到在水裡游泳，這種徵兆應該就沒錯了。

此時，她又補充一句：「我每天在腦海中，都會浮現有個老人家在看我，但我不認識……」

「禿頭、白髮、穿灰色吊帶褲，還戴著棕色大草帽，對吧？」我回應。

「咦？你怎麼會知道？」電話那頭傳來驚訝聲。

按照經驗，最好別一五一十全盤托出，以免嚇歪人家。只好撒個謊、胡說八道，指稱：「這老人家託我帶個口信，說是來賜福給妳的，如果妳相信的話，要不要去ＸＸ宮廟『接福』？如果妳信仰的是其他宗教，我也有其他管道……」

唉！我真是在唬爛啊！不過，老友全家從台灣移往海外，始終都是信奉佛道教，再加上他太太很相信我的話，認為既然是「接福」，豈有不「接」的道理？於是數日後又約了他們前往特定廟宇處理，為此他倆還變更原訂行程，因為對這方面什麼都不懂，既好奇又很感興趣。

事前，我請另一位熟識的通靈者請示神明同意後，先代為查詢適合宮廟（我沒有資格直接洽詢，且因特殊顧慮，恕不告知是哪座宮廟，敬請見諒），並與廟方執事人員溝通並打過招呼，對老友夫婦最好隻字不提亡靈附身的事。

因此，名為「接福」、實為「解厄」的過程中，廟方人員只淡淡對老友的妻子說，「接福」過程有些冗長，請稍微忍耐，還有夫妻兩人別東問西問，以免對神明不敬，她也很單純地相信，我這老友更是嚴肅看待，恭敬接受，只能說「超好騙」。

經過一番處理，包括那個老人家的亡靈，透過另一個界域神明「交接」（因為各人的主神明不見得相同，甚至要跨東西兩界），引導他前往該去的地方（我無法確認是天堂或地獄），很順利地完成了。

他的妻子從雙手合十長跪到起立後，竟然沒有腿麻腰痠、頭暈目眩的疲憊感，反而告訴我，她覺得似乎少了什麼沉重負擔，很神奇耶！

我沒多說什麼，倒是執事人員私下告訴我，還好發現得快，有及早處理，如果時間再拖久一些，靈體附得更深，就可能變成「卡」，到時要想請走就不太容易了，這對被附身的當事人身心靈必將逐漸產生負面作用，處理起來也就更麻煩。

「他們夫妻倆住在美國很多年了，」我突然提問，「不過，話說回來，老外信這套嗎？」

「什麼國家、什麼族群、什麼樣的人都一樣啦！你不曉得現在『萬教歸一』了嗎？」執事人員笑笑地說，「去年我們還幫了個歐洲來的商人處理呢！那個人喔，也要怪他自己，他在某個東南亞國家中了『桃色符』，就是……就是到那個聲色場所裡、跟異性『春風好幾度』時，被人家女孩子放蠱和下降頭。他來到台灣，先是被摩托車撞，接下來什麼倒楣事都發生，弄得慘兮兮的，好好的一個人變得恍惚失神。他在台的朋友跟合作公司感覺不對勁，趕緊把他帶來我們這裡，花了一番工夫才把『那些』請走，否則他就會一天到晚，滿腦子只想著返回那個國家的那家聲色夜店嫖妓，什麼商務大事都甭想做了。」

老友夫婦聽不懂我和執事人員用閩南語的對話，只是感到好奇，我也不方便再多說，這件事就此打住。

那位溺死的外國老人家到底去了哪裡？執事人員沒多說，僅告知已經請走，不關我們的事，也別多問。我倒是很惋惜老友的妻子運氣不佳，莫名其妙被這種冤魂冤靈給纏上。然而執事人員認為，這或許正是老天爺的意思，請他們飛到台灣探親訪友時，第一站就來找我，又在那頓聚餐讓我聞到那股臭味，才開啟這趟「驅靈行程」。

短短兩週行程，老友夫婦返美前，再次和我聚餐。這回換我作東，吃的雖是家常小館菜色，誠意不變，最在意的臭水溝味道也完全聞不到了。直至他們上飛機前，都不曉得發生了什麼事，不過，相信紙包不住火，隨著這本書出版，他們應該很快就會曉得整件事情的始末。

誠心希望他們諒解我隱瞞實情，畢竟難得回家鄉一趟，要是才剛到台北就被嚇個半死，接下來的行程，心境上恐怕多少會受到影響。

我不確定這樣做對不對，起碼這趟他們夫婦的返鄉之旅，從頭到尾過得充實又愉快，既然如此，我這樣做應該是對的。如果真要責怪我，還是等返回美國之後再放馬過來吧！如果為此又專程來台灣K我，我很樂意，不過我可請不起高級餐廳，帶他們去吃夜市好料吧，就這麼辦。

再次提醒，這年頭由於大氣環境磁場紊亂，加上魔域肆虐，靈界苦思對策，正全力防堵。像這種被附身、卡陰問題，說真的，無形並沒有針對特定對象，只要情況對上了，任何人都有可能「被附」或「被卡」的機率，而像我們這種通靈人，被鎖定的機率又更高些（畢竟我們能「通」或「略通」），所以我出門在外，盡量不前往一些比較陰或偏僻場合，以保護自身。

另外，必有讀友聯想並詢問到國外旅遊時，除了該帶的證件、信用卡、手機、行李，萬一遇到「阿飄」這種無形來亂，該怎麼注意及預防？

老實告訴你，沒辦法百分之百躲得過，會不會碰到要看「緣分」。只要遇過一回，保證終身難忘，甚至後遺症一堆、倒楣一輩子！雖然沒辦法絕對沒事，但以下幾個面向，你總要有概念，而且不用我多說，你也早該知道：

一、**在國外，首先不要犯人家文化、宗教、傳統忌諱。**若不知道，起碼先看書或問人，千萬別只顧著玩樂，心情一放鬆便沖昏了頭，該做的功課不先做，當心樂極生悲。

二、**若身在國外廢墟、戰場、歷史場域、較陰暗環境、墳場、醫院等地點，建議避免往暗處走或獨自落單。**當然，這些地方最好少去為宜。前往國外寺廟、寺院、教堂、神殿，如果你對所供奉神明不很了解，或無特殊信仰目的，建議默默走過即可，切勿逢廟就拜。我見過信仰虔誠的阿嬤，去一趟鄰近國家旅遊，便「帶回」一堆奇怪「當地名產」，宛如貼紙附在身上

「攬牢牢」，追問之下才知拜到陰廟，而且個性還挺強悍剛烈，不肯離開。阿嬤當下沒什麼改變，幾個月後突然從慈祥可親轉為暴躁無理，家人以為年老失智，又不接受我提出的顧慮考量，仍堅持科學至上，最後老人家變了個樣子，連醫師都無法判斷原因，我也無可奈何。

三、**前往山林溪河、險峻地形或海邊活動，務請聽從專業人士的安全指示，為了自己也為他人，盡量不要莽撞冒險，也不要恣意而為，結伴而行為宜。**畢竟在國外，就算有保險，意外所衍生的醫療費仍是貴到嚇人，不見得夠付，如果還要包機把人專程接送回來，那簡直是天文數字了。

四、**不要大聲喧嘩吵鬧、到處亂講話評頭論足。**大嗓門的朋友要注意，你覺得大聲嚷嚷或大開音響，既熱鬧又炒熱氣氛，或者對人家古蹟文化大肆批評，多數地方的神明及「阿飄」可不買帳喔，況且這也會擾動在地磁場平衡。同理，破壞環境，如亂丟垃圾、製造髒亂、塗鴉為樂、吐痰便溺等，也會引發後續負面效應。可惜許多朋友不以為然，認為「野外撒個尿、丟張衛生紙也有事？到底是誰有事？」唉！千萬別以人類觀點衡量另一個世界標準，否則最有事的絕對是你。

五、**進旅館房間，什麼先敲門啦，敬語鞠躬「對不起打擾了」，或者放一堆避邪用品、佛珠符咒、把衣櫃衣架錯置等，**依本人住過全球數百家飯店、旅館、民宿、別人家等等經驗，**萬一房內真有這些「朋友」進駐，通常照樣「熱鬧」，效果有限，**但一般人因磁場多半對不上，毫無干擾，反而幸運。我唯一曾用剝皮蒜頭把「阿飄」氣跑，到退房時都沒回來，意外發現還挺管用的。如果要給個建議，你**進房只要發現不對勁、不舒服、氣味怪怪的，不要遲疑，就主動提出換房吧！**如果客滿無法換房，有人說把房內電燈打亮，「阿飄」怕光就不會出現。是嗎？那只會讓你看得更「清楚」吧！別疑神疑鬼了，旅途很累，還是關燈呼呼大睡去。記住：話說這年頭「心誠則靈」，也會「心誠則寧」。

我一直推崇**蒜頭是最簡單的驅魔好物**，然而到國外，不見得方便去購買這類食材，因此，以盡量能避則避為原則，對自己有信心，就是好方法，還不用花錢。

從這篇例子可以看出，鬼可沒在分什麼人種、顏色、立場、族群、地區、宗教、文化的，還能追過大半個地球緊隨。不過，現在是「萬教歸一」時代，不同信仰者遇到邪魔侵擾時，其他宗教或有辦法提出解方，是否放諸四海皆準，這我不敢打包票，但起碼開了眼界是真的。

正直男變老色狼——色靈附身奇案

堯哥（化名）是我們幾個哥兒們裡年紀最老的，所以也被戲稱「大當家的」。

他文質彬彬，待人謙和，長相斯文，英俊挺拔，年輕時擔任飛官，不曉得迷倒多少漂亮女孩，人緣超好，但他始終專情於一人，那就是後來成為伴侶的大嫂，而且對其他條件同樣超好的女子，他也堅持保持一定的紳士界線，從不踰矩，行事嚴謹，自我要求又高，所以贏得眾人肯定。

無奈貌美賢慧的大嫂無福相伴堯哥到白頭，還不到五十歲就因病含笑而終，留下三個孩子，以及整天淚流滿面、心情鬱悶的另一半，但那已經是好久以前的事了。

有沒有想過續弦？堯哥堅決搖頭，覺得這輩子曾有賢德妻子相伴，已是此生最大福報，應已知足，不希望再談戀情。況且三個孩子都很優秀成器，學業事業順利，不需他操心，雖然全部旅居海外，卻極有孝心，每天都會用視訊彼此互報平安。

儘管孩子們都希望將他接往海外長住，但他連稱住不習慣，只想晚年一個人安靜獨居就好，不想再麻煩年輕一輩，頂多時候到了，請他們把後事料理好，加上還有我們幾個兄弟好友相伴協助，也就夠了。

大嫂離世後的那幾年，我們每年過節都會到他家聚聚，讓他感受點熱鬧。本來欽佩堯哥那種一路走來、始終如一的堅貞專情和節操，但約莫過了幾年，大家聚在一起時，就開始覺得他不太對勁、怪怪的——那種「怪」包括行為舉止、言談內容，大抵脫離不了對女性肉體的極度喜好，甚至口頭禪多出一些對描述女人性器官的不雅字眼。我們幾個兄弟起初以為，堯哥喪偶數年，男人再老，只要身強體健，總會有些生理需求嘛，就算他原始個性又這麼「ㄍㄧㄥ」（堅持），固執到不行，也很難抵擋本性上的基本欲望吧？就當他「心癢難耐」好了。

可是，隨著他行為舉止逐漸異常，講話三句不離「性」，以及常有不雅舉動、粗鄙到極點的色情笑話，在在讓我們笑不出來，反而有些擔憂。不過，看著他神色自如，口若懸河，又好像很正常，一點事都沒有，實在不知道該怎麼點他或勸他，只好持續觀察下去。

無法控制衝動的老色狼

直到有天，咱們其中某位兄長突然打電話給我，說堯哥闖了大禍，有事苦惱不已，要我幫幫忙，想想該怎麼辦？一問之下，才知道是「性騷擾」，這可讓我有些錯愕。

原來，堯哥前陣子南下參加軍中同袍喪禮，在鐵路對號列車上，恰巧鄰座坐的妙齡女子是自己村長最小的女兒，彼此都熟識，當然一聊就聊開了。

據堯哥說，他真的不知怎麼搞的，聊著聊著，身體無法控制地主動拉下自己的褲頭，開始做出不雅舉動，又不斷想碰觸和亂摸人家女孩子大腿、胸部，讓對方在極力閃躲與狂受驚嚇之餘，不停大聲尖叫。雖然車廂內乘客稀少，堯哥也沒碰觸到對方敏感部位，仍然引來數人側目。他也突然警醒，倉皇狼狽地在下一個停靠站趕緊下車，心想這回麻煩可捅大了，卻又不知怎會一時衝動，捅出這種荒唐事？他坐在月台椅子上沮喪抱頭，相當懊悔，還不停地甩自己巴掌。

兩天後，他帶著愧疚回到家，得知村長已經怒氣沖沖來過好幾回，說要來找他算帳，他個性毫不逃避，馬上鼓起勇氣前往致歉與請罪。經過一番溝通，對方看在他過去以來老實正派，如今卻突然行為脫序，可能一時糊塗，幾番考量，也念及他年事漸高，算是很勉強地原諒，村長的小女兒的情緒也逐漸平靜，就不予追究了。

然而，這事宛如紙包不住火般，很快就在村裡像炸了鍋似地傳開！原本對他尊敬、親切有禮的街坊鄉親，開始用異樣眼光打量他，甚至有些鄰居叫自家妻女提防著點，當心這「老色狼」哪天又出沒，出了事可不妙。他彷彿成了這村上的頭號罪人，沒人敢靠近他，大家都對他冷漠閃避，被羞辱到簡直難以承受。然而，禍是自己闖的，不能怨人，每天買菜也只能戴上口罩和太陽眼鏡，一早騎著腳踏車跑到隔壁鎮上採買，再快速返回，躲在家裡哪兒都不敢去。

他沒被判死刑，卻是生不如死啊！

由於過去也見過一些長輩，因為車禍傷及頭部，或者腦內突發病變，從一個正常人變成猥褻猙獰性格，所以我起初想到的，就是他會不會是生病了？

和我聯繫的這位兄長和堯哥住得近，他聽了我的看法，搖搖頭，說兩人不久前才剛結伴從頭到腳做完全身健檢，一切都安好，沒有毛病，而且報告一出來，兩人年紀都快七字頭、看似一把老骨頭體格，機能卻好到連三十幾歲小伙子都嫉妒呢。

如果是這樣，那麼問題到底出在哪兒呢？兄長問我怎麼辦，我一時之間也無法回答，只能很尷尬地回應「再觀察看看」。

臉上的另一張臉

沒過多久又逢過年，我們大夥人照例到堯哥家打屁閒聊。我看著他的臉，總覺得像「變了一個人」，只是其他兄弟不認為，或者沒看出來，頂多感覺「他不過就是累了點、老一點、稍微憔悴而已」，可是，等我用較長時間再仔細端詳，發現他的臉上竟然有「另一張臉」在瞪我！

恐怖吧，竟然出現另一張臉，而且像是浮現、重疊在堯哥臉上。

不過，那張陌生的臉卻是血肉模糊，好像被撞到扭曲變形的那款怪樣。

我認為極有問題，但沒把握他是否遭不乾淨的亡靈附身，連忙詢問堯哥，最近可曾遇到車禍啦，或者目睹什麼災難，甚至是到過奇奇怪怪、不太乾淨的地方？

堯哥搖搖頭，說他幾個月前，因為莫名其妙對村長家小女兒不禮貌，心情超悶，哪兒都不想去，只想關在家裡靜靜反省。不過，他也不怕咱們笑，坦承雖然當個「老宅男」，潛意識卻真的屢想找個女人春風幾番，又不曉得上哪兒找。可怕的是，他過去從未如此「變態」，這到底怎麼回事？有毛病嗎？好，就當自己有病吧！

他想起昔日幾個同袍和朋友死了，留下寡婦嫂子，自己竟然控制不住欲望衝動，發神經病鼓起勇氣聯繫，問候之餘試探能否「約砲」？才試過一回，打電話關心幾句後，直接了當講明來意，馬上被人家痛罵一頓，直指怎麼年輕時一本正經、受人尊敬，到老了卻變成如此粗俗不堪？對方更言明錯看他這號人物，此後老死不相往來！

他緩緩放下電話，此時彷彿突然被人重重打醒，萬分難過，始終無法理解自己怎會變成這副猥瑣樣子？身上似乎綁了一個奇怪的人，令他根本無法控制。

其他兄弟眉頭深鎖，納悶他明明就是個正直男人，不出幾年，搞到現在變成人人口中的過街老鼠，都快認不出堯哥本性，任誰都不會相信——因為他一下子正常，一下子又露骨表現出對侵犯異性的渴望。

而我呢，幾乎可以確認，他應該是「卡」到什麼不乾淨的物質，只是這樣講會不會對他太不敬，甚至嚇著他？畢竟他是我們這群哥們裡最德高望重的兄長，儘管咱們大家混在一塊兒百無禁忌，打打鬧鬧毫不忌諱，不過我很重視這種倫理關係，就算其他人根本不在意，但我說話前總會先三思，更何況是這種敏感事，顧慮考量自然比較多。

趁著他進房短暫睡個午覺，幾個兄弟待在客廳討論，各有不同意見，都在為堯哥擔心不已。經過我耐心解說過去所見所聞，最後大家贊同我的說法，一致決議乾脆拖著他出去到廟裡拜拜，順便吃館子、出遊走春散心，再者祈求楣運快退散，叫他不要再胡思亂想，而且說走就走。

正義怒火惹的禍

咱們當中有個挺愛拜廟的老弟，特別指名到某個隱密宮廟走走。做土木營造的他，相當迷信風水跟座向方位，全台有什麼宮廟神壇皆瞭如指掌。對於所推薦的宮廟，他得意地告訴大家可靈驗得很，但沒有事先約定、沒熟人帶領還進不去，幸好他和裡頭執事挺熟，打個電話招呼一聲就好。

我坦承孤陋寡聞，這座「隱名埋姓」的宮廟，我聽都沒聽過，還好，感應到不是拜邪神陰靈，純屬正派，位在某座山頭上，不但能鳥瞰整個丘陵、平原，甚至還能看到遠方的台灣海峽。即使在陰冷冬天，竟然不會吹來刺骨寒風，非常祥和寧靜，空氣中瀰漫著清涼、舒適與悠閒，可能是廟後另有山頭遮擋，也就是「靠山」。

宮廟內服務人員說，這座私人宮廟是主事者花了超過二十年籌備，前後蓋了七年半才完成，據說是為了報母親養育之恩，不過堅持不對外開放，只有熟人才知曉此地。說著說著，正好有個來這裡作客的法師，從我們身旁走過，向服務人員打過招呼，走過約莫十來公尺，又回頭望了咱們這群人幾眼，轉個身，主動走過來對著堯哥說：「這位前輩先進，我是否有幸可以與您聊聊？」

堯哥一看有人來關心他，當然很高興。在大夥作陪下，一行人走到庭園的小亭子裡煮茶閒聊，這位法師訪客直率地開門見山說明本意。

法師問堯哥，最近必然心神不寧，也做出不甚光彩的事，對吧？

堯哥瞪大雙眼，嘴巴微張發著抖，又不知從何講起，欲言又止。其他人想幫他講，法師淡然用手勢阻止，告知他剛剛利用「靈視」，已得知所見之事。

嘆了一口氣，法師很快地點出堯哥過去遇到最關鍵的倒楣事。

原來，當年剛辦完大嫂喪事沒幾個月，某天堯哥情緒黯然，騎腳踏車外出買菜途中，在省道路旁目睹了一件重大車禍。有輛千萬超跑失控撞上電線桿，駕駛是個年輕小伙子——按當前標準來看，應該屬於「屁孩級痞子」，當場趴在駕駛座上，渾身是血地被救護員慢慢拖拉出來，雖然做了必要的急救處置及送醫，不過已無生命跡象。

堯哥生性好奇心重，把腳踏車停在一旁，冷冷地看著這過程，並跟一旁陌生路人討論，得知這年輕人原來是附近某家食品廠的富二代小開，平日遊手好閒，揮霍淫亂，跑車噪音之大，街坊人人聞之厭惡，也無人不知其劣質德行。據說這傢伙被同輩取了個戲謔綽號，叫「淫蟲」，因為他誘拐過幾個年輕女孩，始亂終棄，不負責任，反正有錢的父親向來習慣拿錢擺平，大事化小，甚至變無，因而養成他滿不在乎的恣意性格，到處惹事，許多好女孩皆聞之色變。

也有人不叫他「淫蟲」，而改叫「螢火蟲」，理由是嘲諷他有錢就可以「漂白」，再大的罪過皆可雲淡風清，當然不能叫「淫蟲」，至少要「美化一下」綽號。

話還沒說完，堯哥聽了就火大，在救護車還沒離去之前，就指著死者破口大罵混蛋、敗類、人渣、不事生產的鬼東西！聲音之大，連救護車駕駛都探頭出來瞧，在處理的警察也勸他別激動。

法師有條有理地敘述這段往事。雖然過了幾年，如今堯哥想了想，點點頭，承認法師所言無誤，確有其事。不過他繼而搖頭說，他也不曉得當時為何如此生氣。

法師笑笑說：「因為你是嫉惡如仇的正直人物，平時不被激怒，永遠都是溫和外表，一旦超過你心中那條紅線，就變了樣子。」

法師接著說到最核心的原因。由於堯哥在現場大聲責罵，那個死者的靈魄也在現場，很快就被吸引過去，而且立刻附著在他身上，像遇到牢固的卡榫一般咬得死緊，就這樣跟著堯哥回家去了。

大夥們嘖嘖稱奇，更感驚訝，堯哥則是渾身不自在。

法師神情開始凝重起來，「唉！我說這位前輩，您惹到不該惹的傢伙啊！這傢伙的亡靈怨念真的很深，一旦上了別人的身，鐵定就是要作怪。我們大家在座都是男人，沒什麼忌諱，就直說吧——這個亡靈天性就是性好女色，生前性欲旺盛，而且喜好濫用藥物助『性』，但人既已亡，就乾脆『進駐』老哥您的身軀，繼續遂行他的意志，您越是抗拒，這亡靈就越是要逼您就範，而且逐步控制您的思考。」

這一瞬間，我們總算恍然大悟堯哥這幾年來怎麼變了個樣子，果然大有蹊蹺，也讓我的懷疑獲得證實。

他坐在椅子上愣了半天，突然哭出聲來，委屈地說道：「我這人一生就是追求個人清白，剛正不阿，不徇私逢迎，謹守男女分際。我……哪知道會碰到這種倒楣怪事，連我自己都知道，我不可能改變性格，以前就是這樣，可是……就真的很奇怪，現在的我，時好時壞，我沒辦法控制自己，還以為自己得了精神病……」

我頭一回看到堯哥大聲哭泣，彷彿想要把這幾年來的冤屈一次發洩個夠。

他繼續難過地說，前一陣子他家門口被人家潑漆塗鴉，還寫了大大的「幹！國恥級老豬哥」幾個字，他實在氣不過，人躲在家裡，真他媽的想衝出去幹架，然而事實擺在眼前，自己的行徑真的跟個低級下流豬哥差不多，到底有何資格、要怎樣為自己辯白呢？

法師安慰他，表示會幫忙解決問題，而且剛剛我們在講話過程中，法師已經和亡靈先行「談判」了。

我點點頭，因為我能夠感應到現場的磁場，散發出一股不尋常的波動。

法師的口氣回到平靜淡然。他說，純粹就是結個緣，看到堯哥這樣的好人蒙受不白之冤，他也覺得萬分不忍，所以「多管閒事」一下，希望能協助解決。

堯哥一聽，馬上就要掏錢出來，法師說，確實是需要「使用者付費」，但只要一百元意思就好，表示有收費，就不用幫人擔業了。但堯哥以為法師在說客氣話，趕緊從大衣外套夾層口袋裡抓出錢包，迅速被法師擋下，言明就真的一百元即可，大家結個緣就好。

那個附在堯哥身上的亡靈，確實是法師口中車禍死亡的「富二代屁孩」。透過法師傳話，亡靈不滿地說，這死老頭子（指堯哥）在他生前痛苦斷氣、渾身狼狽之際，還要不斷羞辱他，當著眾人面前罵他不堪字眼，他當然無法忍受。一個人好色，那是各人性格，有何不可？根本輪不到這老頭子說三道四，於是一不做二不休，亡靈直接依附到他肉身上，想慢慢地整死他。

堯哥對著法師下跪，雙手合十，低頭拜託亡靈不要再糾纏，他已經被害得有夠慘，若有得罪，他願意道歉，更希望彌補，只求亡靈放他一馬，畢竟他還要做人，不想被村上的鄉親當罪人在公審，他會崩潰受不了。

幾經交涉，亡靈原本不肯，就算堯哥跪著道歉，似乎也沒有讓步跡象，只是後來法師提到「給輛車表達心意如何？」就此打開亡靈的死硬脾氣，有了轉圜契機。

這過程如同打乒乓球一般你來我往，亡靈最後終於被說服，竟然沒說要車，也沒附帶什麼條件，爽快願意脫離堯哥身軀，由此看來，這法師的功力算是一等一的。

不過，堯哥仍然許下諾言，答應會燒輛紙跑車給亡靈，外加一些「冥鈔」意思一番，以後就請多包涵，不要再惡整他了。

法師還幫忙他處理一些身上其他不乾淨的「無形」，因此額外花了點時間，我則是看到目瞪口呆。大夥們因為看不懂，只能不斷地插嘴詢問法師「請問您在做什麼？」、「這樣做有什麼特殊意思？」、「這樣拜亡靈真的會離開嗎？」……還好這位法師很有耐心，沒被煩到把我們全轟出去，後來乾脆邊做邊解說，好堵住我們這群「好奇老寶寶」的嘴，處理完畢後，我們一字排開，對著法師謝了又謝。

回歸正常老好人

堯哥果然軍人性格，信守承諾，回家後顧不得還在過年期間，立刻打電話拜託以前就認識的葬儀社老闆協助，要在短短幾天內趕緊「調貨」，安排地點場所，燒給亡靈兩輛紙糊的名牌房車，附帶不曉得多少捆厚厚的冥鈔金紙與元寶，那位老闆還豪爽地多加一部「特製 ATM 提款機」，一起化為灰燼。當堯哥把照片用通訊軟體傳給我看時，讓我在辦公室笑得前仰後合。

那麼，到底有沒有效呢？兩個多月後，大家臨時聚個會，我們又跑到堯哥家，說是要驗證「老色狼到底有沒有回歸成正常老好人」（對不起，堯哥，我不該這樣寫）。這次，總算看到許久不見的「真正堯哥」出現在我們眼前。在那當下，堯哥彷彿像個費盡千辛萬苦、歷劫歸來的戰俘，我不再聽到他大講髒話粗語，也沒有低級黃色笑話充斥雙耳，他又回到以前我所熟識的前輩好友，所有兄弟都鬆了一口氣。

然而，堯哥並沒有鬆一口氣，內心仍有愧疚與缺憾，因為一旦做錯了事，真的需要花更多氣力彌補，而且還不見得能夠全然復原——那就是村裡街坊眾人對他的排斥、提防和疏離，那是堯哥最在意的部分。然而，他最後決定不再為自己辯解，也不寄望街坊眾人原諒，而是選擇搬離目前居住處所，找一個沒人知道的窮鄉僻壤落腳，就安靜地度過剩餘歲月吧。

我聽了滿難過的。不過，就算我在村裡挨家挨戶拜訪，努力為堯哥辯解洗刷冤屈，應該也沒什麼人要信，可能還會將我視為神經病攆出去，根本無效，也只有帶著遺憾惋惜，尊重他的決定。

比較令人安慰的是，堯哥三個在國外的孩子原本不知道自己父親發生了什麼事。在他們父親主動提及，並經過我透過視訊電話的說明，他們當下完全能接受「亡靈附身、改變性格」的說法。只是擔心父親生平最重視榮譽與名譽，深怕一時想不開，會不會有衝動之舉，進而釀成悲劇？

我無法回答這個問題，只覺得人生真的好無奈，常會遇到這麼多險阻、關卡與苦痛！有時明明承受無法排拒的鬼怪折磨，已經夠倒楣了，還要面對眾人無法理解與諒解的莫大壓力，如同潔淨白衣被染上斑斑污漬，難以洗清，甚至越洗越髒，真叫人無言以對。

還好堯哥在搬離原來村落後，翻了個山頭，目前已在另一處非常廣闊的丘陵村莊重新歸零，打造新人生。他每天蒔花養蘭，帶著一群雞鴨鵝與幾隻貓狗，在田野間自由活動，偶爾要我們這群兄弟過去陪他聊天，之後便漸漸看開過去不光彩的負面記憶，還同意我寫出來，這或許也是一種另類解脫吧。

這裡要解說一下：**當我們遇到車禍、崩塌、爆炸等意外災害場合，當警方與救難單位處理當下，不管亡者遺體是否仍在現場，或者現場已經一片凌亂等待收拾，都請勿看勿語，更別隨意撿拾現場物品，靜默快步通過或遠離為宜。**

或許有心地善良的朋友認為，做人不要這樣現實，像是留在現場助念，把祈福祝禱迴向給往生者，應該是可行的吧？其實，在當前亂世時代，我真的很不建議這麼做。除非你是專業人士，曉得方法，深知避險，否則唸來唸去，你的善念可能不僅幫不了大忙，還可能有招來更多冤魂跟隨之虞。因此，只要不懂得如何處理突發狀況的一般人，請在遇到這種場面時，報警或通報救護是你可以協助之事，這沒問題，但其他的，還是應謹慎小心，方為上上之策。

當然，更別像咱們堯哥一樣，當時還把人家死者臭罵一頓，大聲嚷嚷也有可能造成亡靈不滿，至於會有什麼危險後果，我真的無法說個明白。總之，請低調、低調、再低調，不要當個「好奇寶寶」，不要讓善念變成了負擔，至少先做好自我保護再說。

PART 3

明冥之間

前世投胎至今生

在南部鄉下小學唸書時，學校後頭有條中型河流，水流超大且清澈。暴牙又討人厭的訓導主任一再交代，叫我們小朋友千萬千萬不可以跑到河旁戲水、游泳，因為非常危險！

這種屁話對乖孩子很有用，還會相互提醒，不可違逆老師規定。可是對我們這種外表很乖、內心邪惡的「皮孩」來說，不能玩水簡直會厭世啊！

那時「印加愛兒游泳池」（就是小孩子在家可以玩的塑膠池子）廣告開始在電視上打得超兇，但對咱們稍大一點的孩子毫無吸引力，畢竟池子才那麼一丁點大，不過癮，給乳臭未乾的小娃兒當澡盆泡一泡還差不多。

當年鎮上公共造產的游泳池剛開幕，進場一回，「小人」（小孩）就要五塊錢，又太貴了，而且還要跟一群大人小孩擠在一起泡水，毫無樂趣可言，而且聽說還有「缺牙厚唇變態阿伯」，會偷摸孩童的小雞雞耶！天哪，這還得了！還不如跑到河邊，泡免錢的，又寬又廣又不深，水流也不是特別喘急，愛怎麼游就怎麼游；就算不會游，下水浸著消暑、泡到脫皮都好，完全不用人擠人，安啦安啦！

我們幾個同學，從來沒到過這條河邊，眺望了它好幾年，早就「哈」得要死，於是週六中午放學後（當時沒有週休二日），當下便決定好，由我這個「不良班長」帶頭，揪好幾個死黨同學，非得要偷偷玩水玩個爽快不可。

河裡漂過了死人

阿輝是我的麻吉死黨，顯得很興奮，還說從來沒去過河邊那裡，不曉得是什麼情況，所以第一個舉手報名。於是咱們幾個小鬼頭，週末下午準時在河邊小堤防集合，美其名「週末探險」，其實就是玩水啦！小孩子哪來這麼多古怪名堂，只有無聊的我才搞得出來。

阿輝興沖沖地跟我到了堤岸邊，但一看到河水，愣了好一陣子，突然間告訴我說他很想吐，而且頭暈得厲害。

「膽小鬼啊！膽小鬼啊！」我還笑他「沒種」，就算不會游泳，下去泡泡也不會死，這河乾淨得很，怕啥？怕你太髒把魚毒死不成？

「不是，我忽然很不舒服，」他凝視著河水，「而且我很想哭。」

「很想哭？」我聽了眼睛瞪得好大，「有沒有搞錯啊？高興都來不及了。」

「不知道啊，」他看了看河水，「我覺得很不舒服就是了，我要走了。」說完，他轉頭就走，我一臉錯愕地看著他，馬上追了過去。幾個好同學剛好也到了河邊，看他回頭就要走，便上前問怎麼回事。

「我就是很不舒服，剛剛才這樣的，之前不會。」

大家發現阿輝眼眶泛紅，急問怎麼回事。

「不曉得！我不曉得！我只是很難過、很想哭……」他蹲了下來，把頭埋在兩個膝蓋間，不斷地抽搐、哭泣。

我們都覺得莫名其妙，這是在哭什麼意思啊？

就在此時，天空上的烈日在很短的時間內一下被烏雲遮住，不一會兒竟然降下起傾盆大雨，還夾雜轟隆隆的雷聲。儘管夏日午後驟降雷陣雨是常見的事，但這速度及威力未免也太快太猛了吧？我們趕緊跑回學校，找了間教室躲雨，順便問他到底怎麼回事。

等阿輝情緒慢慢恢復，伴隨外頭大雨的炒豆聲，告訴我們剛才所感覺到的事，讓我們幾個人聽了面面相覷。

他說，他在河堤旁邊看到了一個小男孩的遺體從眼前漂流過去，好多大人都在幫忙打撈，最後打撈上岸後，他看到的臉，居然和他長得好像好像！他感到可怕，卻又悲傷，因為他又「看」到

「臉孔長得好像是他媽媽」的小姊姊，跪在河邊不斷痛哭，還有很像他外婆的女人昏倒，簡直讓他嚇壞了。

「唬爛！」我們一群同學大笑，「剛才整條河都是我們『包』了，又沒有其他人，哪有看到大人在撈屍體？又不是撈死豬，哈哈哈……」

沒人相信阿輝的「所見所聞」，但這場雨暫時好像沒打算要停的樣子，我們只好敗興淋雨而歸，我回到家還被老媽臭罵一頓，說出門不帶傘活該被淋。

當天晚上，阿輝到我家外頭叫我，說有事想找我談。

「我告訴你，」他一臉嚴肅，「我今天真的有看到很像是我的『死人』，就在那條河上面漂過去，而且有大人把我用竹竿撥到河邊，再抬上去，我沒有騙你啦！」

我本來還要笑他白天唬爛不夠，晚上還要繼續，可是見他淚水不斷流下，才趕快把嘻皮笑臉收起來。

「我真的沒有騙你啦！」看他很認真地再三辯解，我也不好再多說什麼。但是，當年只是個小毛頭的我，世事不懂半個，無法解釋他到底看到了什麼，不過倒很願意幫忙解開這個謎團。

「會不會你看到的東西就是你之後要發生的事？」我望著他，一臉的緊張，「那你是不是就要死了？」

阿輝一聽就莫名恐懼，放聲大哭，我瞬間覺得自己失言，趕緊安慰他。等他情緒平復後，老實告訴我說，他傍晚回家後，一個人坐在家中飯廳裡啜泣，卻覺得自己哭得很莫名其妙。想想，在同伴面前哭已經很丟臉了，但他實在不曉得為什麼哭，為什麼沒辦法控制自己的情緒而哭，只是眼睛所看到的「事情」，真的讓他很悲傷。

而且，他說到了重要關鍵——當時在河堤旁邊，他強烈感覺到自己的鼻孔好像被泥沙堵住了，沒辦法呼吸，身體好痛好痛，好暈好暈，甚至鼻子、嘴巴、眼睛跟耳朵全都噴出血來，接著人就迷糊了。

「拜託喔！」這下我不相信了，「你真的很唬爛耶！要騙我也不能這樣騙。」

可是他真的沒辦法解釋自己的感知、自己的眼見，以及哭的理由，我們就這樣結束談話，當下我只覺得阿輝是不是吃壞肚子，還是眼睛揉到了辣椒醬。

溺死的小舅舅

過了幾天，阿輝放學後告訴我一件事，這才曉得事情沒有這麼簡單。

「我剛才又到上次去過的河邊，」他說，「我不是告訴你，我有看到的一群大人，還有很痛苦很痛苦的感覺嗎？」

我點頭，以為他又看到什麼？外星人嗎？

「回家後，那種感覺又來了！我又不曉得怎麼回事，開始哭起來，沒辦法停住。」他很認真的描述，後來他媽媽從工廠放工回家，看到他哭到眼睛都腫起來了，於是追問怎麼回事。他怕講出「大人說絕對不可以去的河邊卻偏要去」，媽媽知道一定會生氣，可是他這個人偏偏老實到笨，很快就被套出話來，還把自己的「所見所聞」全都招了。

但是，只見他媽媽眼睛瞪得好大，情緒激動；她不是怒吼斥責，而是突然間淚水湧出，趕緊轉過頭去擦拭，哭得比他更傷心。

這下換阿輝傻眼了。自己哭也就算了，那……媽媽在哭什麼呢？就這樣啜泣哭了五分多鐘，他在旁邊反而一頭霧水。

後來，他媽媽沒有多說，只是緊緊抱著他，叫他以後不要再到那條河邊去，「就算媽媽拜託你，好嗎？」至於「為什麼」，她沒多說。

阿輝想聽聽我的意見，幫忙猜他媽媽到底怎麼回事？為何一提到那條河，整個人就不太對？

我當時沒想到這背後到底有什麼故事，心裡卻有些歉疚，覺得我這個身為班長的人真是爛，不該帶阿輝去河邊，所以當下主動提議要去他家，向他媽媽道歉，他也同意。

我們到他家時，他媽媽回娘家去還沒回來，不過也不太遠，只是在鎮上的另一邊，騎腳踏車大約四十多分鐘路程。我們在客廳閒聊不久，她媽媽便手提著袋子進門。

為了表達歉意，我當然不敢怠慢，趕緊站起來向人家伯母問好。

他媽媽問明來意後，眼睛卻開始出現閃閃淚光，停頓了一下，叫我不用道歉，可是要我坐下，她有事情告訴我們兩個。

她從手提袋裡拿出一本老相簿，告訴我們說，這是她娘家、也是阿輝他外婆生前留下來的。去年娘家過年前大掃除，阿輝的表哥、表嫂整理家裡時，無意間發現長輩房裡有這本相簿，放在大櫥櫃抽屜的最深處，還用個大塑膠袋套好、綁死，經過家人鑑定裡頭的多張照片後，慢慢勾勒出了多年前發生的不幸事件……

原來，照片的主角是阿輝最小的舅舅。多年前他唸我們鎮上的小學時，跟我一樣，皮孩子一個，在同學之間算是領袖級人物。

有個盛夏蟬鳴的酷暑天氣，他與一群孩子跑到同條河流戲水，還學人家「逆流而上」，游到稍遠的上游位置，大家戲水玩得不亦樂乎。後來，為了救一個被水底枯枝絆住腳的小小孩同伴，他奮不顧身靠近搶救，小小孩順利獲救了，他也得意洋洋；但就在游回堤岸的過程中，不遠處的老釣客卻驚惶的要他趕緊避開，因為前方有個大漩渦！

可惜，距離太遠，淙淙河水聲又大，老釣客的呼喊聲還來不及讓他聽到，他便被這個漩渦給狠狠吞噬了。中間過程就不用多說，當然很慘。直到他被發現時，人已在下游處，像個被丟棄的破碎娃娃，靜靜地浮在水面上，聞訊趕來救援的大人們，趕緊用竹竿慢慢撥，把遺體撥回岸邊。

阿輝的外婆和媽媽先後從家裡趕來，外婆個性雖然堅強，也歷經年輕喪夫、必須獨力撫養好多孩子的極度辛勞，可是眼見這種慘狀，仍然無法接受，立刻昏厥過去。而看到自家最小弟弟慘死，阿輝的媽媽當時年紀也很輕，驚嚇地趴在堤防邊的石頭上，先是哭不出聲地喘大氣，等到能量激發到最高點，才開始放聲大哭。

她回憶說，這輩子最傷心的事莫過於此。就算這幾年阿輝的爸爸之前在外有女人、兩邊談妥離婚時，她都沒有這麼悲傷；因為自家弟弟和她最要好，真的不敢置信當天發生的事，而且事情過了這麼多年，那種哀慟始終未能淡忘。

「那……」我指著相簿，「相簿裡面的照片是什麼？」

阿輝他媽媽邊掉淚邊解釋，當時事發時，河邊不遠處有家照相館，老闆是某某報社的駐地特約記者，他聽到消息，立刻放下工作跑來採訪，但實在不忍心見到如此悲慘的畫面，況且大家都是這麼熟的街坊，所以不太敢過度近距離、卻也忠實記錄，難過地拍下十來張照片，照片洗好之後留了兩份，一份寄回在報社在高雄的辦事處，兩天後見報，在地方版登得很大；另一份本來想留存做為檔案，可是這件事過了一段時間後，阿輝的外婆情緒平復，有天路過，和老闆不經意對話中主動提及這段悲傷往事，她坦承很傷心，但更不甘心，如果當天還有照片留下來，她不要看，也不敢看，可是希望留下來給自家的其他孩子，甚至是未來的子孫記取教訓，祈求這種慘事不要再發生。

老闆想起有當時事發現場的影像，於是再三確認願意接受之下，才把這些備份照片全都送給她，還特別用相簿裝好，套上塑膠袋防塵。

這些照片，阿輝的媽媽說，外婆生前曾經淡淡提過一次，坦言沒有勇氣看，至於收藏在哪兒無人知道，等到大掃除才被挖出，家人看了全都驚愕不已。她因為和阿輝的爸爸處理離婚的事，所以很長一段時間沒心情想這麼多，直到這幾天，娘家的人再次講到這段河邊悲慘往事，以及想起阿輝偷偷前去玩水，所以趕緊回娘家，鼓起勇氣看了這本相簿，才再度勾起情緒，回憶起悲傷往事。

既然外婆留下這些照片，要讓子孫當成教訓，阿輝的媽媽覺得帶回來，不管阿輝敢不敢看，要不要看，總是備著讓他知道，不要再跑到危險河邊，不要再讓媽媽擔憂傷心。

我這個人小時候很沒禮貌，膽子也大，好奇心更重，竟然直接就拿了相簿打開來看，第一眼就看到撈上岸的屍體，差點沒當場吐出來。

阿輝鼓起勇氣，慢慢靠近我，當他看到整個相簿裡的畫面時，整個臉一下子突然扭曲，癟嘴屏住呼吸，接著開始放聲號哭，換我瞪大眼睛。

「我——好——痛！」我驚見阿輝嘶吼著大叫，「我——沒——有——呼——吸——了！」

我和他媽媽愣然看著這一切，就見他歇斯底里地不斷勒住自己脖子，還翻白眼、臉色慘白，更劇烈抽搐。

隔壁鄰居阿婆聽到慘叫聲，連忙跑過來一看究竟，打量阿輝恐怖的樣子，對著他媽媽大叫：「快去ＸＸ街找『囝仔仙』過來救啦！他中邪了！要收驚啊！」

他媽媽愣了一下，被阿婆大罵：「還杵在這兒幹嘛？快去叫啊！」

於是，她趕緊丟下阿輝，跑到外頭抓著腳踏車要走，但嚇得扶不住車子龍頭，才剛跨上車座又摔了下來。

「唉喲！真是憨慢沒路用耶！」阿婆趕緊回去叫他兒子，飛奔去把「囝仔仙」找來。

「囝仔仙」是鎮上的江湖老郎中。舉凡兒童小小孩一堆奇異行為舉止的疑難雜症，用傳統醫學治不好的，通常找此號矮子奇人就對了。我們一堆同學幼年時受到驚嚇，像是「吐奶剉青屎」或「著驚罵罵號」，這「囝仔仙」擁有一堆通靈、命相專業之術，最神的就是「囝仔仙專屬米卦問事」——抓一把白米、一把黑糯米，口中唸唸有詞，往桌上鋪好的黃紙一甩，兩手再攤開面對著黃紙，米粒竟能自然跳動、挪移，最後居然形成一個圖像，然後他可以從中判讀到底發生什麼事、該怎麼解，令人嘖嘖稱奇。

等個頭矮矮、長得有趣的「囝仔仙」到達時，阿輝老早翻白眼、不省人事，甚至呼吸困難。我們著急地看這號奇人怎麼來解，只見他氣定神閒地要阿輝的媽媽煮開水，倒一大杯放在桌上，再穿起有八卦陣圖案的袍子，拿起木劍，劍尖直指阿輝的額頭，再念咒語、拿著木劍揮來揮去，另一手握著搖鈴不斷作響，像招魂似的。

過程詳情我已經忘了，但最精彩的「米卦問事」絕對沒放過。只見他左右兩手各抓著一大把白米和黑糯米，往桌上黃紙一甩，米粒自動從一攤變成一團，好像軍隊裡阿兵哥集合歸隊，各自跑到該站位置，最後變成一個比較具體的圖形。

因為我那時年紀小，實在不懂那個圖代表的意思。「囝仔仙」看了又看，點點頭，再抓出口袋中的符咒，用火柴點燃後丟入滾水玻璃杯中，符在杯裡慢慢化為灰燼，像茶葉泡開在水中漂浮，然後粗魯地抓起阿輝的頭，整杯滾水硬灌進他嘴裡。

哇咧！滾水耶！幾個街坊鄰居嚇得瞠目結舌。只見阿輝淒厲吶喊、掙扎著試圖撥開，但最後仍被硬灌了進去！竟然沒有燙傷嘴巴喉嚨，不到一分鐘，他安靜了下來，情緒逐漸緩和。

更多左鄰右舍、三姑六婆全來了，大家睜大眼睛觀看這一幕，全都傻站在原地。一些老人家以為阿輝是被外來的孤魂野鬼上身，但「囝仔仙」面無表情，只是要求清場，於是包括我在內，全部都被推了出去，只剩他與媽媽和這位奇人。

弟弟投胎來做兒子

過了像是一世紀這麼久，阿輝終於恢復正常，街坊鄰居擠在門外急著想知道狀況，他和他媽媽卻三緘其口。

「囝仔仙」打開門，只淡淡說了一句：「歹東西、魔神仔都趕走了，沒事沒事，大家可以回家泡茶看電視了。」一眾人一哄而散。

大家都以為阿輝是被河邊孤魂野鬼附身，我也頭一回見識到「囝仔仙」獨門的「米卦問事」，功力超級帥，一時之間真想跟他學，尤其兩手各抓白米和黑糯米，簡直帥過頭了。心想，要是學得會，以後長大不愁沒飯吃（你看我多有深謀遠慮）。

然而，在此之後，阿輝變得沉默寡言，不想講話。我身為班長，被老師交代「要關心全班小朋友」，當然覺得自己有義務要「關心一下」，可是阿輝始終不想說話。我這個人從小就很雞婆，而且很沒分寸；好，他不講話，那我就去問他媽媽好了！

於是趁著老師有天帶著阿輝與其他同學到鄰校拔河比賽，宣布提早放學，我便直接殺到他家去，就這麼巧，他媽媽就在家挑揀青菜。

我把我的觀察告訴他媽媽，並表達擔心，她沒有罵我，還誇獎我很有愛心，覺得我這個班長非常稱職，而且願意告訴我一件更勁爆的大事，那就是當天「囝仔仙」並非把孤魂野鬼趕走，卻是告訴他們——**阿輝本身就是他死去的舅舅前來投胎！**

當時的我不是很懂什麼投胎輪迴，後來他媽媽解釋，阿輝跟他舅舅長得簡直一模一樣，性格也像，但因為前世遇溺而死，所以今生對水有莫名恐懼。對照他在堤岸邊時的不適，與當年他舅舅遺體被眾人拉回的地點，剛好就大約在同一位置。所以，阿輝會突然看見前世「自己」的悲慘死狀，瞬間開始覺得痛苦、不適、排拒、恐懼，更擔心會被媽媽（就是外婆）責罵，才不自主地流淚。

這……我不敢置信，竟然會有舅舅死了投胎改當外甥？呃，應該是說弟弟死了投胎當兒子……到底該怎麼說才對？我腦袋被搞得迷迷糊糊。

她還說，「囝仔仙」有特別交代，這小孩由於前世死於非命，所以今世是用當時剩下餘命，為何回報給她當她的兒子，而不是其他人，「囝仔仙」沒提到，總之緣分報完就會離世。所以不管誰先離開，母子都要釋懷，毋須太過悲傷，反正到了冥界或天界，就看緣分吧，說不定還能續緣。

我看她邊說又開始邊哭，心情也跟著低落，雖然裡頭很多事情，對當時年紀小的我來說，聽得並不太懂，只覺得這對母子總是過得很不快樂，也不知道該從何安慰起，只好傻傻地聽。

國中畢業後、考高中那年暑假，我已搬到台北繼續求學，但有聯繫的小學同學陸續傳達了關於阿輝近況訊息，嚇得我無法言語。

話說阿輝的媽媽在工廠，因為鍋爐爆炸重傷，被轉送到高雄的大醫院，次日便不治而亡，徹夜守候、悲慟萬分的阿輝，後來跟著媽媽娘家親戚，在送完母親最後一程、把骨灰移入鎮立納骨塔後不久，也由於不明原因昏迷而迅速往生。

怔忪情緒過後，自己繼而想想，或許這就是母與子緣分已抵達終點，該怎樣就怎樣，背後因素可不是我們所能理解與主導的。

於是我雙手合十，閉眼為他們祈禱祝福，也只能做到這樣了。

國外曾經有過意外往生者投胎，又回到原家族延續生命的真實故事。我也很納悶，為什

麼我老是親身目睹這款怪事?可是，不管是舅舅變外甥，還是弟弟變兒子，既然這一切由老天主導，也就不用過度追問吧。

往昔關於投胎轉世這類話題，多半聚焦於知名宗教界人士身上，媒體也熱衷追蹤「第幾世」的誰誰誰可能在什麼地方轉世誕生，卻常以故作神祕、八卦戲謔或誇大口吻處理，其實都相當不敬。近年來，投胎轉世話題慢慢轉變到一般人，開始有專家學者或通靈高人深入研究，認為許多人在今世性格表徵、所作所為、思維邏輯、專業技能，與過去輪迴多次的前世經歷，或多或少其實有關，當然也包括前世負面記憶，在今世的潛意識中可能依舊殘存。

比方說，某回前世投胎擔任法官者，今世性格偏向嫉惡如仇；某次前世曾是皇帝者，今世無意中常散發難以言喻的貴氣與尊顯；甚至今世變成動物——像是水牛、狗兒或貓咪，有些竟然懂得簡單算術，說不定之前哪一世就是負責管帳的人類，殘存記憶留存至今世。倘若為真，顯然傳說的「孟婆湯」喝得不夠多，也可能此湯對某些人投胎時「清洗記憶」的效果不佳，然而這些假設，都還在逐一研究或確認中。

我認為投胎前應該是有「清洗記憶」的機制，只是表面上「歸零」，實際上並非全然洗得乾淨，每個人可能都有機會「回味」前世經歷，就看在潛意識裡殘存的痕跡有多少，以及自身領悟力高或低。

過去在我職場裡有位女同事，專業能力毋庸置疑，且性格甚有雄心壯志，像個「男人婆」，戰鬥力超強，企圖在職場上爬到更高職位，所以不斷主動力求表現，也做出優異成績，盼獲得高層的青睞；無奈脾氣太過強硬，剛愎自用，「人和」這塊相當欠缺，始終無法改善，最多也只能當個基層主管，而且還不見得管得動下屬，又惹來反感，升遷險阻多，令她感到萬分沮喪。

在一次閒聊中，不經意透露出「明知缺失卻改不了」的懊惱；透過靈視協助，我看到她在數百年前，曾有一世在今日中亞吉爾吉斯附近的王國，以男兒陽剛之身擔綱侍衛武士，驍勇善戰，屢建戰功；本應受重視，卻因嚴以律己卻不能寬以待人，且篤信適者生存法則，不通情理，意外得罪當權者，最後貶逐邊疆，抑鬱而終；而那一世留存下來的固執嚴厲，化為了這一世的「強迫症」。

她非常貌美，臉部似乎保有前世中亞民族的深邃輪廓，卻有武士體格，長得又高又壯，我認為不無關聯。至於她在職場管理上所面對的沮喪與不解，我也只能勸她善用「強迫症」性格，乾脆「強迫自己改一改」，或許真的會有良效。

我們絕大多數人的靈投胎轉世，都已經「回收再利用」不曉得幾百幾千回，相當環保。如果前述所稱「前世會影響今生」觀點成立的話，為何只有特殊一世或幾世，其往昔性格和專業能力會「跨輪迴」影響到今世？是嗎？這可未必喔！

畢竟你我大概還有許多潛力都還沒被開發、激發，這些說不定哪天被發掘出來時，正好跟過去投胎多次的某一世技能、性格，正好產生連結，如魚得水，連今世的自己都會納悶「奇怪！我哪來的神力啊？」、「怎麼自學就會？是我太聰明嗎？」不用懷疑，任何狀況都有可能發生。

就像我自己，明明只會製作節目、寫作編劇、口語傳播，年過三十竟然無師自通畫起漫畫，四十開始對音樂編曲有獨到研究，五十過後又熱衷探索貓咪行為與心理學……有位靈學專家打趣說，要是再讓我活久一點，搞不好我過去所有輪迴投胎的各世經歷，在這一世裡全都連結、發揮得淋漓盡致，那可不得了，別人都不用混飯吃啦。（意思是說「別讓我活太久」？）

同理，有些人來到這世上，純得像白紙一樣，對各種事物不懂、膽小怯懦、不易跨出自我劃設的圈圈，摸不清人生方向，也不曉得如何人際交往互動；就醫學觀點，或許歸於自閉、心理障礙類型症狀，但從輪迴轉世投胎角度看來，不見得全是精神官能問題，很有可能是「投胎次數過少」或「第一次當人類」，這些因素都不能排除。

像在看這本書的諸位讀友，大都已經輪迴投胎不知多少回，什麼樣的經驗與經歷大致都遇過，即使「歸零」再次投胎到今世，就算重新接受教育和成長探索，只要潛意識中的累世殘留資料仍在，先天性格即已擁有隱性老經驗本質。我們常羨慕某些名人具備特殊技能天賦，或「天生就是吃這行飯的高手」；與其說是「天賦」，不如說這是輪迴多次的前世，所累積下來的豐富經驗吧！

然而，屬於輪迴投胎的「新鮮人」，他們面對如此亂世，要適應與存活實在辛苦，畢竟沒有太多過往生活經驗、殘存記憶資料可供調閱，他們的「天賦」恐怕很貧乏，或只能針對單一或唯二技藝徹底發揮，選擇性不多。但即使如此，這種人仍有展現空間，如果經由鼓勵和支持，發光發熱並非難事；若還只是個小孩子，父母需要多費點心力，幫助孩子找到方向，應可進一步活出光彩。

好啦，有人問我：「**剛才你說三十、四十、五十歲突然精通或對某些事情有興趣，那你都快六十歲了，下一個有興趣的是啥？**」我又不是先知，怎能預測？倒是再回想起阿輝舅舅輪迴投胎這碼事，多年之後時至今日，我對「囝仔仙」的「特殊米卦問事」念念不忘，偶爾回家鄉時還曾找過，真想拜師學個兩招（真的啊！好想這麼做）。特別是把米甩出去的動作還真帥，米粒居然自動站立、跳跳跳、拼湊變成一張具體圖像，超猛的。

姑且不幫人論命盤算，至少當成魔術秀個幾回，必然轟動，搞不好可以去什麼「超級名人秀」這類節目表演，順便揚威國際咧！只是據傳這款奇人早已退休，而且好像眼盲腳殘，隱居在山裡不再拋頭露面，聽說這似乎也是少數從事命理工作者的宿命，滿嚇人的。

天哪！如果傳言屬實，會變成這副德行，思考再三後，還是打消念頭，乖乖上班賺錢吧。只是，我這款「好奇心會殺死一隻貓」性格，仍然很想知道米粒是怎麼跳動站立，最後成為具體圖像？太神奇啦！趕明兒個一定要找出答案，否則這輩子就白混了。

從通靈講到投胎，有時候雖然難免怨嘆「我為什麼是個通靈人」，真累啊！可是當自己能夠比別人看到更多怪奇精彩、甚至驚愕難語的事故個案，還是要感恩老天爺給我這個機會，體驗獨有的人間風情，進而寫出不同於他人的生命浪花。至於投胎能有如此神奇或離奇延續，實在也不懂「標準何在」或「沒有標準」，有時還會猜錯咧！的確不是我們人類智慧所能理解的奧妙所在。

老天爺安排經常出人意表，說不定一個段落結束，又是另一個故事開端，或者與某件事有所關聯？我不知道。我唯獨知道的，就是不會錯過這些奇人異士，忠實寫下見聞，讓你理解這世界有太多未知領域，正等待著我們共同解謎。

發毒誓有現世報

很多人講話，習慣上喜歡加句：「我發誓！如果我怎樣怎樣，我就會那樣那樣……」

你不要以為發這種誓言，好像只是「發好玩」的，就我們通靈人的立場來看，「發誓」絕對是極其慎重的大事。如果發誓者不老實，還以為逞一時口舌之快，覺得這種詛咒沒有什麼大不了，那可就大錯特錯了。比方說「我發誓，如果做出某某不乾不淨的事，我就會被天打雷劈」。實際上，如果真有不乾不淨的行為，你想，遭天打雷劈的機率有多高？應該極少對吧！儘管用科學統計，這種「詛咒報應」可能性微乎其微，然而，說謊詛咒不見得只報應在「天打雷劈」這種結果上面喔！那些巧言令色的奸人歹徒可要小心了。

老天爺的眼睛是雪亮的，就算你明知「天打雷劈」的報應機率很低，祂還是可以藉由各種不同的方法，達到懲罰目的；像是罹病、意外、破財、厄運，以「等值」方式回應你，所以千萬別自以為是。

還有一種人善於詭辯，發毒誓自我詛咒說「如果我有去某某地方，還跟某某人一起，去做了某某事情，我就不得好死」。此人確實有做「某某事情」，但並不是去「某某地方」，也不見得是跟「某某人」一起，那麼作出這種詛咒算「有效」嗎？你可能會起疑問說，既然發誓者都這麼說了，跟事實有所出入，那報應當然沒效囉。

當然不對！**越是敢故意巧言閃躲掩飾罪行，老天爺越會降禍給這種傢伙**。別忘了，這是個「現世報」的時代，因此，**「誓」人人會發，但是千萬別「亂發」**！尤其愛說謊、逞口舌、撐面子、詐騙欺瞞，為達目的不擇手段者，勸你快快收回不實誓言，公開坦承錯誤，負起責任，永不再犯，否則總會有露餡難堪的一天。

話能當真，屎也能吃

好幾次看到有人因為發毒誓，當世即遭詛咒報應的重大真實個案。謹此特別介紹早年採訪過的一位資深議員，跋扈乖張，不可一世，其晚年病態纏身，落魄消沉，毫無當年傲慢驕橫的大爺習氣，死的時候更沒什麼人願意理會，教人不勝唏噓。

此人乃「動不動就問候你老母」的大老粗兼地痞流氓一個，過去在議會中老早是個狠角色，且耳聞涉嫌勾結黑道兄弟強包工程、勒索砂石利益、在公家營建標案中不斷伸出黑手呼風喚雨，地方鄉里更是敢怒不敢言；據說他一度還想攻上議長大位，卻被「某個人」給拖住，不敢輕舉妄動，地方人士暗暗叫好，畢竟這大老粗要是真的當上議長，地方政壇災禍肯定擴大，不是雞飛也會狗跳。

說到這位「某個人」，是個孱弱矮小、卻相當帶種的奇葩，本職只是個土地代書，卻也是當地唯一敢跟大老粗「直球對決」的選戰競爭對手。由於職務接觸關係，對大老粗在鄉里的種種惡行劣跡知之甚詳，對於某些弱勢民眾遭其手下欺壓、詐騙、脅迫而放棄資產等事，實在讓他無法坐視不管，極具正義感。

此人也不知哪來膽子，始終無懼脅迫，早早就揭發、抨擊大老粗，還敢向檢調單位舉報，攻擊火力不容小覷，讓這個大老粗屢屢招架不住，萌生歹念，想找人把他「處理」掉。奇怪的是，這位對手多次逢凶化吉，我暗暗在想，莫非是天界神明派遣使者，降下到人間助他一臂之力？

大老粗在我與新聞同業一起約訪他時，叼著菸，腳翹得老高，抖著腿，不時用手摳著腳皮，還拿起來聞（好噁），提到這位對手時則是一臉不屑，只吐出重話詛咒：「要是○○○講的話是真的，幹！那他拉的屎我就能吃！」

我那時還是個新聞界大菜鳥，聽得一愣一愣，不知該怎麼把這段粗話記下來，跟在學校所學的「信、達、雅」理念完全不搭軋。身旁同業資深記者倒是微笑點頭稱是，應該覺得滿有聳動的新聞賣點，還把此話當重點，寫成特稿，第二天登在報紙上，斗大「幹」字特別顯眼，轟動地方，非常符合在地口味，自然有利於大老粗的選情。更有一些老愛巴結及蹭他的民代、土豪，全站出來挺他

「真豪氣！夠氣魄！有情有義愛鄉土哪！」（這就是某些台灣民代、樁腳的水準。別再假裝清高反駁澄清，真的難看到要死。）

後來，大老粗用了各種旁門左道手段，遊走法律邊緣（傳說甚至踩紅線，但沒人握有證據），費盡心機險勝當選連任，踹掉了這位難纏對手。然而，大老粗涉及的案子，仍要繼續偵辦下去，讓他極不痛快，在議會裡頭屢屢羞辱警察局長，還打算到舉發他的對手家去掀桌尋仇。人家局長好言相勸外，也嚴正敬告他最好冷靜，別輕舉妄動，他卻像被點燃戰火的鬥雞，你叫他別衝，他偏要衝給你看，心想「拎北」向來呼風喚雨，沒在怕的。

就在大老粗的賓士轎車停在對手家門口時，他一腳跳下，先吐個檳榔汁下馬威，然後手上握把鐵拐鎖，抹抹嘴，朝人家門口落地玻璃窗給重重砸出幾道蜘蛛網裂痕！他不過癮，但裡頭的門又鎖著衝不進去，於是攀爬欄杆，往人家住家後門方向衝過去……這下可好，一不小心，竟然跌進對手住家後方的化糞池。

原來，對手家裡老式化糞池滿了，叫清潔公司來抽。工人才剛打開蓋子，因為接管不夠長，正回到抽肥車準備拿比較長的管子，只見這隻滿臉橫肉的肥佬迎面跑來，還搞不清楚怎麼回事，步伐踩空，就這麼巧，瞬間像滑壘一樣往前撲衝，更頭下腳上、半個身子倒栽進池洞裡，滑稽萬分。

眾人見狀趕緊搭救，連他的對手都聞風跑出來，不嫌髒臭地將他救上來，但他已經搞得灰頭土臉、臭氣薰天啦！

果然，這印證「人家對手講的話是真的」，當然「人家對手拉的屎也能吃」！後來還登在報紙地方版頭版，同樣也很帶種的新聞編輯，下標題戲謔揶揄大老粗「『屎』盡全力、『糞』不顧身」，引為鄉里趣談。

看吧，詛咒誓言不要隨便說出口，老天爺絕對當真。

渣男的毒誓

這中間還有段插曲，也很巧，另一個主角是該名大老粗的妹夫。此人在外愛搞劈腿，小三小四小五不斷「繁殖」，但由於掩飾得好，所以妻子雖然心生懷疑，卻無法逮個正著，直到發現自己老公襯衣上不慎留有口紅唇印，以及老公外套口袋裡竟有女人性感內褲（這誰害的啊？好老派的外遇劇情），才讓他啞口無言。

可是，這男人畢竟是個狠角色，滿狡猾的，任憑老婆怎麼哭鬧、逼供，他還是穩如泰山，不認帳就是不認帳。最後大老粗出面為自家妹妹討公道，這個妹夫被押著脅迫下，只好無奈發毒誓：「假如，我XXX有在外頭偷吃劈腿行為，我就被天打雷劈、不得好死！這樣總可以了吧？」

這些名人家族是怎樣？好像都挺愛發毒誓的。好，既然說出「天打雷劈不得好死」，夠毒了是吧？這樁家庭風波就這樣暫且平息落幕。但狗改不了吃屎的這渣男，乖不了多久，下半身又開始發癢，放任自家公司業務不管，偷偷帶著「小五」情婦跑到高爾夫球場偷閒（應該是偷情）揮桿，一下子突來午後雷陣大雨，伴隨著轟轟雷聲，他揮桿手氣正好，不肯遠離，更不聽勸，與「小五」情婦跑到鄰近大樹底下暫歇（蠢蛋！更危險啊），未料一個突來的落雷，機率超低、卻正好與他手上的鐵桿來個「第一類接觸」……

據說他太太趕往醫院時，老公已經被雷打得皮開肉綻，身體局部像紅腫的樹枝圖蔓延開來，變得紅黑且髒兮兮，腳上鞋子更被電破個大洞，最後聽說是心肺功能停止，急救無效。

旁邊那個飽受驚嚇的「小五」情婦，說什麼都不肯承認自己是外遇對象，拚命心虛搖頭。當「正宮」悲憤詢問時，她匆忙慌亂地奪門而逃，結果在外頭路口被貨櫃車迎面撞上，當場又被抬回醫院去。至於傷勢如何，有沒有生命危險，我並不清楚，但聽了這樣的事還滿震撼的，這毒誓真叫人不寒而慄。

不信邪，就歪頭刺穿喉

至於大老粗，之後根本沒空安慰妹妹，因為他已經被官司纏身弄得身心俱疲、無暇顧及其他鳥事，最後因涉盜採河川砂石弊案、公家標案涉弊，以及恐嚇等罪嫌遭起訴，在司法攻防戰上搞到氣急敗壞，進而對於舉發他的對手怨念極深。即使對手曾在他跌落化糞池當時，不計髒臭救過他，仍讓他覺得面子上掛不住，遷怒人家「明明就是故意陷害」，於是暗暗透過多方管道，教唆外地來的黑道分子，待一段風平浪靜時日後，再將對手「處理」掉，比較不會讓人起疑。

這個對手後來在某個黑夜裡，不幸於暗巷中遭槍擊死亡，傳聞槍手夜半偷渡逃往中國大陸，自然引發地方政壇莫大震撼，有人仍把疑點矛頭指向大老粗，但苦無證據。大老粗還裝模作樣，噙淚前去人家靈堂拈香祭拜，更頻嘆：「他是我的知己，我的好兄弟，他這樣死讓我很不捨！」

但家屬和某些地方人士冷眼盯著他，可沒這麼認同，只是撈不到具體實證，他又這麼會演，僅能乾瞪著這款粗人頻頻耍猴戲，至感荒謬，令人氣倒跺腳。

透過精通五術的靈媒老師協助，對手家屬得知，死者始終有怨有冤，而且藉由通靈，暗示是誰殺的、誰指使的，心中已經有了底。地方傳言逐漸加溫沸騰，大老粗自己又疑神疑鬼，深怕早晚紙包不住火，為了保命保權，別被掃進監牢後什麼都沒有，於是趕緊找來記者，揪了一批議會同事，陪他到當地城隍爺廟參拜，還公然斬雞頭發毒誓，大聲說道：「老天爺在上，我若有涉案或教唆，本人願賠上一顆腦袋，外加利刃穿喉！」

然而，這種發毒誓的激烈宣示表態依舊毫無作用。當檢警循線追查，正快要約談他的當下，他早與地方上頗有份量的黑道角頭聯繫許久，急著安排從偏僻漁港搭乘漁船偷渡前往菲律賓。不料角頭那邊，偏偏有個忠心耿耿的手下看不過去，暗中通知檢警，在船尚未出港時被擋下搜查，就這樣，一切都完了，搞得他灰頭土臉，狼狽不堪。

角頭後來得知是自家手下不顧江湖道義情誼做下此事，甚感沒面子，氣得拍桌要捉拿他。這個還算有良知的人，只好被迫展開藏匿戰，而且藏得還真好，猶如人間蒸發！道上盛傳此人早就自殺謝罪，卻死不見屍，傳聞後來也不了了之。不過之後還真有眼線確認，這傢伙其實活得好好的，但神出鬼沒，不僅警覺性強，防備心也重，難以掌握行蹤，又勾起江湖界一陣討論。

有段時間只要是道上兄弟們的飲宴場合，彼此閒聊總要拿這個出來講半天，大家知道他還活著，但到底人在哪？眾人都有興趣想知道，更聚焦角頭祭出的高額賞金，然而宛如大海撈針，打探消息皆無功而返，時間一久，也就沒人有胃口再提起。

至於大老粗這邊，其後過程多所曲折，反正多案纏身，被判重刑，蹲了好些年苦窯，在獄中無意間得知，原來當時偷渡是人家角頭手下通風報信，導致功敗垂成，於是又激起此人騰騰殺氣。但他還真能忍，表現良好忍到出獄（有沒有假釋、減刑還是啥的「出獄大優待」，我不清楚，也不想知道），第一件事就是聯手那位當年協助他的角頭，共同想找出那個手下算帳。

不過，即使動員各方人馬，這個手下隱匿蹤跡多年，只知活著，在哪依舊無人知曉，讓大老粗火爆脾氣簡直炸了鍋。只是他才剛離開監牢，總是「不方便」大動作鬧事，聽聞某地有位「降頭符法師父」非常靈驗，於是搭了高鐵長途跋涉求見，不是要求「師父」找人，而是拜託下給對方降頭、催命符，最好把這個躲起來的傢伙給狠狠弄死！

大老粗開價頗高，讓這位「師父」心動萬分，還真的答應幫忙開壇作法。不到一個半月，這個失蹤多時的角頭手下，有如潛水多時浮出水面般突現蹤跡，在三溫暖店因與人爭執起口角，遭另個幫派分子從喉嚨及頭部各開一槍，血肉模糊，一命嗚呼，事情很快在江湖道上迅速傳開。

話說大老粗聽到風聲，嚇了一跳，簡直跟自己在城隍廟立誓詛咒的結局差不多！生性多疑的他，惶惶不安回頭問「師父」，該不會有「副作用」吧？「師父」一派輕鬆地回應，不用擔心啦，那個不起眼的傢伙是幫你「受過」、「背業」，簡單說就是「代替你去死」，安啦，放一百二十萬個心吧。

大老粗好樂，如釋重負，又逢道上各幫派大哥齊聚，幫他慶生兼補辦「歡迎深造返國」，席間開懷痛飲，大口吃肉，摟抱著幾個穿著清涼的傳播妹唱歌跳舞吃豆腐，心情好到簡直嗨翻了天。

或許是得意忘形，他挾了一大塊清蒸魚往嘴裡塞，竟然被又長又大根的尖魚刺卡喉，讓他突感不適。本來不以為意，但隨著歡唱「卡卡的」就是不舒服，只是為了不掃大家的歡樂氣氛，他硬是撐到宴席結束，才找來小弟幫忙處理。

豈知小弟只懂開槍耍狠，可不知道如何幫老大取出喉嚨魚刺，頭一回將手和鑷子伸進老大嘴裡，怕得渾身發抖，沒料到越弄越糟、越卡越深，最後大老粗的喉嚨部位還整個腫了起來。

大老粗痛得暴跳如雷，小弟嚇得趕緊連夜跑路逃亡，其他手下面面相覷，不知該如何幫忙，他則心煩不已，也累了，先睡個覺，明天一早再說。

就在半夢半醒間，大老粗發現床邊站了兩個人——第一個竟然是當年與他在選戰中競爭的對手，另一位則是他尋找多時的角頭手下。這兩個被他害死的人，面無表情，冷冷地看著他，一人用手指著腦袋，做出槍擊「砰」的動作，另一人則以手勢在喉嚨上劃上幾刀，吐出舌頭，朝著他冷笑兩聲，之後逐漸消失。

他情緒驚恐，嚇出一身冷汗，喉嚨則依然痛到難以言語。第二天，手下攙扶著他到診所就醫，折騰半天，醫師運用各種診斷和取出方法，詫異這根魚刺卡喉的位置相當詭異，幾乎是一般人不曾遇到的狀況，根本無法取出，讓大老粗在診所裡哇啦哇啦又叫又跳，手下則是不斷叫囂耍狠，語帶威脅要醫師「給我快點處理」。不過這醫師倒是挺有個性的，大風大浪見多了，兩手一攤，表示愛莫能助，殺了我也沒用，建議最好快找大醫院，速速救命去吧。

一行人最後轉移陣地，前往規模頗大的區域醫院，卻也不曉得怎麼搞的，竟然搞到要開刀！聽在一般人耳裡，只是弄出個卡喉魚刺，竟然還要開刀？這簡直太小題大作了吧。更離譜的是，後來又不曉得何種原因，開刀還失敗，搞到什麼併發症都出來了。倒楣的操刀醫師百思不得其解，卻也知道此人來頭可不好惹，因而沒過多久迅速請辭，趕緊遠走他鄉。

無奈倒楣的是這家醫院，度過大半年被黑道兄弟叫囂騷擾的苦日子，院長三不五十必須面對這群牛鬼蛇神鬧事，飽受無妄之災，簡直逼到發瘋。每次有糾紛就到場處理的員警都是同一批人，搞到最後警察都煩了，倒是打趣跟院長說，發個集點卡好不好，以後每處理一回就蓋一次章，積滿十點看病免費如何？院長聽了，總算放鬆深鎖數個月的緊繃眉頭，好不容易大笑一番，也就釋懷了。

之後，地方人士議論紛紛，但詳情始終被隱匿，眾人也無法清楚知悉大老粗病況到底是怎麼回事，只知他整個人「好像變了」。

幾個月後，此人從一個虎背熊腰、粗裡粗氣的流氓級霸王人物，變成坐在輪椅上、歪著頭一臉痴呆，語無倫次地手抖腳抖，沒辦法開口正常言語，所有見到他的人，幾乎不敢相信「怎會變成這款樣」？

還記得他在城隍廟斬雞頭發的毒誓嗎？一顆歪腦袋，外加難以言語，宛如利刃穿喉，看來是全兌現了。

最後一次看到大老粗，已是多年之後，而且是昔日同業記者帶著我去從旁探望。當時是印傭推著輪椅，把變得瘦弱無力的他推到公園去透氣，就看他嘴歪眼斜，頭部好像被扭過一樣，有氣無力，兩眼無神地往前斜望，據說已經快像個植物人般無法思考，不知情的人還以為是中風。看他下半身又因為不常運動，肌肉逐漸萎縮，癱掉也差不多快十年了。

照顧他的印傭畢竟是來掙錢的，不少照護移工每天辛苦勞動、無趣工作之餘，能跟同樣來台灣的其他同鄉好友聚會聊天，那可是大家每天最期待的事，因此偷閒把病人丟到旁邊涼快去，這種行為便不意外了。有些印籍看護更皮，乾脆把幾個坐在輪椅上受照顧的病人排成兩排，反正這些病人也沒啥意識了，就這樣我看你，你看我，像白痴一般互相無言對看，前來聚會的印傭們哈哈大笑，久了也不以為意。還好這些家屬們不在現場，否則鐵定氣得破口痛罵，指責對病人大不敬。

我只冷冷看了大老粗幾眼，就跟同業好友說，「走吧！」

他訝異我大老遠來，竟然不想多看兩眼，也不想上前關心，問我怎麼回事？我嘆口氣說，昔日這傢伙不是很「唱秋」（閩南語，形容一個人說話及行為舉止超囂張、誇大、目中無人）嗎？結果咧，害人害到最後，「囂張沒落魄的久」，身敗名裂，地方上早已無人關切，連前來照顧的印傭都要戲弄他一番，搞得如此不堪，毫無尊嚴可言，何必當初？

更慘的是，後來大老粗在某個夜裡，因嗆咳與痰堵塞窒息，掙扎整晚後一命嗚呼，喪事辦得寒酸，毫無當年排場氣勢，一方之霸在淒風苦雨中悄悄落幕。家屬匆匆辦完儀式，燒了臭皮囊進塔位，此後再也沒誰過問，當他人間蒸發。

另外，聽聞大老粗曾委託專家開壇作法一事，經由特殊管道，我們也得知那位「降頭符法師父」地址，於是驅車前往探訪未果，爾後打聽方知這款害人傢伙，早因另案被羈押，在獄中生不如死（最後得知的消息是：已在獄中往生）。

這麼懂降頭符法的專業人士，還不懂得趨吉避凶？我請教高人得知，這又是個現世報的絕佳例證。原來管你身懷什麼飛天遁地的法術有多厲害，只要為非作歹，照樣逃不出老天爺的手掌心。

說了這麼多，不外乎誠懇勸你，不要亂發誓，特別是毒誓，也千萬不要為了達到目的或豪奪名利，使出傷天害理手段，現世報早報晚報都要報！謹此恭錄關聖帝君《明聖經》部分內容：

「……妄動橫行，造下了些冤業。遠則幾年，近則數月，報應無差，法難漏洩。」

寫到這裡，回想曾目睹一堆活生生、血淋淋的實例，不僅令人戒慎恐懼「飯不可亂吃，話更不能亂說」，且立誓壓力何其沉重！承諾而無信，報應必至，只是時間問題；一旦開始執行，絕大多數「回不去了」（除非極少特例，否則神佛不可能同意），當事者人生大概也毀掉大半，就算怨天吶喊、開壇作法，仍無法改變事實。

請注意那些信口開河、言而無信之徒，屢屢發誓不守承諾，說謊成性，照樣嘻皮笑臉，厚顏無恥，活得光鮮亮麗，臉不紅氣不喘，彷彿「一皮天下無難事」，已然成為慣性。這些「不說謊就活不下去」的人，皆有共同特徵，就是「先把眼前關卡通過，日後如果有事等發生了再說」，要不然就是「不見棺材不掉淚」、「因自卑而自大」的思維情結，才會有誆騙動力；況且這種人經常自我催眠，內心總覺得「說個謊有啥了不起？你敢發誓你一輩子從不撒謊嗎？哼！你要是敢發誓從不說謊，那才是最大謊言咧！」也因為如此，自覺理直氣壯，讓許多受害或無法認同的人，總會咒罵或祈求，讓這種人趕快遭受天譴報應懲罰，以昭天理天道，伸張正義，方可大快人心。

每每提到報應，許多讀友就眼睛一亮，開始「活」了起來，非常感興趣。由此可見，在生活當中，深受奸歹惡徒折磨霸凌者比比皆是，相信還有更大比例的人們，常陷於有苦無法訴說、不知何時才能擺脫的黑暗幽谷，對人生備感絕望或失落，想想實在令人難過。

過去在二十世紀與之前年代，召感報應的時間有三大類：一為「現報」，也就是不深刻的輕業或極重業，此生造作就此生報應，無庸置疑；二者「生報」，這是指來生的報應；三是「後報」，意即隔兩、三世或以後再報，許多人都很清楚這套機制。

不過，這些皆已成過去式。怎麼說呢？

當前二十一世紀，因屬亂世與末世，老天爺懲治惡人的因果律法，雖依舊廣大密網布建，但為求機動整飭人間秩序與維繫天界紀律，防範及遏止魔域侵犯，大多已改為現世報為主，除了僅有極少數案例涉及份量過重或範圍過廣，必須移至來生再續報外，今世因果報應，絕對難以逃脫。

收到許多讀友對於現世報的看法，看來看去，就屬政商產學界裡少數詐騙成性、荼毒百姓的奸人，是最多民眾心中「最想馬上看到報應」首選；甚至連網路酸民、詐騙集團，也成了漸多百姓希望看到遭報應的對象！果真時代更迭，痛恨目標也有所調整。

謹此嚴肅正告所有從政者、為官者、為民喉舌的民代，以及與政治有關的人士和團體，再加上商界、學界、產業界等，如果你不循正道和天理，在高舉民主、公理與正義的大纛下，實質內藏無良無德、狐群狗黨，甚至吃相難看、說謊撇責、栽贓污衊、雙重標準，只為壯大勢力貪財與抓權，傷害蒼生百姓，不循正道面對競爭者，手段卑劣殘酷，老天爺全都看在眼裡，也都會逐筆記下，靜待適當時機出手代為制裁，那你就會一路難看、一敗塗地，等著讓眾人咒罵，遺臭萬年！到今天你若還斥為迷信鬼怪，就請繼續吹哨壯膽，後頭必有好戲上場，精彩絕倫，不看就可惜了。

至於躲在鍵盤幕後帶風向、毀人名譽、踐踏尊嚴，還有意圖詐騙取財者，別以為「只是」用文字酸酸人、嘴巴話術騙騙錢，沒啥大不了；就已經說過，或許法律攻防讓奸巧的你不痛不癢，但切勿以人類標準看待天界神明，否則最後吃虧受苦的絕對是自己。

我只能苦勸這種人趕緊回頭是岸，悔悟自新；雖不可能完全無罪，起碼減輕許多，最重要的就是喚回良心，只要喚得回，全盤都還有得救。這可不是傳經講道的宗教家理念，只是一個業餘通靈人的深刻感觸及誠懇說明。

報應這種機制唯一讓人心急的，就是你無法預知何時發生，相當戲劇性，更讓不少蒼生百姓抱怨「何不速戰速決」。當然，報應是有可能迅速就報，但還有更多個案，必須潛伏埋藏十幾二十年、數十年以上做布局，等待此人快意春風至最高峰頂點，使其貪得財富名利瞬間瓦解，化為烏有；或此人正逢最落魄低潮時期，來個「錦上添花」，災難接踵而至，破壞效果更強！什麼樣的懲戒方式都可能會有，甚至禍延子孫，跟著倒楣陪葬……

別怪我沒再三提醒你，現世報是第一種懲罰，但還有第二種，那叫做「天懲」。就算某些聰明傢伙老早將犯罪證據毀屍滅跡，也可能藏匿得天衣無縫，未見百密一疏，精於算計，僥倖躲過律法制裁，真的別高興太早，我親眼目睹案例太多了，所以才敢大聲告訴你——天地鬼神的運作機制，哪這麼輕易放過你？除了現世報讓證據在無意間突然現形，古今中外太多案例可證，不多贅述；即使陽世間沒報應到的，仍會留至陰曹地府慢慢算，懲罰加倍，慘狀當然更甚於陽間。

你可能沒聽過的俗諺：「陽律無奈，陰律來辦。」說的就是這個道理。

但仍有讀友憤恨不平地質疑，罵我現世報理論講得這麼多，為何不看看另一批混蛋？這年頭還真有靠著邪門法術、符咒道法、祭拜魔神的惡棍，仗恃邪魔歪道罩著當靠山，即使說謊、發過毒誓、允諾之事從未兌現，依然過得好端端的，卻在看不見的背後殘害眾多無辜者，只為成就一己之私，巧取豪奪，而且還高枕無憂，多令人憤怒啊！那不會符法、不懂通靈、沒錢請得起道行高深師父開壇作法的蒼生百姓，豈不是只有挨打份兒？現世報又在哪？老天爺怎不睜眼瞧瞧？

過去我很少談到符咒降頭法術這一塊，畢竟我非專家，但由於遇到類似狀況頗多，便趁此機會順便提供看法，謹供參考。

話說奇門遁甲之術有好有壞，「正術」乃助趨吉避凶，保佑平安，但「邪術」只會降禍致災，嚴重時導致家破人亡！你覺得恣意亂用法術害人，絕對高枕無憂，不會有事嗎？想得未免也太簡單了些，因為你僅看到表象。

運用邪術達到目的，其實也是害人害己。某些有能力施法者本身遭蠱惑，為眼前利益或權勢誘惑，不是助人反害人，最後「迴向」給自己的，不會是功德，而是一筆爛帳！再怎麼厲害的法術高手，仍然逃不過天理循環制裁。最後的結果可能是由老天降旨懲罰，或遭支撐邪術的背後魔域、鬼域勢力強行帶走折磨；無論哪條路、哪個後果，之後下場絕非平順寧靜，必然痛徹心腑。

至於教唆施法者，也別以為自己沒實際動手就沒事。不管基於報復或嫉妒心態，教唆者藉由懂施法者加害特定對象，儘管多半如願以償，但其後所要付出代價，恐怕就沒這麼簡單。

邪術如同罪大惡極之黑道勒索，這可不是單純交易買賣或「使用者付費」概念，你若這麼想，那實在是天大誤會！如同陽間法律「教唆殺人」有罪一般，哪怕你到陰間冥界同樣有罪，無可遁逃。你敢叫人去害人，同樣有「迴向」效果，但「迴」給你的，不是害人之後的滿足快意，或者豪奪名利成就，而是一顆不定時炸彈。等到無法應付「另一個世界」需索無度的嚴苛要求時，那將是狠敲制裁喪鐘，哀樂響起，好戲自然粉墨登場。

被害者會知道誰教唆、誰下的毒手嗎？一般來說是不會知道的。就個人經驗來看，許多這方面正派高手受託解除邪術干擾，對於到底誰是始作俑者、誰實際執行，幾乎三緘其口；或許有不便透露的限制、另有顧慮，也就不多所追問，先把棘手問題解決比較重要。

不好意思，談了這麼多題外話，無非就是從發誓、現世報開始講起，讓讀友深刻理解「**歹路不可行**」這五字。

老天自有公斷，所以千萬不可隨意立誓詛咒。口吐謊話、妄言誑語很簡單，以為說說就算，但後果要還的債難以逆料；因此，腳踏實地、誠正崇德，方為上策，也能符應天理。我知道這很難完全實現，但既然活著，就是人生必經功課，即使無奈也罷，欣然接受也好，這關總是要過的。

套句汽車廣告詞：「聰明的，就懂！」相信你絕對懂，不用教你也會，就看要不要身體力行，只是真的不容易。

姻緣果真天註定

很多姻緣產生，真的是老天早就安排好，就靜靜等待事情發生。

我有不少原本單身的好友，總是嚷嚷「沒姻緣啊沒姻緣」在那兒怨天尤人，顧影自憐，但很奇怪，不久後莫名其妙就多了個良伴，原因是啥無人知曉，好像孫悟空突然憑空從石頭縫裡說蹦就蹦出來，很有趣。

遺失的明信片

話說故事主角好友小劉，是個外貿菁英。事件發生當時，距離這篇文章撰寫當下，約是三十年前了，當時他還只是個商社初出茅廬的大隻菜鳥，需要經常國內外各地到處跑業務，不斷洽談、媒合各種貿易機會，同時，他又是一人隻身在台北，生活必須自理。加上做貿易的人更不能穿著邋邋、形象太糟，所以造就出一身不錯的家事功夫——無論烹飪、洗衣、打掃、燙衣服，都能大小事一把抓，清理得乾脆俐落。

我始終覺得小劉長得高又帥、品性良好、勤勞節儉，脾氣又溫和，必然是女孩子夢寐以求的好男人，可是居然沒女朋友耶！騙誰啊？不過，他既然發誓「從來都沒有交往過」，我也只能選擇相信，但實在很說不過去。

我常笑他說，你這款女孩子眼中如此優秀的「天菜」、「型男」，簡直是瀕臨絕種的稀有動物一隻，應該要受到珍惜，可不要「暴殄天物」了，逗得他哈哈大笑。我也經常幫他看看，有沒有優秀女孩可以撮合。

無奈這群大女孩，條件很好，個性也不錯，但基本要求，幾乎都希望男友能多陪伴，不能忍受男友老是不在身旁，一年裡有半年在天空中飛來飛去。介紹個幾回，總是無法成功，到最後我都覺得好倦，不太想插手管了。

有一天，他早上趕飛機出國前，在機場打電話告訴我說，他昨晚夢到一張好大的明信片，那張明信片上印了大紅囍字，更赫然發現在雙喜的上頭，還有他和一個陌生女子的「結婚照」，然後寄到我家。他還夢到我收到這張明信片後，馬上去參加他的喜宴，更在致詞時「虧」他：「竟然不走正途，反而用邪門歪道追到美嬌娘，這還有天理嗎？」

他說沒辦法理解，怎麼會有這樣的夢境？希望我幫他解一解。

我也傻眼，誰曉得夢到這個情境代表什麼意思啊？我抓抓頭，在電話這一頭沉默許久，還是沒辦法說出道理，只有告訴他，別想女孩子想瘋啦！而且有對象就去追吧，哪來「邪門歪道」什麼鬼的？他在機場那一頭哈哈大笑，很有禮貌地承認，自己可能就是這種「德行」吧。於是相互道別，我也掛上了話筒。

他這次商務行程是從台北出發，先抵達香港，再到曼谷，最後是去倫敦及曼徹斯特等地，最重要的是洽談媒合英國電子產品，及調查農畜產品業務，並且親自去農場考察。抵達英國後，他為了省錢，沒住在倫敦，而是選擇前往郊區小鎮，晚上住在一家平價小旅館裡，一晚住宿加一頓早餐，便宜划算，準備第二天前往原物料廠商的農場基地考察。

大概是時差還沒調過來，他覺得累，可是睡不著，於是從床上爬起，打開房內梳妝台的抽屜，看到有張給房客使用的空白明信片，背景是一片藍天，還有綿羊群通過柵欄的油畫，他覺得很可愛，而且看到羊就立刻想到我（我生肖屬羊），因此拿起鋼筆寫了些問候祝福語，然後工整地註明我的名字跟地址，準備第二天交給櫃枱，請旅館幫他貼郵票、寄回台北給我。

奇怪的是，他事後回想說，當時他寫完明信片後，突然覺得特別疲倦，那是一種好像突然被人下藥催眠的感覺（咦？他有過這種經驗嗎？哈哈，被誰下的藥？可疑喔），接著很快就倒在床上呼呼大睡。

一覺醒來，他是有想起昨晚寫的明信片，但怎麼找都找不到，不曉得夾到哪個地方去了，可是馬上就要吃早餐、趕火車，來不及慢慢找了，只好匆匆收拾行李，立刻下樓用餐和結帳。就這樣，那張明信片就留在房內某個角落，靜靜地躺著。

次日下午，有一對從台北出發、結伴到英國自助旅行的姊妹花，妹妹是我過去在某協會任教時的學員。就這麼巧，剛好也住進這家小旅館裡，更不可思議的是，被安排在小劉之前住過的房間。她們預備在這個小旅館住上一晚，次日計畫前往其他地方遊覽。

晚上，姊姊進浴室洗澡，妹妹為了看電視，找不到遙控器，於是開始翻床移櫃尋找，一翻再翻，連床墊都翻起來瞧瞧，結果無意間發現了那張明信片……

應該這麼說吧，妹妹本來沒有注意到那張明信片，直到眼角出現一塊白白的東西，這才看到那張明信片直挺挺地插在雙人床的床角縫裡。她好奇地拿起來，發現竟然是中文，更不可思議的是，收件人居然是她的老師（就是我啦），連忙大呼「這真是太神奇了！」趕緊叫姊姊出來看。

兩姊妹看到寄給我的明信片，寄件人署名「小劉」，但可以看出確實是在這個房間裡頭寫的，因為在小劉名字旁邊，還特別加註是在這家小旅館二〇一號房。

兩人被工整剛正、像是「刻鋼板」的字跡給吸引了，覺得這個寄件者應該是個嚴肅、不苟言笑的大男人吧，但還是產生無比好奇心。

（她們居然忘了，這房間到底是怎麼整理的？這也太誇張了吧！床單一定都沒換，要不然就是很馬虎。嗯……）

旅行完畢，她們兩人把這張明信片帶回台北，並且親自交給我。我聽完她們的描述，深感「這年頭什麼怪事都會發生」，未免也太巧合了吧？不曉得這種機率是多少分之一？冥冥中感覺似乎有「好事」將要發生。我猛然想起小劉出國前告訴我關於夢境裡的事，靈機一動，乾脆把兩個姊妹花及小劉約出來，大家見個面，說不定會擦出什麼愛情火花喔！畢竟這兩位女孩子也到了適婚年齡，但條件再好，卻連一個男朋友也沒有。

記得大家約在台北忠孝東路某大飯店的一樓咖啡廳，由我作東。小劉一臉驚訝，不敢相信他遺失的明信片，竟然會是由一對年輕女性同胞幫他帶回來，覺得尷尬不已，也表達感謝之意。對方的那位姊姊，則是好幾次微笑偷瞄著小劉，我一看就知道，那個姊姊對小劉頗有好感；至於妹妹，雖然也對小劉頗感興趣，但小劉長得太高，跟這個矮妹妹站在一起，差距實在太大，又看到姊姊似乎很中意這個男人，只好打退堂鼓，當場就很有默契地跟我一搭一唱（不愧是我的學生），開始撮合姊姊跟小劉起來。我呢，也樂觀其成，希望這次小劉可以找到不錯的對象，畢竟再幫他找下去，我都沒口袋名單了，該找誰來撮合都不曉得。

經過長達三年的相識、相知、相戀，這一對終於在春暖花開時結為連理，我則成了理所當然的「媒人婆」。

當我接到喜帖時，我嚇了一跳，因為那張喜帖上，真的是一個大紅囍字，嵌上兩人結婚照，跟當時小劉跟我描述夢境中的想像畫面，簡直一模一樣！

更讓自己驚訝的是，當我在婚禮上致詞時，隨口就「大虧特虧」這小劉簡直就不是採取正統相親手段，而是「邪門歪道追到美嬌娘，還有天理嗎？」

話剛講完，小劉大叫一聲，趕緊衝上台抓我的麥克風，帶著驚訝向在場來賓說明，三年前他夢到的結婚場景，還有我說的話，根本完全相同。

我承認用「邪門歪道」、「還有天理嗎？」這種詞彙不太妥當，不過小劉也知道，哥兒們平時混在一塊兒，胡說八道什麼都聊，嘲諷揶揄乃家常便飯，其實沒啥惡意，大家高興就好，彼此並不放在心上。

他們從結婚至今二十多年，夫妻感情非常好，小劉依然全球到處跑，偶爾他老婆也會帶著漂亮女兒一起「追老爸」，在海外順便旅行。我們每次聚會聊起，都會感覺這張明信片似乎蘊含著一股奇特力量，賜給人們好運。

但從反面來看，我剛才也說了，這家小旅館實在太不牢靠了，因為——房間清理根本不確實嘛！或許正因為店家清理得不夠確實，才多出這段不可思議的巧合，更締造了一段良緣。

該「投訴」這家旅店，還是去「表揚」比較好咧？我慫恿小劉寫封信到英國，告訴這家小旅館這整件事的始末，看他們反應如何。

對方後來有跟小劉聯絡上，沒提房間清理不確實，倒是寄了一張手寫「招待券」，歡迎他們全家再到當地旅遊，該旅館免費提供住宿一晚及早餐呢！

這到底是英國式幽默，或是殷勤待客之道？不知。不過這回特別叮嚀小劉，真的要去，叫旅館記得一定要把房間整理好，別再出現什麼「寫過的明信片」啥子鬼玩意兒，以免「節外生枝」什麼豔遇出來，我可擔待不起，讓小劉的妻子笑歪了腰。

肥貓來拉線

說完小劉的故事，還有個「另類姻緣天註定」的真實案例，那就更離奇……應該說是更扯了，而嚴格來說，這個「扯」是因為貓咪引起的。

我另一位單身好友阿江，是個不折不扣、貨真價實的電腦工程師。他在工作上盡心認真，而且幫任職單位多次破解了許多難纏駭客攻勢，深獲主管賞識及嘉獎肯定，無奈這傢伙在職場不懂逢迎諂媚和人際手腕，就老老實實埋首工作，沒升官就算了，還常被主管拗來加班，或協助同事業務到天亮；加上長期習慣黏在電腦桌前，放假就愛窩在單身公寓裡打線上遊戲一整天，身材逐漸發福，只要他盤坐在榻榻米，肚子上放可樂紙杯跟爆米花都不會掉下來，連桌子都省了。一堆朋友看到這款「絕技」簡直嘆為觀止，紛紛改叫他「江肥宅」，他只會嘿嘿傻笑，不以為意。

真的要誇獎一下阿江，他實在是個好男人，懂吃懂烹飪，家事一把罩，且心腸良善，脾氣溫和，常熱心助人。私領域比較「落漆」的是經營感情這塊，跟個小白痴似的，笨拙又不懂浪漫，我想我要是年輕貌美的女孩，看著這男人再怎麼有才華、有能力且善良，但不太會甜言蜜語討女人歡心，實在也很難成為首選。

但別以為阿江願意這樣孤老下去，當個「孤老肉」或「羅漢腳」，他也會難過地向我吐露心聲，表示他也希望有伴，談個戀愛，只是不知該從何談起，從小到大也沒人教（啊！想起來了，阿江父母早逝，他也沒兄弟姐妹，成長階段是和祖父母一起，老人家對年輕人如何談戀愛這碼事，恐怕也很難提供什麼好意見）。在跟阿江聊天當下，我的腦海中突然產生靈動，並閃出一個奇怪畫面，是他的結婚照，卻是與妻子一起抱著貓合拍。這什麼意思？

我暫時無法理解，倒是說出我的直覺：「阿江，你要不要養隻貓看看？」

「貓？」阿江抓抓臉，「養貓？然後咧？去參加愛貓單身聯誼？搞不好人家女孩子愛的是貓，可不是愛我啊！」

「唉喲，就試看看嘛！」我皺起眉頭，「你不試怎知沒機會？」

阿江很聽我的話，比貓還乖，只差幫他脖子綁項圈、牽著他出去遛了。我帶他去動物收容所，順便幫他挑選，領養了一隻公的虎斑貓。這貓跟他一個德行，又胖、又乖、偶爾調皮，圓圓大臉及肥肥大肚，毛色油亮，令人看了心曠神怡，很欠「捏」，超級療癒，唯一缺點就是愛吃。阿江寵貓寵到有求必應（貓怎麼個「求」法？），反正能夠討貓歡心的，阿江做好做滿就是了，而且照顧得非常周到，嘖嘖嘖，好個貓奴啊！

「喂！你該帶著貓去聯誼吧。」我開始擔心，「你每天只跟你的貓混在一塊兒，該不會以後娶貓為妻……啊！這隻是公的。」

阿江抓抓臉，「我有去參加愛貓人聯誼啊，可是……人家女孩子真的只看上我的貓，我這麼胖，又不帥，根本沒人鳥我。」

我覺得阿江就是傻傻的像根柱子，在人多集會的場子裡，除了很會找吃的，大概就如同電線桿一般直挺挺地，跟個障礙物沒兩樣，不知從何下手，只好不斷地教、不斷地演練。

唉，人就是這樣，沒有百分之百什麼都厲害的，阿江在職場上戰鬥力百分之百，甚至破錶，但談感情這塊，則列為「廢物級」，也笨到破錶。

有這麼一天，阿江帶著他的貓到獸醫那兒打預防針，順便健檢。他那個裝寵物的籃子被身材走樣的胖貓給撐到壞了，只好用他買的軍用大背包，將牠塞進去，只露出個貓頭和前腳，就這樣搭公車去也。

上了公車，就把背包跟裡頭的貓擱在懷裡抱著。阿江這傢伙有個特點，就是一上公車坐定後，無論多晃多搖多吵，他總是穩如泰山，甜睡如豬，因此常坐過頭到終點站，睜開眼時老是看見司機先生在瞪他或踢他。這回，就在他近乎「昏迷指數三」的睡姿出現之際，突然又被人用力搖醒。

迷糊中睜開眼睛，阿江以為是司機先生又來催他滾下車，沒想到竟然是個妙齡女子，而且還是個漂亮正妹！只不過……呃，這正妹看來不太高興。

他趕緊正襟危坐，抱著背包，客氣地問這位女子有何指教？

「你可以管好你的貓嗎？」她聲音很輕柔，但可以聽出十分不悅。

阿江睜大眼睛，一頭霧水。原來這名女子坐在阿江的前座，「投訴」阿江的貓一直在玩她後腦勺的馬尾辮子。不但撥來撥去、打來打去，而且還咬還扯，簡直把她的馬尾當「逗貓棒」了，實在不勝其擾。

「啊啊啊……對不起對不起對不起！」阿江連聲道歉，忙把那隻胖貓「塞」進包包，此時車子一個大轉彎又車速快，他重心一個不穩，整個摔落在走道上，而且是連人帶貓帶包包，貓還滾出了包包。

因為那個樣子實在太滑稽了，女子忍不住笑出來，主動幫忙把阿江和胖貓扶起來。

沒想到透過調皮搗蛋的貓，兩人就這樣認識了，聊起貓來越聊越投機，互換 LINE 說好彼此再聯絡。聯誼失敗多次的阿江，本來以為人家頂多互動一回，表面上應酬應酬也就算了，應該不會有第二次，沒想到隔了一個星期，這名女子居然主動邀約他出來，順便要求把貓帶出來吧。

於是，兩人相處機會變多，彼此認識更深，大約半年後，感情談到一個程度，覺得到了可以長相廝守的地步，就這樣決定結婚大事。

怎麼可能？我們這幫兄弟朋友一聽都覺得「你頭殼壞啦」，還是「誘拐良家婦女」，但卻是真的，阿江真的要娶老婆了，而且是胖貓牽的線耶，太離奇了。

西元二〇二〇年十月二十五日台灣光復節，阿江與另一半公證結婚，雙方至親好友共約五十人，在餐館席開四桌，鬧烘烘的氣氛熱烈。我被眾人公推上台致詞，講到之前在腦海閃過的阿江結婚照畫面時，在場所有賓客一陣驚呼，堅信果然「姻緣天註定」，這隻胖貓也是個大功臣，扯來扯去，就把兩邊的姻緣線給扯在一起。

不過，我特別要求阿江，為了健康與家庭幸福，以後天天要帶著胖貓出去散步，一起減肥。此時台下哥兒們喊出：「對！別把新娘子壓壞了！」特別具有煽動力，又是一陣哄堂大笑。

他老婆欣然同意，婚後會好好「照顧」阿江的胖貓，只要是夫妻吵架，無論要「呷粗飽」（一人修理一隻）或者「圍爐」（兩人修理一隻）都行，我們聽了搖頭直呼，這胖貓的好日子快要不多了。貓咪則是傻傻無辜地看著我，一聲氣弱唯諾的「喵～喔～」，彷彿也聽懂以後日子會是個什麼光景。

這兩個例子巧合到令人不敢置信，然而不管夢境、腦海中浮現的影像，我覺得都有特定意義存在。不管它代表著指示、警示或預告，可能是靈體預先脫離了肉身，先前往某個異次元空間，看到某個時間點的相關影像，如同瞭望，再回到肉身來說明，進而產生預知、先知效果。

小劉和阿江，兩位好友，兩對伴侶，各自緣分得來離奇，也相當另類。不過，這在通靈人的眼裡還算正常，並不荒謬，只是緣分連結過程比較好玩而已。如果你覺得通靈人好像都在講些恐怖的事，也未必啦！像這類的美事不少，我也樂於分享這份喜悅給你。

無論如何，還是祝福這兩個好友婚姻幸福美滿，長長久久。至於還在期待良緣的讀友，請先別急躁，除了天賜，尚需自立自強。不過這話聽來，對於已經苦尋姻緣多時、又屢戰屢敗的人來說，似乎很不是滋味，我能理解，也為你（妳）而誠摯祝福。

不少命理師指出，現在結婚對數變少，以及少子化，多肇因於「月下老人」老早返回天界，不再幫人牽紅線了，難怪單身者眾，但我不這麼認為。我覺得老天這項「業務」仍在持續，也堅信對於絕大多數適婚者，必有特意賜下好緣分，就看當事人有沒有慧根把握住而已。

若是不幸結了個惡緣，可能的因素太多，常見前世糾紛持續到今世打「延長賽」，或者因果糾結（馬上有人煩言「嘖！又是因果？」是的，沒辦法，這種機會挺大的），轉至今世改打「友誼賽」、「淘汰賽」等等，反正沒啥好事居多。

有時像我這種通靈人滿倒楣的，常成為某些離婚友人遷怒與不滿的箭靶。為什麼？因為他們總覺得「既然你知道我會離婚，就該在結婚之前提醒我嘛」，要不然你看，害我人生兜一大圈，在這上面浪費太多時間，最後還不是一場空！

拜託喔，這什麼論調嘛！通靈人有什麼能力跟資格，擅自改變人家因果與前世糾紛？即使知道你婚姻狀況，這能在事前明講嗎？洩天機豈不自尋死路，連暗示都不行。好吧，「就算」能講，光是在情侶談戀愛時甜言蜜語的氣氛當下，我變成來搞破壞兼觸楣頭烏鴉嘴，你聽得進去才有鬼咧，說不定氣到一輩子老死不相往來，那我幹嘛自虐討衰？

這就是人生功課嘛！該你體驗、該你做的，可別想逃避。

某位滬杭命理界友人說，由於中國大陸男女比例失衡，他在幫來客排算婚姻緣分時，難度比過去要高出甚多，也看過無數「另類」失敗案例，讓他懷疑是否與整體歷史發展、政策所為，再加上各人前世輪迴經歷有所連結，導致留下後遺症延續至今；只是無暇深入探究，也不便直言，只能委婉傳達溝通，並謀求改善之道。

他說的眾多「另類」失敗案例有哪些？還真不少。以下謹轉化成白話說明，你會更明白。

諸如「細姨命」難以扶正，或者小三命格；「剋夫命」難白頭偕老，再嫁亦然；「無婚命」則再怎麼努力，也無法與心中理想伴侶共枕而眠；「離異命」說來玄奇，多屬轟轟烈烈結婚，也會雞飛狗跳簽字離婚，若不信邪持續挑戰，通常是屢戰屢敗收場，身心俱疲；「晚婚命」還真的晚，據他自己說，在看相案例中，最晚者高齡七十一歲才首度踏上結婚禮堂，無奈婚後沒幾個月就掛了（不過至少圓夢了，這輩子也該滿足啦）；至於「無子命」就不必多作解釋……反正名堂特多，連他都覺得光是結婚這碼事能否成立，就已經夠累了，婚後尚需磨合及克服之事多如牛毛，不煩死才怪！因而看到金婚銀婚老伴，還有辦法攜手慶祝、恩愛一世，便覺得這毅力簡直非屬常人能力所及，所以實在萬分欽佩。

具有「另類」婚姻命格的人能否改變呢？先別悲觀沮喪。眾多不服輸的人，都是直接朝改運方向而行，有沒有效呢？在下並不倡導迷信，然而卻也確實曾見過經由命理高人協助獲得改善，但別問我誰擁有如此強大功力，我不做「工商服務」，敬請見諒。

但我認為更重要的是，一個想結婚的人，在內心裡應該隨時自問幾個重點，不斷反思：

一、真的認清婚姻真諦嗎？

二、真的熟知婚後該盡的權利與義務嗎？

三、對婚姻的期待與規劃是什麼？能否實質獲得或做到？

四、能否坦然面對各種變局，冷靜應對解決？

心態必須先健全認知，做好深思調適，總比起盲目勇於追求婚姻生活，風險才可降至最低，使婚姻得以美滿長久。畢竟結婚不僅是兩人的事，而是兩家族的事，更是社會人際網路中的環節之一，不可不慎。

雖然我不是兩性婚姻專家，不過有一事我絕對能夠肯定，那就是只要雙方用心經營婚姻，對家庭負起該有責任與義務，老天爺絕對會從旁幫忙，即使彼此可能都沒感覺，但總有一股微妙氣氛，像個防護罩守護著家裡，堅實抵擋外頭的風風雨雨，讓婚姻與家庭長久安康。

話題回歸到靈異領域。有個好問題：如果真是天賜良緣，儘管一時沒把握住，可是既然「天賜」，就「總有一天等到你」才對啊，怎會失去就不回頭、沒了？豈不騙人？

喔，不盡然如此喔！就我所見之經驗，有三種可能：

首先是老天真的給「僅有一次機會」，沒有及時把握住，不夠珍惜對方，或視而不見忽略，如同買到頭彩彩券塞到衣服口袋，最後被洗衣機絞到爛糊糊一般，今生無緣，只能跳腳怨嘆錯過矣。

其二是「再怎樣錯過，良緣都會回來」，這是拐彎抹角後所獲得最圓滿結局，「總有一天等到你」，就要恭喜前輩子燒了好香，積福積德，永浴愛河，並受老天爺眷顧，令人羨慕。

最後則為「轉換」。也就是即使良緣無法結成，卻能轉為摯友，多方面扶持，換句話說，就是「良緣化為能量」，彼此直接或間接互助，不見得彼此知道或不曉得，反正結局雖換個方式，卻是圓滿的。

在靈異這塊，一提到良緣，又會衍生出新的時代趨勢話題，那就是「冥婚」都已經跨越數個世紀且行之有年，那麼「同婚」呢？老天爺的神界，以及陰間冥界，又是如何看待「同志婚姻」？到底算「天賜良緣」或者不是？

在訪問幾位宗教界與通靈高人之前，我猜他們可能對「同婚」這類議題，應會情緒激動，或避而不談；但意外的是恰巧相反，大家反應都很平靜祥和，而且我所得到的訊息（指僅止於我個人。別人是否有收到其他訊息，或另有看法，則不在此地討論範圍內），不管是神界靈界，還是陰間冥界，並沒有特別針對「同婚」作指示或說明，因此就得看各人如何解讀了。依我觀點所想，不外就是相互友善、彼此尊重，另外就是依法令規範為準，其他的就不知該說什麼，並沒有特別想法。

倒是我自己本身在大學兼任教職過程中，曾在千鈞一髮之際，搶救過壓力過大、意圖輕生的同志伴侶，感受頗為深刻。

如今這對學生已在美國舊金山攜手開創另一片天，事業有成，我為他們感到高興，也祝福他們，且不需要他們要為我做什麼，我不過就是一介平凡教師而已。

最後談件有趣事。

友人問：「女兒是前世情人，可能嗎？」是有可能，這僅為其中一例，況且兒子也有可能是媽媽的前世情人啊！並沒有絕對放諸四海皆可的標準，需視個案而定。

友人聽完神色大驚，直呼：「完啦，完啦，我有四個女兒耶！那我太太豈不懷疑我前世是個花心大蘿蔔？」我忍笑回答「是有可能。」

然而，女兒們不見得前世都是情人身分呀，也許來報恩，或許是討債，更可能因緣際會，由老天爺「宅配」到這個家庭來當女兒，與累世因果毫無瓜葛或糾纏不清都很難說。不過，與其胡思亂想，還是好好疼惜最重要，畢竟活在當下，就認真扮演你的角色吧。想這麼多幹嘛？

我發覺婚姻話題還真是講也講不完。眾人為了締結良緣，煩惱問題已經夠多，甭說結婚以後一籮筐問題接踵而至！從感情維繫、彼此相處、觀點想法、婆媳問題、財務管理、教養子女，到人生規劃、退休生活、生離死別……有些伴侶未能禁得起重重考驗，中途選擇下車退出，各自分離，固然遺憾，然而婚姻生活中，擺在眼前的眾多誘惑、難題、負擔、課題……

此時朋友打斷我的話，笑著說：「夠了，你一定又要講，這是你的人生功課，對不對？」

對啦，沒錯，確實是人生課題，功課高深，而且可以挖掘的題材好多好多，講都講不完。或許往後若有機會，可以續寫一本靈異、天機與人間婚姻的書，只是這工程浩大，要追查的領域、要訪問的人事物真的很多，都可以寫成一本博士論文了。

還好我不從政，沒人對我論文有興趣，但若是出書，拜託諸位還是要買，並請大力宣傳，就算是支持經營不易的出版業吧！哈哈。

阻撓天意？

某個趨近年末的週六上班日，中午到離辦公室不遠的自助餐店買便當，就站在外帶區等著。冬陽普照，當微風襲面時，不冷又舒適，心情愉快。

一個年輕媽媽坐在長板凳上，忙著低頭滑手機，放任大約兩、三歲大的男娃兒到處亂竄。儘管現場有個歐巴桑提醒這個媽媽，不要光是滑手機，也該小心看顧好自家小孩，以免發生意外，但她似乎「沒神經」，也毫不在意，視線完全放在手機遊戲上頭，看來像是快「打過關」了，簡直全神專注，深怕一個不小心必須重來。

這個母親年紀很輕，燙了個金毛頭，耳環挺大顆的，嘴角叼根菸，指頭老練地彈菸灰，還有造型美甲耶！如果仍在穿著制服唸高中，大概屬於「大姊頭」狠角色這類型。我看了倒不覺得有多狠，只是搖搖頭，心想這娃兒要是發生意外，還是被人家強行抱走，這個母親會有什麼「感覺」嗎？滿懷疑的。

奮身撲救小男孩

小娃兒本來在店門口裡外遊走，像玩躲貓貓一樣，但大概是人來瘋、玩上癮了，乾脆就在店裡店外跑來跑去，不時大聲朗笑、尖叫，讓許多在店內用餐客人，還有等候外賣的民眾，都抬頭張望，內心獨白皆是：「這誰家小孩啊？沒教養！大人都不管嗎？」而略顯不耐煩。

此時，娃兒邊跑邊大叫，竟然衝出店門，直往紅磚人行道跑，而且即將衝往大馬路。我剛好接過店員給我的便當，才剛一轉頭，馬上看到這種景象，第一時間反射動作，就是丟下便當，立即衝出，在娃兒一腳準備踏進大馬路的瞬間，像棒球賽般撲倒滑壘、動作迅速地將他抱住！

此時，剛好一輛公車正準備呼嘯而過，駕駛反應也快，緊急煞車，發出刺耳聲響，所有人都被這聲音嚇了一大跳。

我呢，因為衝出急抱娃兒，來不及停住，一時重心不穩，狠摔地上，在人行道上滾了圈，最後側著半個身體衝進大馬路，就差距大約一秒鐘左右，我的頭就有可能被公車右前輪輾過去、腦袋「爆漿」了！

因為我側躺的臉就剛好正面對著輪胎，雖然還有一段短距離，不過已經聞到臭臭的輪胎味，還有迎面撲來的一陣難聞熱氣。

那輛公車正準備進場維修，所以沒載客，但駕駛驚魂未定地跳出駕駛座，趕緊開門察看。當他看到我慢慢爬起身，還把娃兒抱起來時，他瞪大眼睛狂叫：「天啊！一個大人，還有一個小孩啊！夭壽喔！」

包括店裡的人、顧客，全都跑出來看，我在眾人錯愕、驚訝的神情中，緩緩地站起來，表示沒事，不過在那當下，為了保護娃兒不要被我撲過去時傷到，所以我抱著他摔下倒在地時，手肘敲擦到地面產生挫痛，那娃兒則毫髮無傷，只是受到驚嚇，開始哇哇大哭。

現場民眾目擊都說好險，公車駕駛則是臉色慘白地硬按住我肩膀，再三打量我，並確認是否無恙。我微笑告訴他，真的沒事，請繼續開車，我堅持不留資料，也不想報警麻煩「條子杯杯」，就只是單純地把小孩「拉回來」而已。對方仍然很不放心地看著我，不斷撫拍胸膛，喃喃自語唸著佛號，我看了不忍，又覺得這駕駛人品良善，還是留下名片，至少讓他安心。

公車駛離後，眾人直說我命大，順便安撫大哭的娃兒。此時媽媽緩緩上前，我以為她是要來謝我，結果卻是把手機放下、菸屁股一丟，竟然開始指責我：「你大驚小怪，我小孩知道哪裡有危險，不會亂闖，你這樣只會嚇到小孩，懂不懂？」

她衝著我連珠砲大聲叫嚷，中間夾雜幾句不堪入耳的粗話，謹此刪除，以免讓一群讀者看了絕對跺腳兼吐血。

我忙著拍掉外套與褲子上的塵土，還來不及回應，幸好不認識的民眾，還有店裡老闆看不下去，紛紛跳出來為我主持公道，開始輪番回嗆這母親。

「誰不懂？妳才不懂！」有位穿著短褲的平頭老先生，擋在我前面痛罵這母親，「人家用性命去救妳小孩，妳沒謝謝人家還黑白講！」

「誰黑白講啦？」這母親雙手扠腰，嘴角翹高，一副擺明就是電影裡「包租婆」無賴臉，歪著嘴巴氣焰沖天，「我沒叫這個人賠我小孩精神損失已經很客氣了！我小孩自己知道哪裡不可以去，是這個人自己硬要雞婆，我要告他！」

原來我叫「這個人」？媽的！瞬間讓我肝火飆旺，開始不客氣地大反擊。

「如果剛才我不撲上前去抱住妳兒子，他絕對被公車撞死！」我瞪著她怒吼，「妳如果要我賠，現場這麼多人可以見證，要告我嗎？請便啊！怕妳喔？」

越來越多人上前聲援，臭罵那個母親失職，令她招架不住，又看到她兒子還在使勁地哭，覺得非常沒面子，撂下一句，「你們莫名其妙！幹！神經病！」之後怒氣沖沖牽著小孩離去，不忘還怒小孩，邊走邊罵，順便捏耳朵，讓這娃兒哭得更加霹靂慘。

「莫名其妙嘛。」幾個顧客搖頭嘀咕，也問我傷勢如何？我呢，真的沒什麼事，只是感嘆「好心被雷親」，這年頭救人還要被痛罵。

然而，不衝出去救，那娃兒鐵定被公車壓過去，沒死也至少是撞成重傷起跳，那個媽媽又會怎麼想呢？唉！

雖說沒事，回辦公室後卻開始有事了。

傷好之時，便是人走時

用餐後趴在桌上小睡片刻，午後醒來覺得手肘不適，隱隱作痛，趕緊把袖子拉起來看，結果驚訝發現，挫傷的手肘不但烏青腫大，而且還泛著血水。

「天啊！」我驚叫一聲，「怎麼會搞到這麼大範圍傷口？」

週末時段，公司裡的醫務室沒開，還好我自己隨身帶著簡易救護包，用藥膏胡亂搽搽抹抹，包紮一下，暫時也就不在意了。

回家後，在洗澡時才發現我兩手手肘、手臂都受了傷，傷口擴大，身上穿的襯衫都沾到血水，請妻子幫我擦藥，順便敘述救娃兒還被罵的不平之事。她覺得不可思議，不過也只是對現代某些父母教養子女的離譜方式搖頭，倒也沒多說什麼。

之後，傷口毫無緩和跡象，雖然再也沒有血水湧出，但轉為烏青紅腫狀況一直未消，連帶使得在辦公室的工作也受到影響，邊打字邊感覺千針刺臂，就算可忍，難免干擾上班情緒。連著幾天依然沒有好轉，只好到公司對面的醫院去治療。

醫生和護士都很親切，可是傷口治了兩回，消炎針打了，藥也吃了，依舊毫無好轉跡象。我實在沒辦法，聽同事說某某專治跌打損傷的國術館還不錯，去了之後才發現，前面一個患者被當「橡皮人」一樣，整個肢體被拗、被折、被轉，還被扯，說是骨頭很快就「喬好」了。確實是很快，卻哀號得驚天動地，嚇得我瞠目結舌，奪門而逃，從此再也沒勇氣上門求治，真怕自己被「折成」非人樣子。

怎麼辦？過了一星期，烏青紅腫跟個菠蘿麵包差不多，疼痛加劇，我好似廢人一般，兩手臂手肘不聽使喚，深夜睡覺時不斷被痛醒，難以成眠。就在這時候，突然發現在黑暗中有兩個高大身影矗立在我床邊。

我發誓，我沒睡覺，因為痛得半死，哪來閒情逸致呼呼大睡？我睜大眼睛定神凝視，竟然發現是兩個「差神」（「差」音同「拆」，如同郵差身分），正生氣地俯視著我。

以自己過往的經驗，心裡突然有個念頭閃過，莫非我這手傷跟小娃兒有關？還是我看到黑白無常、預示陽壽已盡，準備要打包行囊，告別陽世返回靈界或冥間？等等，我還沒跟家人告別耶！

這兩位「差神」，外型像霧像嵐又像塵，雖然看不出真實身分，但斥責我的力道十足，不過內容宛如錄音帶倒轉怪音，聽不太懂，況且要是一般人夜半敢如此嘶吼，鐵定被鄰居投訴。就在此時，妻子在旁睡得鼾聲大作，偏偏搭配只有我才聽得到的怒罵聲，彼此交錯下，反而讓我感到好笑，我也不知哪來覺得好笑，剛「噗嗤」笑出聲，兩位「差神」馬上貼近到我眼前。

「你還笑得出來？」終於聽懂了。

另一位持續怒叱，「你為何多管閒事，把我們要帶走的人留下？」

我一聽就怔住、明白了，指的就是小男娃兒的事沒錯。

「身為一個凡人，看到有人遭逢危難，第一時間必會上前搭救，是很正常的事吧？」我倒沒在怕，等於像在據理力爭，「要不然呢？要我拍手叫好，讓你們把小男孩帶走？這樣我還算是個『人』嗎？」

此番反擊，讓兩位「差神」沉默片刻，看似贊同論點，只是後來還是告誡我，表明：「這小娃兒原本時間已到，但你這個與靈界相通之人從中阻撓，該要受懲。然你出自善念，且與帶回此人無任何因果，故僅給予皮肉疼痛之傷。待我方交差之後，傷勢必癒。換言之，你傷勢痊癒後，我方會將小娃兒帶走。」

說完，兩位「差神」連給我發表「感言」的機會都沒有，就像是一縷輕煙緩緩飄過眼前，瞬間就消逝不見，比不明飛行物體還快速。

我簡直愣得不知該如何是好。這意思是說，如果哪天我的傷好了，這小娃兒豈不就……？如此一想，覺也睡不著了，嚇到發抖，爬起來坐在床沿開始胡思亂想。

自此之後，我變得心神不寧，我不擔心自己傷勢，只怕小娃兒出事，雖然他媽媽實在欠揍，但這是一條寶貴人命哪！

不久後，某天下班途中，竟然遠遠湊巧看到這小娃兒的媽牽著他走在路旁，小孩子蹦蹦跳跳，一下子摸牆壁上的雕花，一下子拔著人行道上的雜草，大人「照例」邊走路邊滑手機，頭也不抬，頂多孩子掙脫被牽，小吼一句：「靠夭啦！別亂跑聽不懂喔？跟隻潑猴似的！對啦！就是『著猴』！」相當讓我傻眼。像這樣的父母不在少數，有時候自己心痛眾多幼兒死亡案例，原因多出自於父母長輩的粗心大意，令人又急又氣。

如果「差神」叫我別多管閒事，眼看這小孩又可能遇上大難，我該怎麼辦？

顧不得妻子煮好晚飯等我回家吃，我默默地從後頭尾隨觀察，像個「怪叔叔」似的，連自己都覺得很白痴。幸好這天他們母子都很平安，我也就放心了。

然而，我一回到家，赫然發現自己手部傷勢的疼痛感消失了，歪頭一看，所有原來腫大的傷口居然瞬間全不見了。連妻子都嘖嘖稱奇，因為一早她還看到我傷勢似乎沒有好轉，還擔心不已，但在此時，傷口居然像「紋身貼紙」被洗掉般，未留下任何痕跡。

我完全沒有喜悅，反而開始渾身發抖，背脊發涼，憂慮起小娃兒。妻子問我為何皺眉，我不能明講，只能用一句「我累了」草率帶過，結果當天夜裡躺在床上，我始終沉重不安，身子像煎蛋餅一樣翻來翻去睡不好。

此後近半個月，我有些魂不守舍，每天一早除了盯著電視看新聞台報導，外加焦慮找報紙市政版仔細瞧，鎖定火警、車禍、意外、被虐這類消息。幸好沒發現什麼「小男孩慘遭……」之類字眼的新聞。有時下班後，我也會特別兜到鄰近巷道，看看小娃兒有沒有出來。

之後，隨著時間一久，好像啥事也沒發生，心情逐漸平靜，覺得可以安心了，甚至一度心想，那兩個「差神」不過只是想嚇嚇我而已吧？哼！簡直整人嘛！

於是，這件事便慢慢被我淡忘。

逃不過的命定輪迴

又過了幾個月，某天中午在辦公室裡，同事外出前，問我要不要吃便當？他們可以順便帶回來。我當天不曉得怎麼搞的，就想出去透透氣，於是謝過同事好意，我還是走出公司大樓，漫無目的閒逛，就逛到以前買過便當的那家自助餐店去。

一到店門口，老闆透過玻璃櫥窗見到我，並沒有客套地打招呼「唉喲！好久都沒看到你來！」反而趕緊擦擦手，臉色凝重地走出來，將我拉到一邊去。

「你記得之前冬天救的小孩，還被他媽罵一頓的事吧？」老闆小聲地告訴我，「那小孩……還是死了！而且死在同樣的地方，就前面這裡……」

我瞪大雙眼，不敢置信，望著老闆半晌說不出話來。

「真的很奇怪，很邪門。」老闆指著店門口前的人行道，「就前一陣子，那個年輕婦人家又牽著孩子來了，照樣點爌肉飯便當外帶，那個小男孩照樣到處亂跑，這次是直接往大馬路衝出去……」

我馬上打斷老闆的話，「你該不會告訴我說：『被同一輛公車壓過去！』」

這下換成老闆瞪大眼睛，「你……你怎麼知道我要講這句？而且司機又是……」

「噢！天哪！」我大嘆口氣，手遮著眼睛，鼻頭一陣酸，望著天空喃喃自語，「怎麼會這樣啊？怎麼會這樣？唉……」

一想到小孩生命逝去，還有那位公車司機的良善，身為能預視卻無法搭救的業餘通靈者，心中壓力及悲慟可想而知。我也納悶自己為何漏看了這則新聞？後來檢視後才知道，發生事故當天與次日，我人正好在國外，據說新聞登得還滿大的，記者炒了一兩天之後灶子漸冷，我才回到國內，渾然不知出了什麼大事。

或許還真是命中註定，而且註定不讓我看到消息。我心情失落好一陣子，直到高人來找我喝茶，告知這件事，他盤算了一會兒，拍拍我肩膀，直說根本無需為此事憂慮，因為這本來就是安排好的，我只是從中無意間打亂布局，讓原本該發生的事延後罷了，但不管有無打亂布局，該發生的絕對會發生，所以不必自責。

高人經由感應後告知，公車司機與小孩之間本來就有累世因果關係，這小孩前世是個工廠捆工，公車司機則是同廠挑夫的同事關係。某日他將某種木製原料綑綁壓製成大型厚重的圓餅體，將此原料推送至坡梯，再滑溜到外頭給挑夫裝運上拖車，準備推往另一個廠房。可是沒有事先預警呼喊，外頭挑夫也看不到裡頭情況，等到一個大圓餅突然快速滾落到眼前時，因為速度過快，措手不及，立刻被輾壓過去，當場內臟破裂，大量出血而死。

「天啊！到底是多重？」我有些傻眼。

「如果換算很難說個明白，但感受上，大約就是接近一輛大客車或大貨車的輾壓重量吧。」高人嘆氣說道，「這兩人糾纏得還真久，同樣輪迴好幾次，都是『過失致死』，不同在於『這次你被輾壓，下回換我被輾壓』，致命物體都是圓形物體（像是做成厚重圓餅的原料、公車輪胎等）。至於為何會不斷出現這類輪迴原因，若要追究，則需要溯源再查，還不見得有答案。」

聽罷，方知起因於因果輪迴後，我心裡才稍微好過些。

高人說，還好我命夠厚、夠硬，老天也幫了忙，雖然無意中打亂不相干人等的輪迴布局，居然僅得輕傷，幾乎全身而退，沒給粉身碎骨實屬萬幸，簡直可以拍成電影了！

我倒沒有「撿回一條命」的萬幸心情，卻是很不服氣地回應：身為一個「人」，不就是「見人有難，挺身相救」嗎？鬼知道人家到底有什麼輪迴問題？在那種緊急狀況下，誰能瞬間就曉得該不該救？誰會想過對自己會不會惹禍上身？真是胡扯！

高人哈哈大笑，直呼我並無說錯，關鍵只在於陽間邏輯，與陰間冥界，甚至高至神界靈界想法都有極大出入。比方說，我們看到某人在街路行乞，你覺得可憐，心生惻隱而施捨，但你不知道他的背後，其實做了無數傷天害理之事正等待報應，你這麼幫他，等於分擔了他該有的「業」，適得其反。

我聽了當然不以為然，直呼人的善念珍貴，難道老天要視而不見？何況再次強調「人不是神」，不可能立即判斷需要被幫助者背景及身負因果啊！我們既然絕非「超級電腦」，又不會「掐指神算」，這麼說來，豈不是要將善念收起，崇尚明哲保身，乾脆誰也不幫？這樣下去不天下大亂才怪咧！

此時，高人嚴肅告知，善念當然要發揚，像我這種案例甚少（算我倒楣嗎？），但如果在一般狀態下，被助者是否應該受到協助，在這個亂世裡，最好需要多一點觀察與判斷再作決定，並不困難。

他舉例說，年輕時，他曾在公路局車站遇到個披頭散髮的瘸腿男子，傷口滲出血水，全身髒兮兮，側身半躺舉著破碗，點頭請求施捨。

高人家族裡行醫親戚多，自己耳濡目染，也略知一二；打量觀察其傷口，納悶根本不該有此不符常理的怪異顏色，且其樣態似乎先經化妝，意圖詐騙成分居多，因此和顏悅色告知對方，勸誡好手好腳，就該行正途、走大路。

豈知對方惱怒，粗話斥責，高人則微笑不回嘴，乾脆與他對坐直視，讓這名男子坐立都難安。經過些許時間，這傢伙急著如廁，實在憋不住，只好迅速站立，長褲一捲，將腿部傷口全遮，健步如飛往廁所狂奔，引起路人側目，所有醜態逐一現形，也終於讓人看破手腳。眾人直呼還好沒施捨這個冒牌可憐蛋，否則就冤大頭了。

高人直言，助人善念是美德，但以後就要知道，凡事宜多一道判斷，先別急著出手相助。

我反問，若一個人過去至今經常因此被騙，可能擔了不少惡徒的「業」，該怎麼辦呢？高人回答，很多時候，這種大好人擔了「業」，是有可能在別的地方受苦受難，相信不少讀者聽了可能很生氣，覺得若自己無私善念卻被這樣糟蹋還受害，可有天理？但也不用太難過。

高人說，換個心境想，或許你正在「兌現」自己累世下來業障，必須償還。而老天看在眼裡，若你「債務」還完仍遇不順，祂絕對會適時幫忙，只是你尚未察覺，或看不到而已。

換句話說，高人的意思是：老天爺是公平的，毋須多計較。**很多事我們僅看到表象，在未能深入探究背後的情況下，很容易導致對神明誤解與憎恨。**

如果我出手相救小男孩這個例子，換成高人，他也會瞬間出手嗎？高人毫不遲疑表示「當然」，而且就算重傷甚至因此死亡，那就是命，就留給老天來評斷安排吧。相信上蒼有好生之德，必有公平公正對待，別想得太悲慘。

不過他再度重申，緊急狀況除外（這種結果通常要看自己造化囉），如果就一般相助這件事，每個人其實都可以稍微留意，多些觀察，即可理解判別所見求助者到底該不該幫，以及如果要幫，該怎麼幫、幫到什麼程度。

與高人一番討論，心中積鬱逐漸化散。只是高人接下來要說的，又讓我開始覺得憂心忡忡，因為他所講述之事，目前正在這社會中不斷蔓延，還有更多人渾然不覺，情況更加嚴重。

他感嘆說道，現在果真是個亂世啊！訛詐欺騙之人何其多，甚至有些名人或某些團體遭到「魔化」，表面上是道貌岸然，背後卻盡幹些傷天害理之事，或詐騙信眾勸募，匯集可觀錢財，並未用於濟弱，反而全進了自家口袋。如果你擔心成了幫凶，那麼就該睜大眼睛，親自仔細觀察、分析、判斷，看看到底孰正孰邪。

雖然有些不見得馬上就有答案，也需要更多的時間查證，然而多一分動腦、警覺、分析及判斷，努力不會白費，相對的也可增添福慧，更是保護自己，絕非壞事。只是不管最後答案是對是錯，唯一要注意的是「休想推給別人代勞」，必須自己思索、親自去查，否則就枉費身為「人」的價值及真諦了。

回頭再談談救人之事。

就在這篇撰寫當下，媒體登載某位知名偶像歌手自撞車禍，當下有路過駕駛見義勇為，將他從起火的車內拖出，並報警搶救；當眾人讚揚該駕駛義行時，卻有醫師及律師表達不同看法，認為萬一救人導致傷者狀況更加嚴重，恐怕日後會有挨告之虞。結果引發輿論與網路評論熱議，有人搬出法條駁斥，也有人找出法院判例辯解，一時之間網路上被這議題炒得火熱，甚至辯論過程中，意外讓好多人情緒都炸了鍋，效應難以想像。

老實說，法律沒有錯，救人也沒有錯，可是這中間確實有令人糾結之處，總要等到法官判定，一翻兩瞪眼，過程漫長且煎熬，誰願意呢？當見有人遇到危難，大家在習慣上，都會於第一時間奮不顧身協助脫困；然而，萬一引發後遺症，好心卻可能造成痛苦深淵，以後大家不就袖手旁觀、拿個手機猛拍畫面即可？還可以將畫面賣給媒體賺點零用錢，或上傳網路平台炫耀，這種冷漠心態豈不更酷更棒？真令人難過。

有位已退休讀友，在我先前舉辦簽書會後，特別來找我，分享往昔救人往事。他曾因救人惹上無妄之災，雖然與我遭遇不同，最後結局也正向，卻不免對過程中的人情冷暖感嘆萬千，也期盼人間仍有溫情，延續美善，不要被澆熄了。

退休前，他是大貨車司機，多年前某次載貨時，曾目睹一名騎機車婦人載著小娃兒，在路口轉彎，因視線死角，結果遭這位讀友前方貨櫃車當場撞倒輾過。當時這路口沒有裝設監視器，行車記錄器與手機雖已問世，並非全然普及，貨櫃車駕駛似乎也沒感覺「撞到人了」，竟一路呼嘯而去！他毫不猶豫趕緊將車停於路旁，趕緊找公共電話亭報案，並上前協助救人。

小孩後來救活，但媽媽最後傷重不治，他懊惱未能兩個都救回來，神情哀傷，卻被對方夫家家屬成員誤認「此人搶救不當」、質疑「搞不好這才是肇事者」，結果意外惹上訴訟。

他原本秉持坦直之心，無懼任何詰問，但隨著多方臆測誤導，蒙受不白之冤，耗費時日才得以洗清；而被誣枉討回公道訴訟要錢，遭解雇無法工作所需之生活費壓力，沉重扛在身上，妻子與女兒又因此對他極不諒解，使他一度對人生相當失望，原本和樂家庭關係變得冷漠緊張。他不斷懊惱自問：當年救人是否正確？見義勇為錯了嗎？

官司告終，為了生計，他後來轉任臨時工，偶爾開車載運水泥土石。某日開車，行經之前車禍事發地點附近的土地公廟旁，不知為何，雇主提供的貨車突然熄火，他無奈將車停在路旁，修了半天不見好轉，急得滿頭大汗。忽然抬頭看見土地公廟，心生一計，或可祈請神明幫忙，所以上前虔誠一拜，回頭繼續修車，沒想到一下子順利發動，令他感到訝異，甚至是驚喜，真是神奇。

返家晚飯後，妻女照樣回房不理他，他無奈看著電視，此時電視上出現的畫面不是他常看的連續劇，而是土地公微笑的面容，他還以為「轉錯台了」，可是無論轉到哪個頻道，都是土地公！

他沒有被嚇到，只是不解。此時土地公緩緩開口，小聲對著他說，要他寬心，他並沒有錯，不用為現況沮喪，也沒牽扯什麼因果問題，老天爺會幫忙，「有人」也會幫忙，一切都會好轉的。說完，影像就逐漸消失，電視畫面恢復正常。

回憶當時情境，他笑說沒被嚇到，也知道不是作夢，只是感覺莫名其妙，還以為哪支廣告賣什麼產品似的，更沒真正放在心上。但什麼「有人」會來幫忙？這哪門子意思？不懂。

次日休假不用打臨工，他心情依舊低落，不想待在家中，於是獨自到公園徒步散心。偌大的公園口旁，有個穿著樸實的中年女性，戴著太陽眼鏡，握著「黑金剛」大哥大手機，情緒似乎有些激動，原來一旁轎車是她開的，突然拋錨不動，她又趕著送現金到某個地方，像是繳納訂金還是什麼之類的。好啦，不管了，現在車不動，四周又沒店家，她有時間壓力，叫人來拖走修車，修車廠的「阿海」（可能是老闆吧）卻沒回電應答，情急之下，只好趕緊打電話向另一半求救。

他說，本來心已死，不想再管閒事，就直接走過去吧，可是不知為何，走了十幾步遠，內心始終有股聲音對他說「這個忙一定要幫、這個忙一定要幫」不斷迴盪四周，讓他突然感覺有些掙扎。

他開車多年，對修車雖非專業也懂些，儘管昨天在土地公廟旁修了半天有點糗，但他還是有些自信的。不知為何，他自動轉身回到那輛車旁，對著那位女士詢問是否需要協助修車？

人家遇到救星當然高興，客套話就不多贅述。他爬進車內再到車外，很快找到「病因」，並立刻排除，車子馬上生龍活虎。這位女士忙著講電話，沒多注意他在幹嘛，但眼見車突然修好，真是喜出望外，不嫌髒臭地握著他油膩黑手頻頻致謝，當場掏出一萬塊現金酬謝。他回憶當時，覺得自己腦袋早被刺激到「不願相信人」，直覺想著這其中必定有詐，所以堅決推辭。女士因為趕時間，不能久留，只好鞠躬道謝，將車迅速駛離，他也沒放在心上，頂多手髒了就回家洗洗而已。

再過了幾天，他打臨工的雇主積欠賭債惡性倒閉，連領班都跑路不見蹤影，一群工人沒錢可領，聚在工地外氣到砸器材洩憤，警方到場了解狀況並維持秩序，幾家電視台還出動

SNG車現場報導。突然有記者拿著麥克風杵到他面前，他一時悲從中來，紅了眼眶，無法控制情緒，就把自己這幾年來所受委屈哇啦哇啦全爆了開來，也不管人家有連線時間壓力，一個初老男人，就這樣激動邊講，邊哭得霹靂慘。

兩週後，他家門鈴響起，他頹然地坐在客廳冥思，直到外頭有人說「可能不在家吧」時才驚醒過來，連忙打開門探頭到底是誰。

原來是那天他幫忙修車的女士，跟著夫婿一起登門拜訪。這位讀友說，他壓根兒都沒想到幫忙修車、上電視這些事，竟然改變了他的後半生。原來這對夫妻經營的事業挺大的，先是老闆娘看到電視畫面，得知他情況，趕緊託人打聽住哪，想當面致謝，並與夫婿商量後，決定誠摯邀請他進入該公司工作。

這位讀友不好意思地告訴我，他對人生與人性本來已經不抱任何期待，即使這對夫妻當面誠懇向他道謝，一再邀請，還是使他警戒懷疑。他冷冷地回答：「我曾經被人誣賴過、羞辱過，性格都扭曲了，你們怎知我是不是個好人？搞不好我其實是個惡霸，你們引狼入室，到時候把你們公司搞垮，誰負責？」老闆娘委婉地回應他，當時他爬進車內觀察修理時，副駕駛座椅子上正攤著一捆捆鈔票，「你一張都不拿，而且之後薄酬致謝也不肯，既然不貪不求，當然知道你是個好人」。

她說完這句話，這位讀友有些尷尬地說，他不知怎麼搞的，竟然當著這兩個陌生人面前號啕大哭，彷彿要把近年來所淤積的劇痛和抑鬱，全都徹底釋放！之後，他試著把心慢慢放下，決定接受人家誠懇的邀請，進入公司，擔任貨運卡車調度主任工作，就當作重新出發。

他轉述老闆夫婦說法，公司生意本來就很好，唯獨貨車運送業務這塊太弱。之前部門主任領導統御過度強勢，司機跑掉一大半，讓他們夫婦頭痛不已；現在他來了，他的親和力與豐富經驗，不但深獲司機們信賴，離職員工也願意回來，與資方和諧相處，客戶好評如潮，整體士氣都提振到最高點，營收業績當然如虎添翼往上飆升，有時忙不過來，連他自己都要親自跳下去開車載貨呢。

不過進公司時，他的年紀也大了，僅有幾年時間即應辦退休，可是在那幾年，他主動建立起很好的制度，令老闆夫婦感激在心。退休那天，他的員工戶頭裡額外多出一筆十分優渥的數字，他覺得這錢萬萬不能拿，又打電話回公司找老闆，想將錢退回，只是老闆堅持「這是命令」，且告訴他，他們夫婦非常心疼他在那段「救人反被告」的慘澹時期，所受到的屈辱和不平絕對難以言喻；這筆錢固然無法平復內心創痛，但總能彌補他失業那段時期的諸多開銷，就算是回饋、失而復得吧！

老闆夫婦一再強調「感同身受」，原因是他們創業初期，也曾遭遇「真心換絕情」、「助人反被咬一口」的悲慘經歷，為此還鬧上法庭，最後因經營經驗匱乏、證據憑空消逝、遭人擺道而敗訴，財務損失極其慘重。原本想著報復，後來他們思考許久，頓悟深知「人性不該如此殘忍卑劣」，因此在抱頭痛哭、擦乾眼淚後，夫妻倆歸零重新開始，踏實經營，才有今天成果。他們也很高興，老天安排了一位菩薩來幫忙事業推動，助益良多，有形無形利益大到難以估算。

這位讀友說，之後他也回到土地公廟拜拜，至少他曾祈求神明幫忙把車修好，總該感謝吧！而且，他覺得土地公的慈祥容顏越看越「投緣」，心想乾脆捐出一筆經費協助改建寺廟，算是還願。

稍後數日，他到寺廟管委會辦公室兌現承諾，有位耆老直盯著他瞧，讓他有些不太自在，詢問有何指教？耆老微笑說自己可以通靈，就看到有個四肢殘缺不全的女子，拜託祈求土地公幫幫忙的影像，「要幫的對象就是你耶！」

這位讀友睜大眼睛，簡直不敢相信。耆老說：「這女的年紀不大，一直在感謝你，我不曉得在感謝什麼，應該也不是你的家人，但她不斷拜託神明，說必定要幫你的忙，因為你救過她，還把小孩救回，所以她說什麼都要報恩，謝謝你無量的救命恩德，你卻還要承受這麼多委屈，她感到很對不起你。」

至此，他恍然大悟，原來後來的轉機是車禍死者的祈求而來。他感動得發抖落淚，卻也自責「堂堂男子漢，怎麼年紀越大越愛哭」。

更意外的是，回到家後，當晚死者娘家的大哥突然來訪，為妹夫家屬成員先前的不理性、誣陷造成他受屈辱的事，連帶誤導娘家這邊，想了非常久，深感有必要過來致意，最後也鼓起勇氣親自登門致歉與致謝，希望能獲得他的諒解。

這位讀友長嘆一口氣，表示平靜心情又被挑動起來，可否先讓他靜下來？對方也同意了；等到他情緒平緩，這才發現人家站在門外已經一個多小時，沒走，沒打擾，默默站著，展現出最大誠意。就在那一刻，他彷彿頓悟所有的事，深深向對方鞠躬致意，表示心終於放下，不再糾結。至於死者夫家怎麼看，已經不重要，在他心中彷彿瞥見了一片藍天曙光，舒暢許多……

我感謝他分享這個故事，也心疼他要能走得出來，這談何容易啊！但他真的做到了。

這幾天我與其他友人聚會，論及這個案例，還有之前我救小男孩的事，大家紛紛搖頭，只問我一個問題：「如果下次再有這種緊急狀況，比方說你看到有人身陷火場、水中遭溺，或者準備跳樓自盡，你還會奮不顧身極力搶救，哪怕可能損及自身，甚至喪命，或倒楣地傷到對方，吃上官司，再怎樣也不後悔嗎？」不知為何，我仍然毫不猶豫地點頭。

馬上有人大笑：「哈哈哈，拜託喔！什麼時代了，還在捨己救人？簡直蠢到家了！」或許是個性使然，就算無意間可能逆了天意，但在那緊急當下，我仍不後悔，只因為「救人第一」的理念常存於心，根深柢固了，倘若我坐視不管，可能一輩子都會良心不安，所以，別管這麼多，還是不嫌麻煩，先衝再說！

這也是我唯一……不能說「人定勝天」，但或許是「膽大包天」的傻勁兒吧！我更相信老天爺都在看著，願意認同救人一命的美德，天助自助，必要時仍會伸出援手才對；即使我因此惹禍上身，就當它是個考驗磨練，自己抉擇就不要後悔，相信最後結果仍會是清白正面的。

不過，我可不敢叫任何人都要跟我一樣，畢竟每個人都有不同想法、不同考量；沒伸出援手未必冷漠，有伸出援手也未必事事穩當。在這個亂世與末世的時代裡，並沒有放諸四海皆準答案，只能憑藉各人心中一把尺，自行斟酌衡量了。

我承認這種說法，確實帶有一絲無可奈何意味，儘管必須尊重各人想法和立場，但心中仍殷切期盼這個社會充滿溫暖，至少是個有愛有德的環境，讓眾人願主動救苦救難，發揚人間互助美善而不計較得失，內心永存感恩和感謝，持續至永恆；那麼這世間再多的妖魔鬼怪、邪神歪道、不公不義，自然無法氣焰囂張，最後消弭於無形，實乃人間之大幸矣！

Mystery **41**

Mystery **41**